区块链社会

解码区块链全球应用与投资案例

龚 鸣（暴走恭亲王）◎著

BLOCKCHAIN SOCIETY

DECODING GLOBAL BLOCKCHAIN APPLICATION
AND INVESTMENT CASES

中信出版集团·CHINA CITIC PRESS·北京

图书在版编目（CIP）数据

区块链社会：解码区块链全球应用与投资案例 / 龚鸣著. -- 北京：中信出版社，2016.8（2018.1重印）

ISBN 978-7-5086-6444-6

Ⅰ.①区… Ⅱ.①龚… Ⅲ.①电子货币—研究 Ⅳ.①F830.46

中国版本图书馆 CIP 数据核字（2016）第 153538 号

区块链社会：解码区块链全球应用与投资案例
著　　者：龚　鸣
策划推广：中信出版社（China CITIC Press）
出版发行：中信出版集团股份有限公司
　　　　　（北京市朝阳区惠新东街甲 4 号富盛大厦 2 座　邮编　100029）
　　　　　（CITIC Publishing Group）
承 印 者：北京诚信伟业印刷有限公司

开　　本：787mm×1092mm　1/16　　印　张：24.75　字　数：300 千字
版　　次：2016 年 8 月第 1 版　　　　印　次：2018 年 1 月第 5 次印刷
广告经营许可证：京朝工商广字第 8087 号
书　　号：ISBN 978-7-5086-6444-6
定　　价：59.00 元

版权所有·侵权必究
凡购本社图书，如有缺页、倒页、脱页，由销售部门负责退换。
服务热线：400-600-8099
投稿邮箱：author@citicpub.com

目　录

序一 / VII

序二 / XI

序三 / XV

前言 / XIX

第一章　**区块链：信任的机器**
　　一、为什么会出现区块链 / 3
　　二、"价值转移"的本质 / 5
　　三、什么是区块链 / 6
　　四、比特币的底层技术 / 10
　　五、区块链的模型架构 / 13
　　六、区块链的共识机制 / 16
　　七、区块链的类型 / 21
　　八、区块链的发展脉络 / 24

第二章　**智能合约**
　　一、什么是智能合约 / 31

二、智能合约的三要素 / 32
　　三、智能合约的范例 / 35
　　四、智能合约的应用案例 / 39
　　五、智能合约可能面临的威胁 / 40
　　六、智能合约的未来展望 / 41

第三章　**DAO 和 DAC**
　　一、关于 DAO 和 DAC / 47
　　二、燃料货币理论 / 52

第四章　**区块链项目介绍**
　　一、区块链项目的基础架构 / 61
　　二、支付汇款 / 83
　　三、数字货币交易所 / 89
　　四、去中心化交易所 / 94
　　五、去中心化电子商务 / 110
　　六、公证和鉴证服务 / 112
　　七、开发平台 / 117
　　八、物联网和供应链 / 124
　　九、智能合约 / 125
　　十、存储与下一代互联网 / 131
　　十一、其他领域 / 142

第五章　**区块链在非金融行业的应用**
　　一、区块链 + 医疗行业 / 153
　　二、区块链 + 保险行业 / 163
　　三、区块链 + 能源行业 / 176

第六章　传统金融行业的区块链战略

一、银行的区块链战略 / 187

二、金融和 IT 巨头的区块链战略 / 205

三、咨询巨头的区块链案例分析 / 225

四、证券交易所的区块链案例分析 / 246

第七章　全球区块链投融资分析

一、主要的投资领域 / 264

二、不同地区/国家的投资差异 / 265

三、不同年度的投资重点差异 / 268

四、ICO 方式的崛起 / 271

五、总结 / 275

第八章　各国对区块链的法律监管情况

一、各国政府或地区如何监管数字货币与区块链 / 305

二、全球证券监管 / 343

第九章　区块链重塑世界

一、快速变化的开始 / 353

二、程序设计理念的变化 / 355

三、数据库进入全新阶段 / 357

四、金融互联网的出现 / 359

五、资产证券化的加速 / 362

六、资产发行方式的巨变 / 365

七、人类首次大规模协作的开始 / 367

八、颠覆现代商业社会 / 369

序 一

链接金融 链接未来

李礼辉[①]

最近两年,"区块链"迅速成为技术创新的热词。区块链技术应用受到越来越多的关注。国际货币基金组织(IMF)在首份数字货币报告中指出,区块链"具有改变金融的潜力";英国政府发行的《分布式账本技术:超越区块链》提出,将优先在传统金融行业应用区块链技术;纳斯达克借助区块链建立私人股权交易平台Linq;花旗、汇丰、富国等银行加入R3区块链联盟并设置自己的研究实验室,德勤借助基于区块链的Rubix平台提供咨询和审计。在我国,中国平安加入R3,万向成立区块链实验室,中国互联网金融协会成立区块链研究工作组。区块链是否如同互联网一样,将会改变金融、改变生活方式、改变商业模式?这是人们正在思考和探索的课题。

[①] 李礼辉,全国人大财经委员会委员,中国银行前行长,中国互联网金融协会区块链研究工作组组长,有近40年金融工作经验。

区块链最早作为比特币的技术应用，起源于2008年。经过不断的迭代演进，区块链形成分布式（Decentralized）、免信任（Trustless）、时间戳（Time Stamp）、非对称加密（Asymmetric Cryptography）和智能合约（Smart Contract）五大技术特征。进一步探讨，我们发现，区块链应该是一种更加切合市场经济和现代生活方式需求的应用技术。

首先，区块链的智能合约功能，可以应用于契约关系和契约原则的维护和执行。契约精神是市场经济社会的支柱，体现契约精神的契约关系和契约原则，以及上升到公法领域的公权力，对于建立良好秩序、保障市场经济健康运行具有基础性的意义。在市场经济社会中，契约原则一般是通过良俗的推行、法律的实施、合约的履行来实现的。良俗是约定俗成的文明理念和行为准则，法律是写在纸上的规则，合约既有白纸黑字的约定也有口头的承诺。这就存在一个可能被利用的"缝隙"：违背良俗、冒犯法律、背离合约的行为有时难以在实施的过程中被及时制止和纠正。

例如，票据是便捷的支付结算工具和融资工具，也是中央银行重要的货币政策工具。2015年，我国累计签发商业汇票22.4万亿元，比2001年增长17倍，金融机构累计贴现102.1万亿元，比2001年增长56倍。而现行票据业务存在的缺陷，主要在于难以有效管控和防范操作性风险和道德风险，包括贸易背景造假，票据真实性认证失效，"一票多卖"，利用票据违规融资套利等等。票据业务监管只能通过现场审核的方式来进行，缺乏全流程快速调阅和审查的手段，监管效率低、成本高。如果应用区块链技术构建数字票据，就有可能通过可编程的智能合约形式，实现商业约定的具体限制，引入监管控制节点，由交易各方确认交易，确保价值交换的唯一性。

其次，区块链的分布式、时间戳和非对称加密功能，可以应用于信息的查询、验证和保护。现代社会产生的信息是海量的、几何级增长的。信息大致可以区分为共享信息、专有信息和私密信息。共享信息的价值在于真实，必须维护其权威性；专有信息的价值在于归属，必须维护其知识产权；私密信息的价值在于可靠，必须维护其安全。互联网的发展极大地促进了信息的生产和传播，但往往难以证明共享信息的真伪，难以确认专有信息的所有权，也难以保护私密信息的安全。

区块链的分布式功能，通过构建分布式数据库系统和参与者共识协议，有利于保护数据的完整性。区块链的时间戳功能，通过生成一定时间段的信息区块和区块之间首尾相连的数据链，能够形成可追本溯源、可逐笔验证、不可篡改、不可伪造的数据；每个参与者在生成信息区块时加盖时间戳，能够证明原创性和所有权归属。区块链的非对称加密功能，有利于保护信息的私密性。

龚鸣所著的《区块链社会：解码区块链全球应用与投资案例》一书，向读者描述了区块链技术实际应用的场景和案例，可以让更多的人了解区块链，了解区块链将会如何改变我们的生活。

例如，Circle China、Abra 将区块链技术应用于跨境支付汇款这个生活中经常出现的场景，节省了跨境汇款的时间成本、人力成本，使跨境汇款更加便捷。Symbiont 通过智能合约自动生成智能证券，在区块链之上自动完成证券的发行、交易和结算，让证券交易变得简单直接，能够更有效地保护合约，防止信息泄露。在奢侈品溯源、分布式交易所、物联网和供应链、医疗行业、互助保险等领域，区块链技术应用都有可能成为现实。

国务院《推进普惠金融发展规划（2016—2020 年）》提出："金融基础设施是提高金融机构运行效率和服务质量的重要支柱和平台，有助于改善普惠金融发展环境，促进金融资源均衡分布，引导各类金融服务主体开展普惠金融服务。"应用区块链技术,可能形成新的技术优势:成本较低,风险较小;数据完整,信息透明;智能化管理和监控。这将提升金融基础设施的服务功能,有利于推进普惠金融发展。

万向区块链实验室计划出版一系列区块链丛书,推广这一项在中国还有些陌生,但未来也许会改变世界的区块链技术。我们感谢万向区块链实验室所做的贡献。

序 二

区块链的研究与应用并重

王永利[①]

一段时间以来，常常在微信圈里看到龚鸣兄（暴走恭亲王）发布的关于全球范围内区块链在多个领域应用的案例，深受启发，也特别佩服他花费那么多时间和精力收集和整理了那么多区块链应用的案例，更希望他能将这些成果进一步整理提炼，形成系统的成果并更广泛地传播。近期获知，在此基础上，他即将出版发行《区块链社会：解码区块链全球应用与投资案例》，深感欣喜，相信此书的发行，一定会为人们了解和认知区块链，特别是区块链可能的应用和投融资领域，提供很大帮助，发挥重要作用。

现在，区块链已经成为互联网领域，特别是金融科技（Fintech）领域火热的概念，吸引了越来越广泛的关注、研究乃至投资热潮。但客观讲，

[①] 乐视高级副总裁，中国银行股份有限公司前执行董事、董事会风险改革委员会委员及副行长。

区块链技术于 2009 年初才随比特币首次推出并付诸应用，现在应用的时间还很短，而且比特币完全是模拟黄金，在独立的网络世界重构出一种数字货币或数字资产（财富），一开始并不是可以直接用法定货币购买到比特币的，而是必须先在比特币社区（Block）通过"挖矿"的方式产生；挖到的比特币，必须用比特币合约规定的相互认证方式加以确认（去中心化），包括所有者的身份认证与其比特币数量的认证等，而不是用现实世界惯用的主权国家公民身份证等证件，由业务或鉴证中心予以确认；比特币的转让交易，采用全网加密、分布式记账方式加以确认和记录，其中包括跨区块之间的交易，必须加入区块的加密代码以及时间代码等，形成区块之间的连接（即 Blockchain，区块链）；在形成独特的比特币世界（包括参与者的身份认证、比特币的产生与交易认证和记录、相关的管理规定等形成的体系）之后，才开始推动比特币世界与现实世界的连接，允许比特币与法定货币的兑换与交易。可见，区块链在比特币上的应用，是不受现实世界各种规制约束的，而是在人为创造的独特环境中的应用。因此，尽管区块链在比特币上得到了可以称得上非常成功的应用，但是，要将其直接应用到现实世界，却可能受到非常多和大的约束，甚至不可避免地会面临诸多挑战和阻力，是会非常艰难的。对此，必须要有清醒的认识，不能盲目追崇和胡乱投资。

但是，区块链和比特币的出现，确实给人们认识和适应新兴的网络世界带来思维方式和路径上的巨大冲击或创新：由于网络世界是在现实世界基础上随着互联网的发展而出现的，各种财富和交易，都是从线下向线上迁移和推广的。因此，线上的当事人身份认证、交易确认、资金清算和交易记录等等，也就非常自然地沿用线下的规则，或进行必要的改造以适应网络运行的需要。但随着网络世界的发展和交易的日益频繁，人们逐步发现，完全沿用线下的规则，很难适应和满足线上的需求，亟须有更大的革新乃至革命，创造出不同于现实世界的全新的网络世界。在这方面，区块链和比特币的出现，即使还存在这样或那样的问题，其全新的思维和实践方式，却具有极其重大的启蒙意义。因此，非常有必要不断加强和加深对区块链的研究和创新，特别是寻求如何将现实世界的财富向网络世界迁移并扩大交易的可行的高效的路径与方式。

《区块链社会：解码区块链全球应用与投资案例》一书，不仅对区块链的概念和原理进行了必要的梳理，更重要的是提供了大量具有典型意义的全球应用与投资案例，突出研究和应用并重，并作为重要的研究结论，提出区块链可能成为人类首次大规模协作和相互认证的开始，分布式记账方式、去中心化自治组合和智能合约，也许会颠覆现代商业社会，重塑社会结构和运行方式。相信，这会给读者带来很多启发。

祝愿《区块链社会：解码区块链全球应用与投资案例》发行成功，也期待龚鸣兄有更多的研究成果面世！

序 三

区块链：数字另类资产的新大陆

肖 风[①]

你一定知道美国著名高校耶鲁大学。如果你稍作了解，你一定也听说过耶鲁大学基金会。如果你对基金投资稍作了解，你一定看到过耶鲁大学基金会过去几十年骄人的投资业绩。作为大学捐赠基金，由于资金的长期性，它的投资目标第一是要打败通胀，第二是要战胜基准，第三是要力争绝对收益。可喜的是，这三条耶鲁大学基金会都做到了！尤其第一条和第二条目标，更是大大超越！

研究早已表明，超过 90% 的投资业绩的取得，来自于资产配置，而不是来自于个股或个券的选择。耶鲁大学基金会几十年的骄人投资业绩，就来自于他们在资产配置模式上的大胆创新。据耶鲁大学基金会 2015 年年报披露，该基金截至 2015 年 6 月的资产组合中，大宗商品占比 6.7%，私募

[①] 肖风，南开大学经济学博士，中国万向控股有限公司副董事长，万向区块链实验室和分布式资本的创始人。

股权占比32.5%，房地产占比14%，合计超过资产组合的50%。在全球资产管理界的经典教科书上，我们一般把股票、债券、现金归为传统资产类别，而把大宗商品、对冲基金、PEVC（PE，Private Equity，私募股权投资；VC，Venture Capital，风险投资）、房地产归于另类资产类别。人们把这种以另类资产作为组合核心资产来配置的新模式，叫作"耶鲁模式"，以区别于以股票、债券、现金等传统资产为组合核心资产来进行配置的资产配置模式。耶鲁大学基金会超越同行、超越基准目标的大部分秘密就在这里。

从耶鲁大学基金会的案例里，我们可以得到三点启示：第一，要得到比别人更高的投资回报，就不能只在传统资产类别里打转，要另辟蹊径；第二，资产类别不是一成不变的，新技术、新经济、新模式会创造出新的资产类别，要有独到眼光；第三，如何对新的资产类别进行评估分析，进行风险定价，要有新框架、新方法。谁比别人更快更好地掌握了新方法，谁就可以饮到"头啖汤"！

我们知道，15～16世纪的地理大发现，奠定了欧洲大陆近几百年在人类社会的领先地位，为欧洲大陆创造了至今仍然可观的物质财富。而自从互联网技术于20世纪90年代初成熟以来，人类社会又开始了一次新的地理大发现运动。这次不再是物理空间的大发现，而是数字空间的大发现。20世纪90年代中，MIT（麻省理工学院）媒体实验室负责人尼葛洛庞帝出版的《数字化生存》，是这场数字地理大发现的行动宣言。传统依靠土地、设备、劳动力创造财富的模式，因为资源的有限性，已经无以为继。而数字空间的无限可扩展性、比特结构的无限可复制性、虚拟世界的多维可塑造性可能意味着蕴藏在这里面的待开发的财富，会数十倍于物理世界。

这些新财富的表现形式就是数字资产。

什么是数字资产？我认为数字资产有五个属性：第一，数字资产是登记在区块链账本或分布式账本上的资产，那些登记在工商局的股权，登记在房产局的房产一定不是数字资产；第二，数字资产是以比特结构存在的虚拟资产，不是像黄金那样具有原子结构的实物资产；第三，数字资产是一段计算机程序，不再是一行数字符号，可以对它进行编程，资产之间的交换是代码与代码的交换，不是数字之间的增减；第四，数字资产因为可编程性，可以在区块链上，通过编制智能合约程序，完全去中介化地自主、自治地进行点对点交易，不需要人工干预；第五，数字资产大部分情况下都是以"Coin"（数字代币）的形式存在的，数字资产跨越了资产证券化的阶段，直接达到了资产货币化的阶段。

比特币、以太币等数字货币是目前最为人们熟悉的一类数字资产。各色各样的数字货币大概有300多种，市值约120亿美元。但数字资产的范围比这要大得多。欧美主流金融机构几乎都成立了自己的区块链实验室，正在各种金融场景中，试验运用区块链技术，来创设发行智能股票、智能债券。所谓智能，其实就是利用区块链的数据不可更改性和可编程性，在区块链上登记发行股票或债券，使得这些数字化了的股票或债券，可以依靠智能合约点对点自主交易，自我结算。在另一条跑道上，还有许多推崇完全去中心化，希望在数字世界里建立一个完全自由、自主、自治的体系的技术极客们，也在尝试推出形形色色的数字资产。根据IBM（国际商业机器公司）于2014年发布的物联网白皮书《设备民主》预测，到2050年将会有1000亿台设备连网在线，届时在区块链的管理下，将可以实现设备对设备的金融交易（M2M），这更是一个创设、发行、交易数字资产的更大的机会。

在这里，我可以做一个乐观的展望：十年之后，数字资产整体的市值预计可以达到一万亿美元！到那时，数字资产必将成为另类资产中的一个举足轻重的类别。谁忽略数字资产，谁不把数字资产列入自己的资产组合，那谁的业绩回报就难以超越基准、超越同行。我们也许可以大胆预言：从资产组合回报的角度来看，未来十年，如果你的组合资产配置当中没有纳入数字资产，也许你就真的输在起跑线上了！

我想，我们一定可以在未来十年中的某一年，在耶鲁大学基金会的年报上，看到数字资产作为另类资产的新类别，加入到基金的资产组合中。

龚鸣（网民"暴走恭亲王"）先生是中国最早一批数字货币和区块链技术的研究者和实践者之一。近年来，他致力于在中国推广、传播、培训区块链的理论知识、行业资讯和创业信息，无远弗届。为中国区块链行业的发展做出了突出贡献！他自己还身体力行，创办了中国第一家专注于区块链技术的媒体——区块链铅笔，成为中国区块链行业的创业者之一，胆识可佩，勇气可嘉！

欣闻他撰写的著作《区块链社会：解码区块链全球应用与投资案例》即将由中信出版社出版，着实令人高兴！借为这本书写推荐序的机会，有幸提前拜读了书稿。这也许是全球第一本全景式介绍区块链行业情况，尤其是创业公司情况的书籍；这也许是全球第一本全景式介绍区块链行业投资情况的书籍。龚鸣先生毫无保留地把他过去几年对全球区块链行业的观察和研究心得，几乎是和盘托出。因此，这本书可以帮助我们认清数字资产的性质内容、看清数字资产的形成过程、把握数字资产的投资机会、形成数字资产的投资方法。

在此，作为一个区块链技术的中国信徒，我要感谢他的付出！

在此，郑重向大家推荐这本书！

前　言

自从 2015 年参与翻译了《区块链：新经济蓝图及导读》之后，到现在为止，"区块链"这三个字已经从极小的极客圈中走出，开始变成一个越来越火热的概念。无论是国内还是国外，都掀起了对区块链技术普及和探索的新高潮，越来越多的人开始注意到这个新技术可能产生的巨大影响。但也有更多的人，表现出了极大的困惑，因为往往在看介绍区块链相关文章的时候，觉得这个技术似乎可以彻底颠覆世界，但是如果真的在现实世界中试图探寻可落地的应用案例，却又似乎很难找到身边有价值的案例。我在许多场合中发现，很多试图了解区块链行业的人最容易产生的疑惑就是，区块链，究竟是真的会成为改变许多商业模式的神奇工具，还是仅仅是又一个包装出来的全新概念。

而本书，就试图针对这个疑惑给出一个我的答案。相对而言，国外在区块链技术上，已经完全走出了普及阶段，而早已是真金白银的大量投入。不仅仅可以看到许多大型金融机构和央行对其投入巨大的人力和物力，而且许多有趣的创业公司开始兴起。除了比特币和以太坊之外，区块链已经在非常多的领域开始大规模尝试，在本书中你可以看到非常多的有趣的项目案例。除了经常能够看到的金融行业案例之外，还包括物联网、公证、医疗、保险、能源等非常多的领域。其中的许多尝试，恐怕会彻底颠覆一些传统商业模式的思维。无论是能够提供按分钟跨国工资发放方案来彻底杜绝拖欠工资可能性的 BitWage，建设完全去中心化的自治电子商务市场 OpenBazaar，或者是提供锚定 SDR（特别提款权）来实现稳定数字货币的 Maker 项目，以及登记全球钻石信息防止血钻交易的 Everledger 项目，都让人有耳目一新的感觉。如果有时间深入研究这其中许多案例的话，最终都可以得出同样的结果，即区块链的本质是一个大规模协作工具，绝不仅仅是改变一两个行业，而是最终会改变我们全球所有人的协作模式。

　　但是也有许多朋友经常问我，究竟目前有哪些领域有落地的区块链项目开始大规模应用和部署？非常遗憾，现在可能还没有任何区块链项目开始广泛应用或部署。事实上，就像互联网初期，在 1995 年、1996 年的时候，互联网似乎除了看新闻之外并没有太大的作用。特别是互联网开始发展阶段出现大量烧钱的行为，尽管不断有新的模式出现，但始终无法盈利，让很多人最终开始怀疑互联网究竟是不是就是噱头而已，并且导致了互联网第一次泡沫的破裂。而到了今天，应该没有任何人再会怀疑互联网是不是只能用来看新闻。同样，区块链也在经历一样的过程，尽管我们的直觉告诉我们，这似乎是一个具有极大潜力的工具，但是现在除了比特币之外，我们并没有看到非常广泛的落地应用出现。事实上，区块链作为一个行业崛起，在初期还有大量的基础工作要做。就如同在 1995 年、1996 年，如果你期盼马上看到淘宝、京东未免还太早，更不用说微信这样的应用了。这都需要整个生态环境逐渐建立起来，才能够开始出现一些能够改变我们生活的应用。而又要经过相当一段的普及时间，才能够让更多人开始意识到生活逐渐被技术所改变。不过，需要注意的是，技术始终是以加速度而不是匀速来发展的，也许不需要再等五六年就可以看到第一次高潮的来临，也许对于区块链行业而言，再有两三年的时间就可以完成第一次的技术积累。

本书在介绍区块链世界中的众多案例时，试图让大家能够注意到这个行业中始终有两条路线的斗争正在进行。第一条路线是自上而下的路线，我们所能看到的类似于 R3 CEV，HyperLedger 这样的联盟，这都是大型金融机构为了确保自己在这场未来变革中的既得利益者位置，而付出的努力。在今天的世界中，金融行业内聚集了全世界最聪明的一群人。不同于互联网初期，全球邮政机构不愿意接受电子邮件，从而最终成为互联网变革中第一个倒下的"恐龙"。而今天的金融行业，已经从区块链技术的发展中嗅到了一丝危险的味道，他们并不像传统邮政系统拒绝变化，而是愿意拥抱变化，甚至是主导变化。但他们的要求就是，在未来的世界中，依旧获得足够的主导权，并且由他们来决定技术的发展方向。

另外一条路线是一条自下而上的路线，从比特币开始，到 Ethereum（以太坊）、BitShares 都显然是其中的代表。由于区块链技术本身是来自比特币，似乎始终能从区块链技术中感受到一股桀骜不驯的力量。这条自下而上的路线中的许多项目，完全无视现有的商业规则和既定的商业模式，用一种完全不同于过去的思路在快速发展，并且颠覆了许多人对很多传统商业模式原有的思考方式。更进一步的是，这条路线甚至彻底颠覆了融资方式，不同于云计算、大数据，甚至是今天火热的 VR（虚拟现实）、AR（增强现实技术）这样的技术变革，因为他们最终会需要通过 VC、PE 的传统方式来进行融资。而作为一种极具生命力的方式，区块链自下而上的路线中的许多项目选择了 ICO（Initial Coin Offering）的方式来进行融资，从而形成了一个完整且自给自足的资金循环体系。而这也是让许多传统金融机构和监管机构深感不安的地方，而本书也有专门的章节会对 ICO 方式进行详细的介绍。

此外，许多区块链项目究竟是如何盈利的也经常困扰刚刚开始了解这个行业的人们，由于许多 ICO 的区块链项目通常使用燃料货币来运作，因此已经完全没有了盈利、利润这样的概念，甚至不再有公司的概念。这让许多人一时间完全无法转换自己的思维定式。本书也会针对燃料货币理论，首次进行深入的剖析和讲解。

纵观整个 IT（信息技术）行业的发展，技术路线的选择往往有许多的偶然性，所以现在我们也难说是哪条路线会赢得最终的胜利，抑或是两种技术最后会互相妥协和相互融合。但是，正是由于每条路线都感受到了对方所带来的巨大压力，从而自身也催生出巨大的发展动力。我们相信无论最终结果如何，这个世界终将被区块链所彻底改变。

许多人问我如何看待比特币的未来发展，以及比特币和区块链之间的关系。比特币目前是整个区块链行业中最重要的部分，其市值占区块链世界中所有数字资产近 90% 的份额。但很明显，随着区块链技术的发展和层出不穷的区块链项目，比特币这样的中心化地位肯定会被进一步削弱。但这不代表比特币本身不再发展，比特币依旧会继续完善其自身的生态环境，并且会变得越来越实用，有更多的人会开始使用比特币，相关的应用也会越来越多。只不过，其他不同的区块链项目相对比特币而言发展得更快，并且会扩展到越来越多的领域中，区块链世界中比特币一家独大的局面很可能会一去不返。

在国内早期介绍和宣传区块链时，往往也会面临许多的不理解，甚至被很多国内的人指责为骗局。在 2013 年前后，我还专门成立过以志愿者为主的翻译小组，翻译来自互联网上与数字货币和区块链相关的各类资讯。其中有许多人在开始翻译时，对行业充满热情。但是，尽管是在为大家免费翻译资料，还是经常会饱受各种指责和攻击，因此许多人也陆续离开了翻译团队。本书在写作时也参考了互联网上的一些相关资料，其中有些资料并不能一一指明出处，据我所知，也有部分资料的翻译者已经离开了这个社区，我也借本文再次感谢这些曾经在互联网上为大家免费翻译的贡献者。我本人在宣传区块链的几年里，也不时受到一些苛责，但有幸从未放弃过让更多人了解区块链的初心，并且现在还运营着名为"区块链铅笔"的区块链行业门户网站和微信公众号，就是为了让更多的人可以有机会来了解行业的最新动态。

最后，我非常感谢本书在写作时，许多人给予我的帮助，特别是万向区块链实验室和分布式资本的许多领导和朋友给予我的指导和支持，以及互联网金融协会区块链小组的领导们对本书的支持。我们区块链铅笔的同人也参与了本书的校对，也非常感谢我的家人在我写作时对我的支持。最为感谢的还是许多关心区块链的朋友一直努力在微信群里对我的支持和鼓励，是大家一如既往的支持让我有源源不断写作的动力。

龚 鸣

第一章

区块链：信任的机器

一、为什么会出现区块链

区块链是比特币的一个重要概念,其初始使命是为了支持比特币的形成和流通。在比特币诞生之前,互联网的 TCP/IP(传输控制协议/因特网互联协议)协议,基本实现了全球信息传递高速低成本的传输,而有一类特殊的信息——货币则无法在上面进行高速传输。本质原因在于,传统互联网是信息互联网,而不是价值互联网。

互联网诞生之初,最先解决的核心问题是信息制造和传输。1992 年,时任美国副总统阿尔·戈尔(Albert Amold Gore Jr.)提出美国信息高速公路的想法。1993 年 9 月,美国政府宣布实施一项新的高科技计划——国家信息基础设施(National Information Infrastructure, NII),旨在以当时简单互联网为雏形,建设信息时代的高速公路——信息高速公路,使所有的美国人可以方便地共享海量的信息资源。

随着该项计划的发展,我们现在所熟悉的网络世界逐渐形成。在这个"高速公路"上,我们能够将信息快速生成并且复制到全世界每一个有网络的角落,这也是我们现在的互联网网络最擅长的事情,所以也可以将其称为"信息互联网"。在这个"信息互联网"上,所有传递的信息都是可以高效传播和复制的,从而构成互联网的基础协议——TCP/IP。在容许一定错误率的情况下,以最快的速度把信息传递或者复制到目标地址。而当时我们正处于一个非常"渴求"信息的时代,只要能将信息快速传播和复制就实现了我们最基本的需求。从此,我们通过"信息互联网"进入到一个"信息爆炸"的时代。整个互联网上的信息开始以几何式的速度增长,信息的复制和分享成为这个时代的主流。

然而,随着互联网开始进入人类生活的各个层面,我们发现有些信息是无法复制的,或者说复制是没有意义的。比如货币支付,我们不能把要支付的钱直接复制到对方账户上,而是一定要在付款账户上减去若干资金,然后在收款账户上增加若干资金。只有这样,这个支付行为才是有意义的,而不像新闻类信息,我们复制一份到新的网站上,就有了两份信息,可以让更多的人来进行分享。而这些不能分享,只能转移的信息,往往具有更大的价值,在它的背后需要有信用作背书,从而产生价值。因此,可以发现,我们的"信息互联网"非常善于处理"信息分享",而不能解决"价值转移"或者说"信用"这件事情。

这里所谓的"价值转移"是指,在网络中以每个人都能够认可和确认的方式,将某一部分价值精确地从某一个地址转移到另一个地址,而且必须确保当价值转移后,原来的地址减少了被转移的部分,而新的地址增加了所转移的价值。这个"价值"可以是货币资产,也可以是某种实体资产或者虚拟资产(包括有价证券、金融衍生品等)。而这种操作的结果必须获得所有参与方的认可,且其结果不能受到任何某一方的操纵。

从以上的定义可以发现,目前互联网本身的协议并不支持这个"价值转移"功能。互联网 TCP/IP 协议无法确认当信息发出去后本地的数据是否会精确改变,而某单点的数据篡改在现有的互联网系统中是很难被全网发现的。但是"价值转移"是金融系统的基础,而金融系统是人类生活的核心之一，因此下一代全球性互联网发展的核心问题就是要解决"价值转移"的问题。

二、"价值转移"的本质

在没有解决这个问题之前，我们必须使用中介系统来完成这样的"价值转移"行为，于是我们看到了类似于支付宝、贝宝（Paypal）的第三方支付工具开始崛起。而在跨国汇款领域，大家更多的是通过类似于SWIFT（环球同业银行金融电讯协会）这样的中介机构来完成跨国汇款结算和清算。

互联网中也有各种各样的金融体系，也有许多政府银行或者第三方提供的支付系统，但是它还是依靠中心化的方案来解决。所谓中心化的方案，就是通过某个公司或者政府信用作为背书，将所有的价值转移计算放在一个中心服务器（集群）中，尽管所有的计算也是由程序自动完成的，但是却必须信任这个中心化的人或者机构。事实上，通过中心化的信用背书来解决，也只能将信用局限在一定的机构、地区或者国家的范围之内。由此可以看出，要解决这个根本问题，就必须建立"信用"。所以价值转移的核心问题其实就是跨国信用共识问题。

但根据历史经验来看，整个系统中往往最不可信任的就是人，或者由人组成的机构或政府，历史往往最终被证明，那些违反原规则的人就是规则制定者，而从工业革命到互联网革命，技术发展的潮流也是通过取代人这个最不可靠、最脆弱且效率最低的环节来实现生产力大发展的。所以，归根结底，要真正完成以信用共识为基础的价值转移，需要一个能够取代第三方中介的方式，一个能够自动运行的方式，且具备去信任的机制（不需要依靠相信环节中的任何人或机构）的机制来完成价值的转移。

在如此纷繁复杂的全球体系中，要凭空建立一个全球性的信用共识体系是很困难的，由于每个国家的政治、经济和文化情况不同，两个国家的企业和政府建立完全互信几乎是不可能做到的，这也就意味着无论是以个人或以企业、政府的信用进行背书，对于跨国的价值交换即使可以完成，但也需要很长的时间和高昂的经济成本。但是在漫长的人类历史中，无论每个国家的宗教、政治和文化如何不同，唯一能取得共识的是数学（基础科学）。因此，可以毫不夸张地说，数学（算法）是全球文明的最大公约数，也是全球人类获得最多共识的基础。如果以数学算法（程序）作为背书，让所有的规则都建立在一个公开透明的数学算法（程序）之上，那么就能够让所有不同政治文化背景的人群获得共识。

三、什么是区块链

（一）定义

区块链本质上是一个去中心化的数据库，是一连串使用密码学方法产生相关联的数据块，每一个数据块中包含了一段时间内全网交易的信息，用于验证其信息的有效性（防伪）和生成下一个区块。所以说区块链是以去中心化和去信任化的方式，来集体维护一个可靠数据库的技术方案。

通俗地说，其实区块链可以称为一种全民记账的技术，或者说可以理解为一种分布式总账技术。

数据库是大家都熟悉的概念，任何的网站或者系统背后都有一个数据库，我们可以把数据库想象为一个账本，例如支付宝数据库就像是一个巨大的账本，里面记录每个人账上有多少钱。当 A 发送给 B 一元钱，那么就要把 A 账上的钱扣除一元，在 B 的账上增加一元，这个数据的变动就可以理解为一种记账行为。对一般中心化的结构来说，微信背后的数据库由腾讯的团队来维护，淘宝背后的数据库由阿里的团队来维护，这是很典型的中心化数据库管理方式，也是大家认为顺理成章的事情。

但是区块链完全颠覆了这种方式。一个区块链系统由许多节点构成，这些节点一般就是一台计算机。在该系统中，每个参与的节点都有机会去竞争记账，即更新数据库信息。系统会在一段时间内（可能是十分钟，也可能是一秒钟），选出其中记账最快最好的一个节点，让它在这段时间里记账。它会把这段时间内数据的变化记录在一个数据区块（block）中，我们可以把这个数据区块想象成一页纸。在记完账以后，该节点就会把这一页的账本发给其他节点。其他节点会核实这一页账本是否无误，如果没有问题就会放入自己的账本中。

在系统里面，这一页账本的数据表现形式，称为区块，该区块中就记录了整个账本数据在这段时间里的改变。然后把这个更新结果发给系统里的每一个节点。于是，整个系统的每个节点都有着完全一样的账本。

我们把这种记账方式称为区块链技术或者分布式总账技术。

（二）安全性

那么，为什么要采取这种方式？它有什么优势？因为通常大家的直觉是，这种方式似乎会较为浪费带宽和存储空间，并不是一个可取的方案。但是，区块链就是通过这种高冗余的方式来构建极高的安全性。

首先，每个节点的权利是一样的，任意节点被摧毁都不会影响整个系统的安全,也不会造成数据的丢失。每个节点在系统中的权重都是一致的,系统每次都在链入这个系统的节点中选择记账者,于是,即使某个或者部分节点被摧毁、宕机都不会影响整个系统运作。

其次,每个节点的账本数据都是一模一样的,也就意味着单个节点的数据篡改是没有任何意义的。因为如果系统发现两个账本对不上,它就认为拥有相同账本数量较多节点的版本才是真实的账本数据。那些少部分不一致的节点账本不是真实的,而是被篡改的数据账本。系统会自动舍弃这部分认为被篡改过的账本,也就意味着如果你要篡改区块链上的数据内容,除非能够控制整个系统中的大部分节点。这也就是常说的51%攻击,即必须要控制整个系统50%以上的节点,才能发动对数据账本的篡改。

但是,当整个系统中的节点数量高达成千上万个,甚至是数十万个时,那么篡改数据的可能性就会大大降低。因为,这些节点很可能分布在世界上每个角落,理论上说,除非你能控制世界上大多数电脑,否则你没有机会去篡改区块链上的数据。

此外,另一个51%攻击的方法就是构建出和原来系统一样多节点(算力)的方式来攻击这个区块链系统(尽管重要的是要构建足够大的算力,而不仅仅是节点数量,但考虑到算力概念理解更加复杂,这里就以节点数量来做比喻)。比如,该系统原来有10000个节点,那攻击者部署另外10001个节点,然后加入到这个区块链系统中。由于攻击者已经获得了超过50%的控制权,就能够发动攻击。显然,这种攻击所付出的成本也取决于系统原来的大小。原来系统节点越多,攻击者付出的成本也越大。由于比特币是目前最庞大的区块链网络,据统计要构建出一个和现有比特币同样大型的网络系统,所付出的成本会高达270亿美元。

但是攻击者还面临着另一个困境,一旦它成功发动攻击后,就会造成该系统的价值瞬间归零。也就是说，一旦攻击者成功篡改账本，由于全网能够立刻识别出账本数据不一致，导致所有人都意识到该系统账本已经是不可靠的账本，那么就意味着该账本所记录的数据变得没有价值，该系统中的代币也会变得毫无价值。也就是说，如果攻击者付出了超过270亿美元的代价，成功发动了对比特币的攻击后，比特币价格瞬间归零，那么攻击者也无利可图。而对于国家而言，似乎也没有必要通过这种方式来攻击比特币这样的网络，国家完全可以通过直接宣布比特币违法来更简单地达到禁止比特币这一目的。

（三）起源

大多数人都知道区块链和比特币关系密切，甚至有些人会把区块链等同于比特币技术。事实上，区块链技术仅仅是比特币的底层技术，是在比特币运行很久之后，才把它从比特币中抽象地提炼出来。从某种角度来看，也可以把比特币认为是区块链最早的应用。

比特币的创造者——中本聪（Satoshi Nakamoto）在其2008年发表的经典论文《比特币：一种点对点网络中的电子现金》中明确指出：传统的金融体系不可避免地要依赖"第三方"机构（传统银行），这种传统的中心化金融结构是很难让货币像其他信息那样免费地进行传输。正是为了解决这些问题，中本聪创造性地提出了通过区块链技术建立一个去中心化、去第三方、集体协作的网络体系设想，而无须中心化平台做信任的桥梁，区块链通过全网的参与者作为交易的监督者，交易双方可以在无须建立信任关系的前提下完成交易，实现价值的转移。如果说互联网TCP/IP协议是信息的高速公路，那么区块链的诞生意味着货币的高速公路第一次建设已经初步形成。

就像核工程的研究最初是为了制造原子弹，而后人们才意识到其更大的社会价值是对于全球能源体系的改造。近年来，全球开发者、金融机构、企业乃至政府发现区块链的意义不仅局限于支持比特币交易，通过区块链技术所打造的成本极低的、去中心化、去第三方、集体协作的网络体系本身还具有巨大的社会价值。

《经济学人》把区块链技术形象地比喻为"信任的机器"，即可以在没有中央权威的情况下，对彼此的协作创造信任。区块链技术适用于一切缺乏信任的领域，也许在未来会成为全球人类文明信任的基石，并有可能彻底改变全球的社会结构。目前，随着区块链技术的成熟和演进，区块链的应用场景不再局限于比特币，以"以太坊"为代表的新一代区块链技术正在开始构建一个全新的去中心化互联网架构，试图彻底颠覆所有的互联网中心化架构平台（如支付宝、银行、保险等）。

四、比特币的底层技术

在过去的一年中，尽管比特币本身受到质疑，然而人们开始从比特币的支付领域逐渐转移到了比特币底层协议——区块链技术上，越来越多的投资者及普通民众接受了区块链的概念。我们可以通过了解比特币的生成与交易等一系列过程来理解区块链技术。

（一）比特币的交易

比特币使用整个P2P（互联网金融点对点借贷平台）网络中众多节点构成的分布式数据库，来确认并记录所有的交易行为。在信息传递过程中,发送方通过一把密钥将信息加密,接收方在收到信息后,再通过配对的另一把密钥对信息进行解密,这就保证了信息传递过程的私密性与安全性。比特币的交易并非简单的支付货币本身。以图 1.1 中的交易为例,如果 B 想支付 100 个比特币给 C,那么不仅 B 需要在交易单上注明金额,而且需要注明这 100 个比特币的来源。由于每笔交易单都记录了该笔资金的前一个拥有者、当前拥有者以及后一个拥有者,就可以依据交易单来实现对资金的全程追溯。这也是比特币的典型特征之一。最后,当每一笔交易完成时,系统都会向全网进行广播,告诉所有用户这笔交易的实施。

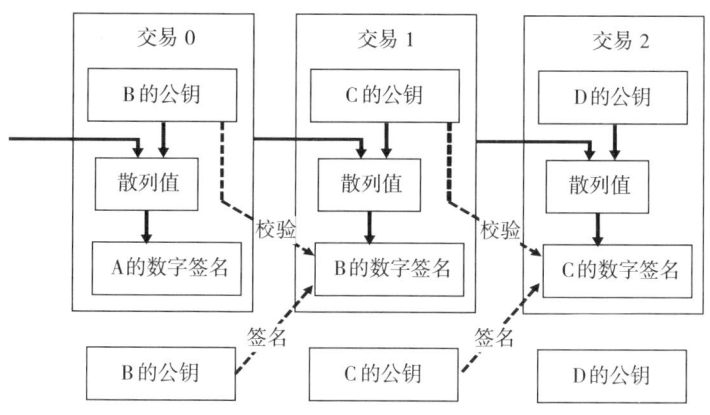

图 1.1 比特币的交易过程

(二) 区块 + 链

由于每笔交易是相对分散的,为了更好地统计交易,比特币系统创造了区块这一概念。每个区块均包含以下三种要素:一是本区块的 ID(散列),二是若干交易单,三是前一个区块的 ID。比特币系统大约每 10 分钟创建一个区块,其中包含了这段时间里全网范围内发生的所有交易。每个区块中也包含了前一个区块的 ID,这种设计使得每个区块都能找到其前一个节点，如此可一直倒推至起始节点，从而形成了一条完整的交易链条。因此，从比特币的诞生之日起，全网就形成了一条唯一的主区块链，其中记录了从比特币诞生以来的所有交易记录，并以每10分钟新增一个节点的速度无限扩展。这条主区块链在每添加一个节点后，都会向全网广播，从而使得每台参与比特币交易的电脑上都有一份拷贝。在现实世界中，每笔非现金交易都由银行系统进行记录，一旦银行计算机网络崩溃，所有数据都会遗失。而在互联网世界中，比特币的所有交易记录都保存在全球无数台计算机中，只要全球有一台装有比特币程序的计算机还能工作，这条主区块链就可以被完整地读取。如此高度冗余的交易信息存储，使得比特币主区块链完全遗失的可能性变得微乎其微。

区块链的局部结构

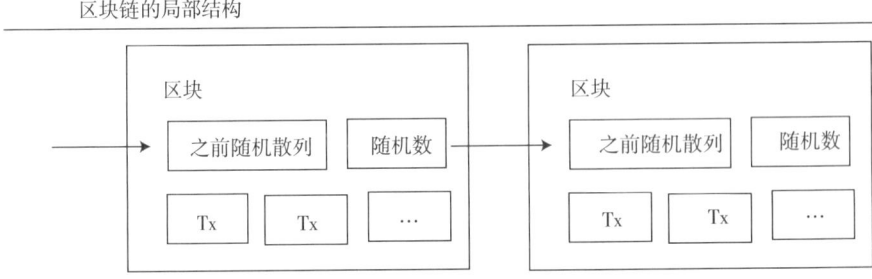

图1.2 区块链的局部结构

资料来源：Bitcoin：A Peet-to-Peer Electronic Cash System

每个人在对交易的有效性进行验证后都可以根据这些交易数据生成新区块。为了避免虚假交易或重复交易，使这一新区块被信任，需要构建工作量证明机制。如果想要修改某个区块内的交易信息，就必须完成该区块及其后续连接区块的所有工作量，这种机制大幅提高了篡改信息的难度。同时，工作量证明也解决了全网共识问题，全网认可最长的链，因为最长的链包含了最大的工作量。

(三）比特币与区块链

综上所述，区块链是一串使用密码学方法相关联产生的数据块。在比特币的应用中，整个区块链就是比特币的公共账本，网络中的每一个节点都有比特币交易信息的备份。当发起一个比特币交易时，信息被广播到网络中，通过算力的比拼而获得合法记账权的矿工将交易信息记录成一个新的区块连接到区块链中，一旦被记录，信息就不能被随意篡改。比特币是区块链的一个"杀手级应用"，区块链是比特币的底层技术，且作用绝不仅仅局限在比特币上。因此，尽管比特币与区块链经常被同时提及，但二者并不能画上等号。

五、区块链的模型架构

区块链系统由自下而上的数据层、网络层、共识层、激励层、合约层和应用层组成（如图1.3所示）。

（一）数据层

数据层封装了底层数据区块的链式结构，以及相关的非对称公私钥数据加密技术和时间戳等技术，这是整个区块链技术中最底层的数据机构，其中大多数技术都已被发明数十年，并在计算机领域使用了很久，无须担心其中的安全性，因为如果这些技术出现安全性上的巨大漏洞，则意味着全球金融技术都会出现严重的问题。中本聪在设计比特币时，为每个区块设置了1MB（兆）大小的容量限制，但由于目前比特币的交易量迅速提

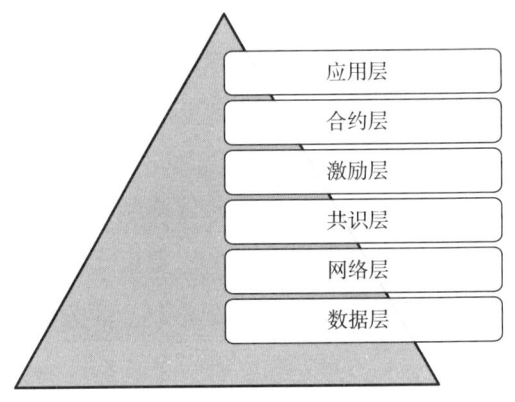

图 1.3　区块链系统数据层

升，1MB 的区块空间能容纳的交易数量有限，所以要考虑扩容区块链来突破这个限制。

（二）网络层

网络层包括分布式组网机制、数据传播机制和数据验证机制等，由于采用了完全 P2P 的组网技术，也就意味着区块链是具有自动组网功能的。这种 P2P 组网技术，在早先应用于 BT（比特流）和 eMule（电驴）之类的 P2P 下载软件中，也是一种相对来说非常成熟的技术。

（三）共识层

共识层主要封装网络节点的各类共识机制算法。共识机制算法是区块链技术的核心技术，因为这决定了到底由谁来进行记账，记账者选择方式将会影响到整个系统的安全性和可靠性。目前已经出现了十余种共识机制算法，其中最为知名的有工作量证明机制（Proof of Work，PoW）、权益证明机制（Proof of Stake，PoS）、股份授权证明机制（Delegated Proof of

Stake，DPoS）等。在下一节中将会详细介绍这些共识机制。

（四）激励层

激励层将经济因素集成到区块链技术体系中来，主要包括经济激励的发行机制和分配机制等，该层主要出现在公有链（Public Blockchain）中，因为在公有链中必须激励遵守规则参与记账的节点，并且惩罚不遵守规则的节点，才能让整个系统朝着良性循环的方向发展。所以激励机制往往也是一种博弈机制，让更多遵守规则的节点愿意进行记账。而在私有链（Private Blockchain）中，则不一定需要进行激励，因为参与记账的节点往往是在链外完成了博弈，也就是可能有强制力或者有其他需求来要求参与记账。

（五）合约层

合约层主要封装各类脚本、算法和智能合约，是区块链可编程特性的基础。以以太坊为首的新一代区块链系统试图完善比特币的合约层。比特币尽管也包含了脚本代码，但是并不是图灵完备的，即不支持循环语句；以太坊在比特币结构的基础上，内置了编程语言协议，从而在理论上可以实现任何应用功能。如果把比特币看成是全球账本的话，那么就可以把以太坊看作是一台"全球计算机"——任何人都可以上传和执行任意的应用程序，并且程序的有效执行能够得到保证。

（六）应用层

应用层则封装了区块链的各种应用场景和案例。比如搭建在以太坊上的各类区块链应用就是部署在应用层，所谓可编程货币和可编程金融也将会搭建在应用层。

该模型中,基于时间戳的链式区块结构、分布式节点的共识机制、基于共识机制的经济激励和灵活可编程的智能合约是区块链技术最具代表性的创新点。其中数据层、网络层和共识层是构建区块链应用的必要因素,否则将不能称为真正意义上的区块链。而激励层、合约层和应用层则不是每个区块链应用的必要因素,有部分的区块链应用并不完整地包含着这三层结构。

六、区块链的共识机制

区块链通过数学共识机制是非对称加密算法,即在加密和解密的过程中使用一个"密钥对","密钥对"中的两个密钥具有非对称的特点:一是用其中一个密钥加密后,只有另一个密钥才能解开;二是其中一个密钥公开后,根据公开的密钥其他人也无法算出另一个密钥。在区块链的应用场景中,一是加密时的密钥是公开的、所有参与者可见的(公钥),每个参与者都可以用自己的公钥来加密一段信息(真实性),在解密时只有信息的拥有者才能用相应的私钥来解密(保密性),用于接收价值。二是使用私钥对信息签名,公开后通过其对应的公钥来验证签名,确保信息为真正的持有人发出。非对称加密使得任何参与者更容易达成共识,将价值交换中的摩擦边界降到最低,还能实现透明数据后的匿名性,保护个人隐私(如图1.4所示)。

(一) 工作量证明机制

所谓工作量证明机制,是指一方(通常为证明者)提交已知难以计算

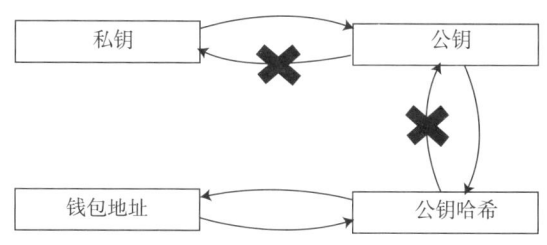

图 1.4 私钥、公钥间的关系

资料来源：巴比特、兴业证券研究所

但易于验证的计算结果，而其他任何人都能够通过验证这个答案就确信证明者为了求得结果已经完成了大量的计算工作。

现代最早工作量证明应用是亚当·巴克（Adam Back）于 1996 年提出的以基于 SHA256 的工作量证明为反垃圾邮件手段的"Hashcash"（哈希现金）。系统通过要求所有邮件发送时都必须完成大强度的工作量证明，这将使垃圾邮件发送者发大量电子邮件变得很不划算，却仍允许用户们在需要时向其他用户正常发送邮件。现在比特信为了同样的目的使用了一个类似它的系统，而 Hashcash 的算法也已经被改造为以"挖矿"为形式的比特币安全的核心。

比特币在区块链的生成过程中使用了 PoW 机制，一个符合要求的 Block Hash（区块链散列值）由 N 个前导零构成，零的个数取决于网络的难度值。要得到合理的 Block Hash 需要经过大量尝试计算，计算时间取决于机器的哈希运算速度。当某个节点提供出一个合理的 Block Hash 值，说明该节点确实经过了大量的尝试计算。当然，这并不能得出计算次数的绝对值，因为寻找合理的 Hash 是一个概率事件。当节点拥有占全网 n% 的算力时，该节点即有 n/100 的概率找到 Block Hash。

PoW 看似很神秘，其实在社会中的应用非常广泛。例如，一个人具有的一些技能，如外语口语、乐器或是运动技巧，通常也是一种工作量证明。不用检查四、六级证书，一个人就能流利地说外语或者演奏乐器，那么他一定在这些技能上投入了足够的工作量，而且这个工作量与技能的熟练程度是呈正相关的。如四、六级证书，一般认为在不能作弊的考试里采用足够多的客观题，也可以做到证明工作量的效果，因为一个人从概率上不可能连续蒙对大量的客观题。因此一般认为文凭也是有说服力的。同样地，飞行员的飞行小时数也说明问题，如果你飞了一万小时还活着，大概就不是靠运气。

在一些其他场合也可以见到 PoW 的踪影，比如电子游戏里的胜率、K/D 比率，在大量的交战中一定的胜率能说明玩家的实力。同样有些游戏里的成就系统、装备体系也是 PoW，一般认为成就点数高的玩家在游戏里投入更多，更不容易诈骗，有时候交易点卡要求装备等级或者成就点数也是这个道理。

有些人认为这一方法存在缺陷，即工作量证明浪费资源，截至 2016 年 4 月，比特币网络的算力达到 1300PHS，即每秒完成 13331 兆亿次 SHA256 运算，而最终这些计算没有任何实际意义或科学价值。美国科技网站 Vice 曾撰文认为这种方式非常不环保，由于多方面原因，比特币网络消耗的能源正日益增长。在最不乐观的情况下，到 2020 年，比特币网络的耗电量将达到丹麦整个国家的水平。

但是也有观点认为由于需要巨大的投入，促使攻击比特币区块链将会是异常艰难的事情，从而确保了比特币巨大的安全特性，同时也是人类目前构建的最安全的数据库。

（二）权益证明机制

权益证明机制是一种 SHA256 的替代方法，从根本上解决了工作量计算浪费的问题，它不要求证明者完成一定数量的计算工作，而是要求证明者对某些数量的钱展示所有权，通过每一笔交易销毁的币天数（coin days）来实现，币天数代表一个特定的币，距离最后一次在网络上交易的时间。在给定的时间点内，只存在有限币天数，它们在那些长期持有大量货币结余的人手中持续增加。所以币天数可被视为在网络中权益的代表（proxy，代理服务器）。每当这些币有交易时，币天数即被销毁，因此不能被重复使用。

简单地说，PoS 就是把 PoW 由算力决定记账权变成由持有币数（以及持有的时间）来决定记账权。在 PoW 中，是按照算力占有总算力的百分比，从而决定你获得本次记账权的概率。在 PoS 中，持有币数占系统总币数的百分比（包括你占有币数所持有的时间），决定着获得本次记账权的概率。

这就类似于现实世界中的股票制度，在一个公司中，大家是按照持股比例来获得分红，持有股权相对较多的人获得更多的分红权。这种安全机制的理由在于利益捆绑，即大股东比小股东更加关注系统的安全性，所以发动攻击的话，大股东损失更加惨重。在这个模式下，不持有 PoS 的人无法对 PoS 构成威胁。PoS 的安全取决于持有者，与其他任何因素无关。

反对者认为 PoS 会加大整个系统中的贫富差距，持有更多币的人更容易挖到新币，即持有股份更多的人会获得更多的分红，从而导致系统内贫富差距拉大。但是，拥护者认为，区块链没有理由去解决系统内的贫富差距问题，而且股份持有者获得相同比例的分红也是现实世界中的原则，并没有人对此有太多的异议。并且在 PoW 中，那些拥有矿机更多、算力更大的人，也将获得更多的币，因此，PoW 也同样存在这样的问题。

（三）股份授权证明机制

DPoS 是一种新的保障区块链网络安全的算法。它在尝试解决比特币采用 PoW 以及 PoS 问题的同时，还能通过实施去中心化的民主方式，用以抵消中心化所带来的负面效应。

在系统中，每个币就等于一张选票，持有币的人可以根据自己持有币的数量，来投出自己的若干张选票给自己信任的受托人。这些受托人可以是对系统有贡献的人，也可以是投票者所信赖的人，并且受托人并不一定需要拥有最多的系统资源。投票可以在任意时间进行，而系统会选出获得投票数量最多的 101 人（也可以是其他数量）作为系统受托人，他们的工作是签署（生产）区块，且在每个区块被签署之前，必须先验证前一个区块已经被受信任节点所签署。

这种共识机制模仿了公司的董事会制度，或者是议会制度。能够让数字货币持有者将维护系统记账和安全的工作交给有能力有时间的人来专职从事该项工作。由于受托人进行记账也能够获得新币的奖励，所以他们会努力拉票，并且维护好与投票者的关系及试图通过参与系统的发展，从而吸引更多人给他投票。

这解决了 PoW 中的一个主要问题，即在比特币的 PoW 系统中，持有比特币的人对于系统没有发言权，他们不能参与记账决定权，也不能左右系统的发展，因为系统发言权主要掌握在矿工和开发者手中。而如果矿工或者开发者做出了对比特币持有者不利的决定，比特币持有者除了自己离开系统之外，没有任何可以做的。而在 DPoS 中，持有者对于记账者拥有足够的选举权，任何试图对系统不利或者作恶的人都随时可能被投票者从受托人的位置直接拉下。

DPoS 另外一个巨大优势就是由于记账人数量可控，并且轮流进行记账，能够通过提供更好的软硬件环境来构建效率极高的区块链系统。目前看来，DPoS 似乎是效率最高的区块链系统，在理想环境下，能够实现每秒数十万笔的交易数量。

（四）混合证明机制

由于不同共识证明机制有着不同的优劣势，有些系统选择采用多种共识机制的方式来取长补短。较为典型的就是以太坊采用了 PoW + PoS 的共识机制。

七、区块链的类型

（一）公有链

所谓公有链，是指全世界任何人都可以在任何时候加入、任意读取数据，任何人都能发送交易且交易能获得有效确认，任何人都能参与其中共识过程的区块链——共识过程决定哪个区块可被添加到区块链中和明确当前状态。作为中心化或者准中心化信任的替代物，公有链的安全由"共识机制"来维护——"共识机制"可以采取 PoW 或 PoS 等方式，将经济奖励和加密算法验证结合了起来，并遵循着一般原则：每个人从中可获得的经济奖励与对共识过程做出的贡献成正比。这些区块链通常被认为是"完全去中心化"的。

在公有链中，程序开发者无权干涉用户，所以区块链可以保护使用他们开发的程序的用户。从传统的经济学角度来看，的确难以理解为何程序开发者会愿意放弃自己的权限。然而，随着互联网崛起，协作共享的经济模式为此提供了两个理由：借用托马斯·谢林（Thomas Schelling）的话，即妥协是一种力量。首先，如果你明确地选择做一些很难或者不可能的事情，其他人会更容易信任你并与你产生互动，因为他们相信那些事情不大可能发生在自己身上。其次，如果你是受他人或其他外界因素的强迫，无法去做自己想做的事，你大可说句"即使我想，但我也没有权力去做"的话语作为谈判筹码，这样可以劝阻对方不要强迫你去做不情愿的事。程序开发者们所面临的主要压力或者风险主要是来自政府，所以说"审查阻力"便是公有链最大的优势。

（二）私有链

所谓私有链，是指其写入权限由某个组织和机构控制的区块链。读取权限或者对外开放，或者被进行了任意程度的限制。相关的应用可以包括数据库管理、审计甚至是一个公司，尽管在有些情况下希望它能有公共的可审计性，但在很多的情形下，公共的可读性似乎并非是必需的。

大多数人一开始很难理解私有链存在的必要性，认为其和中心化数据库没有太大的区别，甚至还不如中心化数据库的效率高。事实上，中心化和去中心化永远是相对的，私有链可以看作是一个小范围系统内部的公有链，如果从系统外部来观察，可能觉得这个系统还是中心化的，但是以系统内部每一个节点的眼光来看，其实当中每个节点的权利都是去中心化。而对于公有链，从某种程度来看也可以看作是地球上的私有链，只有地球人的电脑系统才可以接入。因此，私有链完全是有其存在价值的。

私有链的巨大优势就是，由于对于P2P这样的网络系统而言，系统内部的处理速度往往取决于最弱的节点,而私有链所有的节点和网络环境都是完全可以控制的,因此能够确保私有链在处理速度方面远远优于公有链。

私有链和公有链另外一个巨大的区别就是,一般公有链肯定在内部会有某种代币(token),而私有链却是可以选择没有代币的设计方案。对于公有链而言,如果要让每个节点参与竞争记账,必定需要设计一种奖励制度,鼓励那些遵守规则参与记账的节点。而这种奖励往往就是依靠代币系统来实现的。但是对于私有链而言,基本上都是属于某个机构内部的节点,对于这些节点而言,参与进行记账本身可能就是该组织或者机构上级的要求,对于他们而言本身就是工作的一部分,因此并不是一定需要通过代币奖励机制来激励每个节点进行记账。所以,我们也可以发现,代币系统并不是每个区块链必然需要的。

因此,考虑到处理速度及账本访问的私密性和安全性,越来越多的企业在选择区块链方案时,会更多地倾向于选择私有链技术。

(三) 联盟链

联盟链(Consortium Blockchain),是指其共识过程受到预选节点控制的区块链。例如,可以想象一个由 15 个金融机构组成的共同体,每个机构都运行着一个节点,而且为了使每个区块生效需要获得其中 10 个机构的确认。区块链可能允许每个人都可读取,或者只受限于参与者和走混合型路线,例如区块的根哈希及其 API(应用程序接口)对外公开,API 可允许外界用作有限次数的查询和获取区块链状态的信息。这些区块链可视为"部分去中心化"。比如 R3 CEV 就是一个典型的联盟链系统。

（四）许可链

许可链（Permissioned Blockchain），是指每个节点都是需要许可才能加入的区块链系统，私有链和联盟链都属于许可链。

（五）混合链和复杂链

随着区块链技术变得越来越复杂，区块链的技术架构开始不仅仅简单地分为公有链、私有链等架构，而是这之间的界限逐渐开始模糊。在区块链的系统中，不再是所有节点都有着简单的一模一样的权限，而是开始有不同的分工。有些节点可能只能查看部分区块链数据，有些节点能够下载完整的区块链数据，有些节点负责参与记账。而随着系统日益复杂，其中不同的角色，以及不同的权限等级会变得更多。其实我们在 DPoS 这样的共识机制中，已经能够看到这种趋势开始出现，并不是每个节点都参与记账，而是获得投票数量最多的受托人（Delegated）才开始进行记账，这样的受托人就是典型的角色划分。如果今后央行采用区块链技术发行人民币，肯定会选择类似于混合链这样的技术。

八、区块链的发展脉络

区块链开始引人注目与比特币的风靡密切相关。直至今日，莱特币、狗狗币等类型的比特币层出不穷，人们对于电子货币的关注已经转向了对区块链的深入研究。区块链强大的容错功能，使得它能够在没有中心化服务器和管理的情况下，安全稳定地传输数据。从诞生到现在，区块链专家梅兰妮·斯沃恩（Melanie Swan）将区块链发展划分为三个阶段：区块链1.0、区块链2.0、区块链3.0。

（一）区块链1.0：以比特币为代表的可编程货币

比特币设计的初衷，是为了构建一个可信赖的、自由、无中心、有序的货币交易世界，尽管比特币出现了价格剧烈波动、挖矿产生的巨大能源消耗、政府监管态度不明等各种问题，但可编程货币的出现让价值在互联网中直接流通交换成为可能。可编程的意义是指通过预先设定的指令，完成复杂的动作，并能通过判断外部条件做出反应。可编程货币即指定某些货币在特定时间的专门用途，这对于政府管理专款专用资金等有着重要意义。

区块链是一个全新的数字支付系统，其去中心化、基于密钥的毫无障碍的货币交易模式，在保证安全性的同时也大大降低了交易成本，对传统的金融体系可能产生颠覆性影响，也刻画出一幅理想的交易愿景——全球货币统一，使得货币发行流通不再依靠各国央行。区块链1.0设置了货币的全新起点，但构建全球统一的区块链网络却还有很长的路要走。

（二）区块链2.0：基于区块链的可编程金融

数字货币的强大功能吸引了金融机构采用区块链技术开展业务，人们试着将"智能合约"加入区块链形成可编程金融。目前，可编程金融已经在包括股票、私募股权等领域有了初步的应用，包括目前交易所积极尝试用区块链技术实现股权登记、转让等功能；华尔街银行通过联合打造区块链行业标准，提高银行结算支付的效率，降低跨境支付的成本。

目前商业银行基于区块链的应用领域主要有：一是点对点交易。如基于 P2P 的跨境支付和汇款、贸易结算以及证券、期货、金融衍生品合约的买卖等。二是登记。区块链具有可信、可追溯的特点，因此可作为可靠的数据库来记录各种信息，如运用在存储反洗钱客户身份资料及交易记录上。三是确权。如土地所有权、股权等合约或财产的真实性验证和转移等。四是智能管理。即利用"智能合同"自动检测是否具备生效的各种环境，一旦满足了预先设定的程序，合同会得到自动处理，比如自动付息、分红等。目前，包括商业银行在内的金融机构都开始研究区块链技术并尝试将其运用到实践中，也许现有的传统金融体系正在逐渐被区块链技术所颠覆。

（三）区块链 3.0：区块链在其他行业的应用

除了金融行业，区块链在其他领域也开始应用。在法律、零售、物联、医疗等领域，区块链可以解决信任问题，不再依靠第三方来建立信用和信息共享，提高整个行业的运行效率和整体水平。极高的生产力会将这个星球上所有的人和机器连接到一个全球性的网络中，人类向商品和服务近乎免费的时代加速迈进，也许到了 21 世纪下半叶，资本主义走向没落，区块链的去中心化协同共享模式将取而代之，成为主导经济生活的新模式。

区块链是这种新兴协同共享模式的最佳技术手段。区块链的基础设施以去中心化的形式配置全球资源，使区块链成为促进社会经济发展的理想技术框架。区块链的运营逻辑在于能够优化点对点资源、全球协作和在社会中培养并鼓励创造社会资本的敏感程度。建立区块链的各类平台能够最大限度地鼓励协作型文化，这与原始共有模式相得益彰，将使其成为 21 世纪决定性的经济模式。

现在我们所说的区块链1.0、区块链2.0、区块链3.0，也许感觉这是一种递进的演化，但事实上仅仅是应用范围的不同而已，从区块链1.0到区块链3.0都是平行的发展阶段，在各自的领域内发挥应有的作用。通过区块链技术，能够让人类生活在许多应用和工具中，进入"可编程"状态和智能状态，完成非常复杂的操作。

20世纪90年代，信息技术的飞速发展变革了现代社会，数据计算、数据库应用等为互联网技术应用打下了基础，在深度和广度拓展了人们的世界观。人们从对比特币的关注，到区块链技术在金融领域大显身手，进入2015年，区块链建立去中心化信用的尝试，已经不限于金融界，而被社会各个领域关注，特别是在中国，目前社会的公信力普遍不足的情况下，区块链更能为社会管理提供一种全新的思路和技术选项。比特币的成功和金融领域的尝试性运用，使社会对区块链的关注度和投资热度急剧提升，区块链技术的发展进入黄金时期。

区块链飞速发展描绘了世界基于技术的统一愿景，整个社会有望进入智能互联网时代，形成一个可编程的社会。在这个信用已经成为紧缺资源的时代，区块链的技术创新作为一种分布式信用的模式，为全球市场的金融、社会管理、人才评价和去中心化组织建设等提供了一个广阔的发展前景。

第二章

智能合约

智能合约是能够自动执行合约条款的计算机程序。未来某天，这些程序可能取代处理某些特定金融交易的律师和银行。区块链之所以被认为是一种颠覆性的技术，主要就是因为区块链上能够实现智能合约。

智能合约的潜能不只是简单的转移资金。一辆汽车或者一所房屋的门锁，都必须被链接到物联网上的智能合约才能被打开。但是与所有的金融前沿技术类似，智能合约的主要问题是：它怎样与我们目前的法律系统相协调呢？会有人真正使用智能合约吗？

一、什么是智能合约

智能合约的理念可以追溯到1994年，几乎与互联网同时出现。曾经为比特币打下基础，从而备受广泛赞誉的密码学家尼克·萨博（Nick Szabo）首次提出了"智能合约"（smart contract）这一术语。他对于智能合约的定义是："一个智能合约是一套以数字形式定义的承诺（promises），包括合约参与方可以在上面执行这些承诺的协议。"

从本质上讲，这些自动合约的工作原理类似于其他计算机程序的 if-then 语句。智能合约只是以这种方式与真实世界的资产进行交互。当一个预先编好的条件被触发时，智能合约便执行相应的合同条款。

这里的"智能",在英语中对应的单词是"smart",而不等同于"人工智能"(Artificial Intelligence,AI)。Smart 代表的意思是聪明的,能够灵活多变的,但还没有能够达到"人工智能"这样的级别。所以有些人仅仅从中文字面上理解,认为必须要达到"人工智能"才能算是智能合约,其实就和"智能手机"一样,这里的"智能"仅仅是指可以灵活定义和操作。

二、智能合约的三要素

萨博关于智能合约如何工作的理论,到目前为止在实践中还没有实现,因为直到今天,还没有天生能够支持可编程交易的数字金融系统。因为,如果银行仍然需要手动批准资金的转移,那么智能合约的目标就无法实现。所以,可以认为,实现智能合约的一大障碍是现在的计算机程序不能真正地触发支付。

而比特币的出现及广泛应用,正在改变阻碍智能合约实现的现状,从而让萨博的理论有了重生的机会。智能合约技术现在正建立在比特币和其他数字货币——有些人将它们称为区块链 2.0 平台之上。因为大多数基于区块链技术的数字货币本身就是一个计算机程序,智能合约能够与之进行交互,就像它能与其他程序进行交互一样。所以,随着区块链技术的诞生,这些问题正逐步被解决,已经可以通过计算机程序来触发支付。

类似于比特币基于区块链技术的密码学数字货币已经准备就绪,能够帮助智能合约成为现实,而最终将可能会实现数字货币和智能合约的双赢。智能合约能够向人们说明数字货币独特的益处,而这将为数字货币吸

第二章
智能合约

引更多的用户。从这一点来看，也许智能合约就是数字货币的真正"杀手级应用"。

在区块链的环境下，合约或者智能合约意味着区块链交易将会远不只简单的买卖货币这种交易，还将会有更加广泛的指令可以嵌入区块链中。在更正式的定义中，一个合约就是通过区块链使用比特币和某人形成某种协议。

传统意义上的合约，就是双方或者多方协议做或不做某事来换取某些东西。合同中的任何一方必须信任彼此并履行义务。智能合约的特点是，同样是彼此之间同意做或者不同意做某事，但是无须再信任彼此。这是因为智能合约不但是由代码进行定义的，也是由代码（强制）执行的，完全自动而无法干预。

事实上，首先，智能合约之所以如此是因为三个要素：自治、自足和去中心化。自治表示合约一旦启动就会自动运行，而不需要它的发起者进行任何的干预。其次，智能合约能够自足以获取资源，也就是说，通过提供服务或者发行资产来获取资金，当需要时也会使用这些资金。最后，智能合约是去中心化的，这也就是说它们并不依赖单个中心化的服务器，而是分布式的，通过网络节点来自动运行。

用一个形象的说法来比喻智能合约，即可以把它看成由代码编写的且能自动运行的自动售卖机。不同于人的行为，一台自动售卖机的行为是可以计算的；相同的指令行为总是会得到相同的结果。当你塞入一些钱并做出选择后，你选择的物品就会掉出。机器绝不可能违反预定程序来执行，也不会仅仅执行一部分（只要它没有被损坏）。一个智能合约也同样是如此，一定会按照预先设定的代码来制定。在区块链和智能合约的世界中，"代码即法律"，无论怎么编写，它都会被执行。在某些情况下，这可能是好事也可能不是；无论是与不是，都将会是一种全新的情况，我们的社会

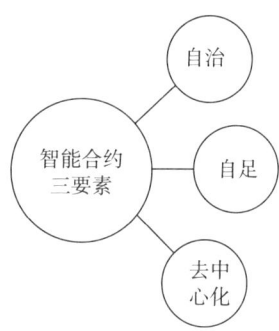

图 2.1　智能合约三要素

在智能合约普及之前还有一段较为漫长的适应阶段。

基于加密算法的智能合约及其相关体系，如果要能够激活资产还有许多细节需要考虑。也许我们还需要全新的法律和相关规定，来区别于那些通过代码来建立的合约与通过人来建立的具有司法约束力的合同之间的异同。只有基于通过人来约定建立的合同才会有遵守或者违反合同的情况，而基于区块链以及任何基于代码的合同都不存在这样的问题。此外，智能合约将不仅仅会影响到合同法，而且可能会影响整个社会中的其他社会性契约。

需要确定和界定何种社会契约会更需要"代码法律"，即根据代码来自动执行且无法阻止运行。因为基于目前所颁布施行的法律，几乎不可能让智能合约强制执行（例如，一个去中心化的代码样本在事后是难以控制、监管或者要求赔偿损失），在现有法律框架本质上要把这种行为下降到人为合同的水平。最终的目标将不是没有法律或者是无政府状态，而是让法律框架变得根据具体情况而更加精细化和个性化。各方可以通过协商来选择某个法律框架来建立一个合同然后将它写入代码中。这样根据大家都已经知道的、审核过的且"陈旧"的法律框架，类似于创作共用许可证（Creative Commons Licenses），这样用户可以选择某个法律框架作为智能合约的框架。因此，可能会有许多类型的法律框架，就像会有许多货币一样。

智能合约并不是意味着能够实现一切所不能做到的事情，事实上，它们能够以最大限度地减少信任的方式来解决一些普通事情。最小化信任能够让事情变得更加便捷，因为其通过全自动执行替代了人的自主判断。

三、智能合约的范例

（一）博彩交易

让我们举一个简单的例子，以超级碗比赛为例。假如你赌 Patriots（新英格兰爱国者队）赢，下注 500 美元，或者一个比特币，你的朋友赌 Packers（绿湾包装工队）赢，下同样的注。第一步，你和你的朋友将你们的比特币发送到一个由智能合约控制的中立账户。当比赛结束时，智能合约能够通过 ESPN（娱乐与体育节目电视网），路透社或者其他媒体确认 Patriots 战胜了 Packers，智能合约将自动地将你的赌金和从朋友那里赢得的钱发送到你的账户。

因为智能合约是计算机程序，所以很容易增加更加复杂的赌博元素，例如赔率和分差。尽管现在有处理这种交易的服务，但是都会收取相应费用。智能合约与这些服务的不同之处在于，智能合约是一个任何人都可以使用的去中心化的系统，不需要任何中介机构。

（二）网络购物

一个更加常见的例子是网上购物。如果你从网上购买了某物品，你可能不想立即付款，想等到卖家发货后再付款。所以你可以很容易地创建一个合约，该合约通过查询顺丰速运的物流数据，智能合约只有确认你购买的商品已经发往你的地址时，才发送货款给卖家。这样，是不是可以发现，我们所用的支付宝的中介功能也可以被程序自动替代？

（三）抵押贷款

还有许多常规的金融交易，律师和银行的工作归根到底是重复性地处理平凡的任务。但是我们还不得不向律师提供管理遗嘱或者向银行提供抵押贷款的工作支付大量的报酬。而智能合约能够使得这些处理过程自动化和非神秘化，节省人们的时间和金钱。

尽管可以通过一家银行获得抵押贷款，但是一般而言，银行不会持有长达30年的贷款，这些抵押贷款将被转移给投资者。但是，你继续向银行还款，而不是持有你的贷款的投资者。银行只是你每月还款的处理者，向投资者支付其中的大部分，小部分缴税，更小部分用于房主的保险。这其实只是一个非常简单的操作任务，但是银行经常需要一个季度到半年的时间来处理抵押贷款的还款问题。他们只是从贷款者手里接收还款，将还款转交给投资者，只是凭此服务来向人们收费。然而，理论上，智能合约能够非常容易地处理这种业务。如果贷款还款由智能合约处理，那么贷款处理费用将被取消，省下来的钱可以给消费者，最终的结果是获得房屋所有权的成本更低。

（四）遗产分配

虽然智能合约仍处于初始阶段，但是其潜力显而易见。想象一下分配遗产的场景，通过智能合约会让决定谁得到多少遗产这件事变得非常简单。如果开发出足够简单的用户交互界面，它就能够解决许多法律难题，例如更新你的遗嘱。就像赌博或者顺丰速运的例子，一旦智能合约确认触发条件——你已经死亡——合约就将开始执行，你的财产将被立即分割。

或者当某个孙辈到了18岁或者祖父母死亡的某天，通过智能合约执行继承财产。这个交易事件可以写入区块链中，而到未来某个事件发生或者到未来某个时间点时，交易被触发。需要设置的第一个条件——孙辈在18岁时收到一份继承资产，程序需要设置执行交易的具体日期，包括还要检查该项交易是否已经被执行。还需要设置的第二个条件——程序需要扫描一个在线的死亡登记数据库，或预先指定的某个在线报纸的讣告区，也可能是某种"预言"信息来证明祖父辈已经过世。当智能合约确认了死亡信息，它就能够自动发送资金。

（五）物理世界

想到用智能合约管理遗嘱并不难。如果你能想象你的所有资产都是比特币，用智能合约管理遗嘱的方式就可行。但是，如果你像我们大多数人一样，生活在物理世界中，拥有实体资产，那该怎么办呢？智能财产也可以解决这些问题。

物联网正在不断发展，每天都有越来越多的智能设备连接到网络上。一些思想超前的开发者已经开始着手将物联网和区块链技术结合在一起，所以像许多基于区块链的数字货币或者数字资产实际上就可以代表一个物体。这种通常以代币形式出现的就是所谓的智能财产（smart property）。

但是比代表一些物体更为重要的是，这些新的智能财产代币实际上允许取得对一个联网物体的控制权和所有权，无论它是一台电脑、一辆汽车还是一所房子。

让我们先释放一下想象力，假设所有的门锁都是连接在互联网上的。当你为租房进行了一笔数字货币交易时，你我达成的智能合约将自动执行为你打开房门。你只需要用存储在智能手机中的钥匙就能进入房屋。并且，一个智能合约也将使得当这些数字钥匙到期时，设置日期更加容易。这听起来有点像已经不需要 Airbnb（空中住宿）的私人房屋出租服务。

如果你考虑到这一点，这就是智能合约追求的根本性变革。Airbnb 提供的服务被人们需要的原因是，它使得房东和租房者不需要互相信任彼此——他们只需要信任 Airbnb。如果租房者不向房东付钱，或者房东不给租房者钥匙，他们都可以上诉到 Airbnb 来解决。

使用智能合约进行房屋出租，将取代像 Airbnb 这样的商业模式。房东和租房者仍然不需要信任彼此——他们只需要信任智能合约。智能合约将使得以前需要信任的商业模式去中心化。如此一来，它将消除像 Airbnb 这样的中介所收取的高额费用。

智能合约不仅能颠覆现有的商业模式，它们也能够完善现有的商业模式。萨博在他 1994 年的论文中已经预想到了"智能财产"，并写道："智能财产可能以将智能合约内置到物理实体的方式，被创造出来。"他举的一个例子是汽车贷款，如果贷款者不还款，智能合约将自动收回发动汽车的数字钥匙。毫无疑问，智能合约这种用途对未来的汽车经销商很有吸引力。

四、智能合约的应用案例

Visa（维萨卡）正在努力使用全新的区块链技术来彻底变革汽车购买和使用流程。希望购买一辆车很快就会变得和网上订购一个比萨那么简单。

这个原型应用程序已经在 2015 年 10 月拉斯维加斯召开的 Money 20/20 支付会议上进行了介绍，正在 DocuSign 实验室里被开发中。试想一下，如果你走进一家汽车销售店，并且你已经知道了自己想要的汽车、颜色以及在选择范围之内的两三个特性。随着手指的轻触和滑动，在选择了每年的里程之后，一个客户就可以直接从销售店租借出一辆车，整个过程不到五分钟。而这一切仅仅是开始。

Visa 和 DocuSign 的工程师们通过创建的 APP（手机软件）能够让你同样快速和简单地购买汽车保险。不需要更多的传真文档，以及数小时来等待保险员处理。随着 DocuSign 独有的数字交易管理平台和电子签名，并且集成了 Visa 支付技术的发展，汽车将能够在比特币区块链上进行车辆登记。

类似于 Visa 把信用卡技术集成进入苹果手表（提供 Apple Pay 的手腕支付方式，Apple Pay 即苹果支村），这就如同把信用卡放入到你的车辆中。车辆能够成为一种智能资产，并且为方便消费者实现双向通信。

从此，汽车将可以自动完成很多事情，包括支付过路费，购买比萨饼，或者建立一个银行账户。这类应用只要花数个星期来创建，如需要，也可以很快整合到车辆内。这个 APP 能够监视经销店的折扣情况，当所有者驾驶的里程少于原来约定的里程，还能够重新进行注册、支付停车费，或者是为汽车订购卫星广播等，甚至车辆都可以自己"拥有"自己。

对于车主而言，汽车能够实现的能力似乎变得无穷无尽。你所在的地区，所有和汽车相关的服务都将被集成进去，并且通过 APP 来竞标为你服务。

汽车 4S 店的服务人员将会知道你汽车的所有状况，以及在你上路之前汽车需要什么，或者在你家附近的加油站会通过反向竞标来获得你这单生意，当你把车开过去停下来时，你甚至不用掏出你的钱包。

类似于这样的应用程序，显示了在物联网世界中，通过整合电子设备、区块链和智能合约所产生的巨大潜力。根据一些分析师估计，从门锁到相机，可能会有多达 500 亿个物体连接到网络上，到 2020 年将有 2.5 亿辆汽车会接入物联网。

五、智能合约可能面临的威胁

从某种程度上说，智能合约可以成为犯罪行为的完美载体，因为，它要在难以达成信任的情况下创造出信任。也可以尝试举出一些非法的"智能合约"的例子。这些合约就可以在最近上线的智能合约平台上实现。其中的一份合约是，如果某人能够黑掉某个特定网站，那么，他能够获得数字货币的奖励。通过平台，合约的一方可以控制这份奖励，只将其提供给那些有证据完成此项工作的人。

研究人员认为，智能合约可以用于许多形式的犯罪。为此，他们举出了一个更为大胆的例子。例如，某人可以设计一份合约，要求刺杀一个公共人物。如果有人想要酬金，他可以提前提供信息，包括刺杀的时间和地点。然后，当这些细节在可信任的新闻网站得到证实时，酬金会支付给这个人。

智能合约完全有可能被犯罪分子利用，这应该不会让人感到奇怪。做违法生意的人通常首先采用新技术，因为他们没有什么可失去的。与传统的基于现金的犯罪相比，利用比特币或者智能合约的犯罪，在目前看来不会有太大规模。与比特币交易相比，智能合约更为复杂，而且撰写、理解合约都需要特殊的编程技巧。

尽管如此，但这也是新技术令人感兴趣的地方。文件分享上的侵权行为迫使娱乐和科技界做出改变，平台上的违法行为也可能会改变世界。智能合约平台可能对社会产生重大的影响，它可能成为各种社会变化的技术基础。

我们可以想象一下，通过智能合约平台完全可以用于创造去中心化的Uber（优步）服务。这种服务可连接司机和乘客，并且轻易处理支付问题，而不需要中间公司的存在。如果这样的话，反对Uber的执法者会发现，他们失去了打击的对象。通过智能合约可以实现任何形式的网络服务，背后不需要有法律实体，使某些东西成为法律无法禁止的，这也许是一个非常大胆和危险的想法。

六、智能合约的未来展望

智能合约有利的一面是，它将使得金融机构更加乐意接受穷人带来的风险，如果没有智能合约他们可能得不到贷款。因为，在遇到最坏的情况下，如果某人不能偿还贷款，对银行而言，收回资产并不是件轻而易举的事。

除了增加获得信用贷款的机会外，智能合约也有潜力为没有优势的人打开接触司法系统的大门，没有智能合约，这些人就没法获得应有的收益。智能合约将有利于那些不能支付法律费用的人使用司法系统。

虽然，理论上法律平等地对待每一个人，但当合约的另一方违约时，你到法庭上控告他们是需要的。而现实情况大多如此，只有你能花钱请得起律师执行协议时，正义才能得到伸张。而智能合约是能够自动执行协议的，它将改变原有的游戏规则。

这听起来好像我们将不再需要律师，但是事实上，智能合约应该被视为法律系统的进化，而不是消除。只不过，未来律师的职责可能完全不同于现在。在未来，律师的职责不是裁定个人合约，而是在一个竞争市场上生产智能合约模板。合约的卖点将是它们的质量，即定制性如何，易用性如何。这听起来有点像是一个交易网站模板的市场，但事实上就是如此。以后许多律师将会创建出不同事情的法律智能合约，他们可以将合约卖给其他人使用。所以，如果有律师制作了一个非常完美的、具有不同功能的权益协议，那么就可以收费许可别人使用。

当然，这些合约很有可能是需要通过程序语言来实现的，也就是未来律师的主要工作是会写程序，这对于现在的律师而言，可能是一个非常有趣的挑战。

有一件事确定无疑：智能合约已经扎下根了。它们是全球经济真正的基本构件，任何人都可以接触到这一全球经济，不需要事前审查和支付高昂的预付成本。它们从许多经济交易中，移除了对第三方的信任必要，在任何情况下，将信任转移到可以信任的人和机构。

当然，智能合约在现实中可能不像刚才所说的那样明确。尽管在理论上，智能合约听起来非常美好，但是现在还不可能预测它如何在法庭上起作用。没有律师或者法律仲裁者的愿景十分吸引人，但是我们真的能够冒险用代码法律取代文本法律吗？这些还有待观察。

此外，智能合约是完全可以与现有的《合同法》共存的。本质上，它们是解决相同问题——以一种方式形成一种关系，使得承诺可以执行的两种不同方法。就这一点而言，智能合约似乎是更好的解决方案，即智能合约事前执行，不像法律系统的事后执行。

第三章

DAO 和 DAC

一、关于 DAO 和 DAC

（一）定义

DAO（Distributed Autonomous Organization，分布式自治组织）和 DAC（Distributed Autonomous Corporation，分布式自治机构）也许是自比特币诞生以来，区块链技术基础之上最重要的概念之一。我们相信 DAC 将会变得越来越重要。

DAO 和 DAC 现在已经被越来越多地提到，甚至还有一个基于区块链投资基金项目的名字就是 DAO（这个 DAO 是项目的名称，和我们现在所说的分布式自治组织没太大的关系）。DAO 和 DAC 这两个概念并没有太大的区别，在早期更多地使用 DAC 概念，而在 2016 年，越来越多的人开始使用 DAO 这个术语。

所谓 DAO 和 DAC，就是通过一系列公开公正的规则，可以在无人干预和管理的情况下自主运行的组织机构。这些规则往往会以开源软件的形式出现，每个人可以通过购买股份或者提供服务的形式获得股份来成为公司的股东。机构的股东将可以分享机构的收益，参与机构成长，并且参与机构的运营。

（二）三定律

在具体实践 DAO 和 DAC 时，以下三个定律应该被认真地放入 DAO 和 DAC 的系统准则中，并且能够让所有股东检验这三条定律是否得到了严格的执行。通过这三条定律，将可以监控系统中股东权益的保护以及其他的规则如何被更改，但它们自己永远不可以自主更改这些规则。

第一定律：诚信机制。

靠多个 DAO 和 DAC 节点来对每一个 DAO 和 DAC 节点的行为进行互相审查，来确保所有的规则能够被强制实施。而单个节点的无赖行为则会被集体简单封锁。即使是系统的制造者不遵守规则也是无效的，而有敌意的高压控制也将会是无效的。

第二定律：不可侵犯机制。

能够确保在没有多数股东同意的情况下，对任何 DAO 和 DAC 规则（源代码）的更改都是不被执行的，没有集体一半以上的投票来同意采纳，对极少数节点的侵犯也是不会成功的。

第三定律：自我保护。

能够让整个系统采取更多的手段，以抵挡对 DAO 和 DAC 生存造成任何威胁因素的能力。前两个定律已经降低了引入坏的节点的可能。一个公开的系统或者是开源软件，能够通过上述手段来避免由于引入不良节点而造成整个系统崩溃的可能。

（三）简单模型

我们可以设想建立一个 DAO 和 DAC 化的微博，这个微博系统没有中央化服务器，而是提供一个客户端（网络客户端、软件也可能包括 APP）。该微博 DAO 和 DAC 会提供和新浪微博类似的微博功能，每个人可以在系统中免费发布微博，系统每 10 分钟将最新微博打包后，将微博信息整理后放入区块链的新块中，而这个新块会发送到各个节点中。许多新的参与者贡献自己的计算机和硬盘当作系统中的一个节点，作为回报，系统会给提供算力和硬盘的节点以微博币（简称为 WBB，WBB 开始每个小时发送 100 个，以后每年减半），每个微博币将自带一个比特币地址。而系统除了提供发布微博功能，也会提供一些特殊的收费功能，比如可以将微博置顶或者在微博进行一定范围的广播，而这些功能每次使用时，需要支付 0.0001 比特币。另外，还提供广告接口，需要在微博中发布广告的广告商需要预先向系统支付一定的广告费用（通过内置的比特币地址），然后按照点击量或者浏览数，系统会自动扣除相应的比特币。而系统每 24 小时，会将所收取的比特币，以当前已经发放的 WBB 总量，发送到持有 WBB 的个人账户中。

这样，就构建了一个简单的微博 DAO 和 DAC，在这个 DAO 和 DAC 中，一开始也许参与的人不太多，很可能在小范围内进行交流，但如果开发团队对这个 DAO 和 DAC 有着很大的信心，可以在最初发布后，自己成为节点开始挖矿，然后不断地进行优化和推广，只要该微博开始有一定的收入，就会有人加入系统成为节点，来获得 WBB 以获得相应的回报。同时由于每个 WBB 本身具有能够获得比特币的功能，这就意味着市场将会对 WBB 本身有一个估值，而每个 WBB 也将可以自由交易。随着 WBB 估值越来越高，会有越来越多的人贡献自己的算力和硬盘，而由于用户体验越来越好，也会有更多的人使用微博。由此便可以形成一个良性的循环。

整个微博 DAO 和 DAC 是完全开源的系统，同时它也是完全去中心化的，这就意味着该微博 DAO 和 DAC 将处于比较难以被攻击和监管的位置。

简单的电子商务 DAO 和 DAC 模型也可以构建一个类似于淘宝的电子商务 DAO 和 DAC。同样也是让买卖双方进行交易，当然一开始这个 DAO 和 DAC 可能只能接受比特币作为唯一货币。然后系统将会从交易中收取 1% 的手续费，然后同样按照比例发放给系统提供计算力和数据存储的节点。同样，它也可以发放某种数字货币作为对于贡献的标识，而这个数字货币可能接近于公司的股份。事实上，目前已经有了 Openbazaar 这样的去中心化的电子商务系统，在后面的章节我们会详细介绍它的模型。

显而易见，这样的 DAO 和 DAC 也是全球化、去中心化进行发展。而整个系统也能够构建一个良性循环并且对于每个参与者都有着持续贡献自身能力的驱动力。

而对于非 DAO 和 DAC 而言，如果让你参与到像淘宝这样的项目是非常困难的，但是对于 DAO 和 DAC 而言，每个人都可以随时参与，并且随时根据自身的能力来选择投入的资源和精力。通过 DAO 和 DAC，很多原本没有任何交集的人都可以抱着同样的目的进行协作。他们之间可能永远都不认识，但是却可以为了同一个 DAO 和 DAC 而付出努力，并且伴随 DAO 和 DAC 的成长获得相应的回馈。如果没有 DAO 和 DAC，这在过去是难以想象的。

（四）未来

前文仅仅举了两个很简单的设计模型，其实在虚拟空间或者现实社会中能够找到的所有模型（无论是商业还是非商业的），似乎都有可能进行 DAO 和 DAC 化，这取决于设计者的奇思妙想，即是否能够构建出一个自我监督并且自我完善和发展的 DAO 和 DAC 体系。当然，可以预料到 DAO 和 DAC 能够变得越来越复杂，甚至其结构远远超出我们现在的想象范围。

第三章
DAO 和 DAC

感谢区块链技术带来的革命，使 DAO 和 DAC 的成功变得如此真实。这并不只是用于数字货币，这是建立几乎所有种类的不可侵犯的商业关系的一种方法，采用这种新的方式所带来的不同，就像是选择平面还是球体作为模型来规划你的全球航海线路一样。当我们在吸取以往那些由市场驱动的公司是如何在真实世界里运作的经验时，各种各样的灵感就会产生。在设计时可以分两步走，首先，尽力想象你能设计的一个机器人化的公司实体，它需要的是对客户和股东利益有着不可侵蚀的忠实，那么它应该具有何种价值；其次，让我们考虑如何让它像一个出色的传统公司一样运作，从而能够与善变的人类对手竞争。

只有当软件能做一些有用的事情时，能够彻底诚实且不受情绪影响的软件技术才是有价值的。一个 DAO 和 DAC 是一个可以以很多种方式运作的公司，如同那些由砖头和人组成的公司一样真实。因为一个 DAO 和 DAC 提供了忠实的有价值的服务，它产生了可以以其股份形式被保存和转让的真实财富。

但也必须知道 DAO 和 DAC 的局限性，一个独立自主的 DAO 和 DAC 没有办法在不依赖于外力的情况下接受、持有或移交物理商品或法币。一个开源的 DAO 和 DAC 无法保守秘密。它可以安全地为他人保有加密数据，但却无法为自己存一把私钥。因此，一个 DAO 和 DAC 不能拥有自己的装满数字资产的加密钱包。

二、燃料货币理论

（一）DAO 是如何盈利的

由于区块链最显著的特性是去中心化，没有任何中心化的个人或者组织能够完全控制区块链项目，因此很多人都无法理解区块链项目本身是如何盈利的。通常情况下，区块链项目往往就是一个程序，而且是开源程序，这就意味着任何人都可以进行复制和修改。而在所有的区块链项目中，名声最大的是比特币，其创始人尽管拥有巨大的财富，却从来没有现身过，更没有从中获取过任何利益。这让许多人都认为，开发区块链项目是不是都是为了兴趣和理想，完全无私奉献的人。对于那些从来没有参与区块链项目，特别是没有参与过除了比特币之外的人，很难去理解为什么有人会去开发区块链技术。

如果这些人都是为了理想而参与，那就让人颇有忧虑，因为一个行业需要得到最广泛的支持，必定需要以商业利益为诉求。而如果没有商业利益来驱动，仅仅是依靠所谓的理想或者兴趣，是很难支撑一个巨大行业向前发展的。

事实上也是如此，比特币创始人中本聪仅仅是一个特例，尽管区块链的许多其他项目的创始人也充满着理想和激情，但他们从来没有否认过自己的商业意图，并且很多人就是为了这个意图而努力奋斗的。

但是开源软件如何赚钱真的是一个令人费解的问题。所谓开源软件，就是源代码开放的软件，任何人都可以下载查看其全部源代码，并且可以在无条件或者有条件的情况下进行修改和重新编译。自从有了程序那一天，应该就有了开源软件，这经常被认为是一种自由的象征，标志着共享的精神。但是，一般情况下，这也意味着不是商业软件，考虑到商业软件的目标是为了盈利收费，而开源软件既然任何人都可以免费下载和研究，自然没有多少人会为之付费。所以，只要是开源软件一般默认就是非营利性的软件。

区块链项目往往都是开源软件，比特币就是一种典型的开源软件，有许多人可以免费下载，并且也有不少人对它进行修改和重新编译，变成一些全新的其他数字货币软件。大多数其他纯粹的区块链项目也是开源的，既然开源软件天生就和非商业软件联系在一起，难免让很多人对于类似于 DAO 这样的区块链项目是如何盈利的产生疑问。

但是，事实上就是因为区块链技术的出现，第一次让开源软件有了盈利的途径。这个途径就是燃料货币方式，燃料货币方式开创了软件的全新盈利模式，甚至可能会改变公司盈利的方式。

（二）燃料货币方式

所谓燃料货币理论，就是在一个纯区块链项目，也就是形式类似于 DAO 和 DAC 这样的区块链项目中都有一种代币，任何人在使用该项目提供的服务时都会被要求使用这些代币支付一定的费用（往往是较小的数额）。随着使用者越来越多，就会对这些代币产生更多的需求。因为在某一个时刻，代币的数量肯定是有限的（在 DAO 中，没有任何人能够随意修改代币数量），从而使代币价格升值。而这些代币往往在项目的开发者手中，以及早期的投资者手中。那些开发者为了让自己持有的代币增值，自然就有动力把项目开发得更加完善，来吸引更多的人使用。而那些早期投资者，为了让自己持有的代币增值，也就有动力自愿推广这些项目，让更多的人来使用该区块链项目。因为只要有越多的人来使用该项目，也就能让代币需求越多，从而使得开发者和早期投资者获利。如此看来，每次支付一定的费用来让系统提供一定的服务，有些像给汽车加油，汽车不断地运行的前提是需要不断添加像汽油这样的燃料。所以，一般将这种方式称为燃料货币方式。

正是由于燃料货币方式的出现，基于区块链技术的开源软件也能够使开发者和投资者盈利，只不过不同于传统的卖软件或者卖许可证的方式，而是必须以让更多的人使用为前提，让最初的开发者有动力不断地提升整个系统的质量，而投资者也有动力成为一个义务的销售者，努力地推广该系统的使用范围。从这一点来看，这已经完全构成了一个正向循环。

以太坊就是燃料货币方式的典型案例。我们可以把以太坊想象成区块链世界中，类似于 Windows（视窗操作系统）和 Android（安卓）这样的底层操作系统。而在以太坊中的许多计算机组成的节点来负责进行各种智能合约的计算。在以太坊之上，会搭建各种各样的应用，而这些应用在执行各种任务，提供各种服务时就需要调用以太坊底层的计算资源来执行智能合约。那些提供计算服务的节点并不是免费的，他们是要收取费用的，收取的就是以太坊的代币——以太币（Ether），因此那些使用调用资源应用的用户就需要支付以太币。在以太坊中，许多以太币就在那些以太坊开发者，以及早期投资者手上（以太坊是通过众筹来获得早期资金的，他们按照投资者参与众筹的资金，按比例发送一定数量的以太币）。在以太坊中，这种用于获得服务而支付的代币就被称为 Gas（汽油）。

在以太坊上搭建的应用越多，那些自然应用所调用的资源也就越多，从而需要支付的以太币需求也就越大，从而必然会造成以太币需求越来越大，使得在市场上流通的以太币的价格越来越高。从以太坊发布第一天开始,截至目前,尽管以太币价格一直在波动,但是的确能发现,随着以太坊得到越来越多的认可,以太币价格也在逐步升高。

比特币也是类似于这样的方式,在传输比特币时,如果支付极小数量的比特币,就能够提高比特币交易确认的速度。从这一点来看,这种方式也算是一种通过支付费用来获得快速交易的服务。但是,比特币作为一种支付手段,它本身提供的服务就是把自身(比特币)进行传输,那么只有使用比特币的人群越来越大,对于比特币本身需求才会越大,从而才能造成比特币价格的不断升高。每个比特币从最早的不到一美元,到今天价值数百美元(截至 2016 年 5 月,其价格在 400 美元左右进行浮动),很大一部分原因也是对比特币需求变得越加广泛。尽管我们相信比特币的创始人中本聪应该是一位不在意金钱的君子,但是他持有的那些比特币,却已价值高达数亿美元。

(三) 颠覆公司制度

公司是现代商业社会中非常重要的组织形式,是构成现代整个商业社会的基础。尽管目前公司制度已经可以发展为非常复杂的形式,但基本上都可以把公司视为一种通过提供某种商品或者某种服务,从而营利的组织形式。如果从这个定义出发,无论是 DAO 还是 DAC,都可以被视为一种公司,只不过这种公司的内部运作方式已经完全不一样。

我们目前的公司,一般由投资者、管理者、生产者和销售者来构成。投资者用资金投入来创建企业和维持运作,管理者负责指定公司运行规则并维护公司运作,生产者为消费者制造产品或者服务,而销售者把这些产品和服务推广给消费者。消费者支付的费用成为公司的收益,去除公司成本后,剩下的都是公司的利润。而任何人无论是要成为某个企业的投资者、管理者、生产者还是消费者，只要该企业不是只有一个人，一般都必须要经过一些复杂的流程，得到现有其他人的认可，特别是要获得管理者的认同。这是每个加入或者创办过公司的人都非常熟悉的内容。

在区块链的世界，却可以把这一切极度简化。首先管理者消失了，已经变成了能够自动运行的程序，我们可以把这个程序看作预先设定好的企业公司运作规则，由于 DAO 都是开源程序，所以这些预先设定的公司规则人人都可以了解。而这段程序由于并不是控制在一个人手上的，而是分布在不同的节点，所以除非大多数人都完全认同，否则这些原则是无法被修改的。

生产者则是那些系统的开发者，他们通过设计不同的应用来为潜在的消费者提供其可能需要的服务。当然，他们也能够通过编写程序来定义各种系统规则，但是不像传统的管理者，这些定义的规则必须得到大部分参与者的认同，否则大家完全可以忽视他们制定的规则，或者重新修改的新规则。所以说，从某种程度而言，他们更接近于提供建议的人，而不是决策者。

投资者仍通过投入资金获得公司的股份，只不过在区块链的世界里，股份以代币的形式出现。所以，我们完全可以把每个比特币视为比特币系统中的股份。不像传统企业那种非常复杂的方式，消费者支付货币来获得某种产品和服务，公司通过获得更多的收入让公司变得越来越有价值，从而使公司股份的价格变得更高。因此，在区块链行业里，消费者直接通过购买企业股份（代币）来获得产品或服务，从而造成股份价格升高。在这个过程中，货币这个环节就直接被忽略了，也让系统变得更加有效率。

同时投资者为了让自己的股份更有价值，也很有可能成为一个义务的销售者，试图通过让更多的消费者购买公司的产品或服务，来让自己的股份变得更有价值。考虑到这些股份可以在很多数字资产交易所进行交易，具有极高的流动性，就等于是一个已经上市的企业。

于是，我们发现通过 DAO 和 DAC 的方式，公司被简化成只有投资者和生产者，而消费者直接通过支付股份来消费，使投资者和生产者获利。更为有趣的是，投资者和生产者是完全可以自由加入和退出的，即不需要任何烦琐的程序，也不需要任何人的批准。一个人可以随时成为这个公司的投资者、生产者以及消费者等任意一种角色或者全部角色。比如购买以太币，使用了以太坊上应用的以太坊开发者就扮演了全部的角色。

而这样的区块链企业模式，让如收入、利润等传统的一些概念彻底消失了，在没有收入概念的情况下，依旧能够让投资者和生产者获利，能促使他们的企业变得越来越好，还能促使更多人使用企业的产品或服务。更简单的关系、更高的流动性让他们比传统企业变得更加有活力，也更加高效。

传统的公司模式起源于中世纪的欧洲，所以它肯定不是一个为互联网设计的模式。而今天互联网已经彻底地改变了这个世界的运作模式，也许也会改变公司的运作模式。从运作方式来看，区块链公司才是真正为互联网设计的公司模式。尽管我们还不知道它是否有机会在未来成为主流的企业形式，但是很有可能会有更多的人意识到，这种公司也许有可能会彻底改变现有的商业社会。

第四章

区块链项目介绍

一、区块链项目的基础架构

（一）基础架构

1. 以太坊

（1）以太坊的概念

Ethereum 是一种新的去中心化账本协议，不是一种竞争币。以太坊的理念基因中不仅含有比特币基因，还含有 BitTorrent、Java 和 Freenet 的基因。从产品的角度而言，它是一个通用的全球性区块链，可以管理金融和非金融类型应用的状态。

本质上，以太坊促成去中心化的商业逻辑（business logic）——也被称为智能合约，它是一个包含价值，当特定条件满足会被自动打开的加密"箱子"（boxes）。商业逻辑在区块链云上（不需要服务器）执行，在多方之间自动执行给定协议的条款。它们是"去中心化应用"（DApp）的基本构件。从前端角度而言，以太坊拥有一个强大的专用浏览器，使用户可以方便地安装和使用 DApp。

这一新技术将促成 Web3.0 的基础设施的建立，将会建立在三层部件之上：作为客户端的先进浏览器，共享资源的区块链账本，以及以去中心化方式运行智能商业逻辑程序的计算机虚拟网络。

与比特币相比，以太坊建立了一种新的密码学技术基础框架，在其上开发应用更加容易，同时允许应用共享一个可行的经济环境和可靠安全的区块链。

它具有多种意义。对于开发者来说，写新的应用时，将极大地节约成本和更加高效。对于非技术人员来说，通过分拆中心化的功能，并将它分散到去中心化结构中，提供一个重新想象现有商业，或者创建新机会的可能。以太坊帮助任何希望完全借助区块链开发去中心化应用、编码任意复杂商业逻辑、发布自治代理和管理关系的人。

以太坊是一种特殊的云计算，不仅高效、节省成本，也非常安全和可靠。同时，它还拥有一套完整的创建应用的工具。以太坊系统可以用于安全地执行多种服务，包括：投票系统、域名注册、金融交易所、众筹平台、公司管理、自我执行的合约和协议、知识产权、智能财产和分布式自治组织。

以太坊正在全球范围内激发商业和社会创新，为前所未有的应用打开了大门。从长期来看，它所引致的结果将影响经济和控制结构。数以千计的企业家和开发者正在创建和实施基于以太坊的新理念、新项目和创业公司。为了在未来保持竞争力，现有的组织、商业和IT领导者应该探索如何利用以太坊重构现有服务或者在现有服务上进行创新。

（2）以太坊 VS 比特币

作为起点，可以对以太坊和比特币进行比较，因为比特币似乎已经被理解了，至少被那些希望理解它的人所理解了。

初看起来，比特币和以太坊都是开源平台，具有四项共同点：底层的密码学货币、区块链、去中心化的共识证明机制和维护网络的矿工。这一

第四章
区块链项目介绍

切使人们容易混淆比特币和以太坊，觉得它们肯定是类似的事物。但是，当你深入探究时，会发现两者的不同点多于相同点。四项共同点的每一项在以太坊和比特币中的作用和目的都是不一样的，出于这个原因，以太坊会朝着一个不同于比特币的方向发展。

比特币最初被设计成一个用于交易货币价值的去中心化密码学货币网络，比特币区块链的主要目的是：为这些金融交易提供信任支撑。只是到了最近，比特币区块链才开始在非金融应用中被发现使用的情景。因此，比特币区块链的可编程性只是事后的想法，并不是最初就有的设计，虽然侧链的提议希望让编程更加容易。与比特币相反，以太坊从第一天起就被构想为一个去中心化应用软件开发平台，它的区块链被设计为支持去中心化应用的运行。所以，以太坊的设计有幸从比特币的经验中学习，并改进了比特币的缺点。例如，与比特币 10 分钟的区块确认时间相比，以太坊区块链执行确认的速度更加快速，确认时间在 5～30 秒范围内。

以太坊的目标是实现大规模的去中心化应用，这需要以太坊成为一个确定的、可审计的和可预测的计算平台。这不同于比特币的本质——计算是以货币为中心的。因此，为了全面理解以太坊，不能盲目地将比特币的挖矿、密码学货币用途和可编程性推及至以太坊。

首先，以太坊的密码学货币（被称为以太币）并不类似于比特币，因为它的主要目的不是用于商品或者服务的支付，也不是"数字黄金"。这是比特币的重要特性，但以太坊志不在此。以太币更像一种"加密燃料"（crypto-fuel）形式的激励，支付运行各种智能商业逻辑程序所需的交易费用（关于"燃料货币"相关知识，请参见后面章节）。除了作为网络燃料以外，以太币也将作为一种数字货币在交易所交易，但是它的价值更多地受交易需求量影响，而不是货币投机者。

以太币类似于云计算费用。当你在云中运行一个应用时，基于你的运

63

行时间、占用的存储空间、数据转移和计算速度,你需要向云计算公司支付相应的费用。以太币费用的新颖之处在于你为运行在区块链上的商业逻辑付费。

其次,以太坊区块链被设计为完全可编程,比比特币更具有经济效率。它具有更大的可扩展性,对于用户可以低成本地使用区块链而言,这是非常关键的要求。因为以太坊不只关注于实现金融交易,所以以太坊区块链的目的不同于比特币。从技术上而言,以太坊的区块大小没有上限,它可以动态地调整。另外,以太坊正在继续致力于提高可扩展性(scalability),这将有益于降低整体的交易成本。

一般而言,当我们思考一个区块链的优良特性时,会考虑到以下的特性,这也是以太坊所擅长的:

·可编程性(Programmability);

·可扩展性(Scalability);

·可升级性(Upgradability);

·交易可管理性(Transactions Manageability);

·可见性(Visibility);

·可购性(Affordability);

·安全性(Security);

·速度/性能(Speed/Performance);

·高可靠性(High Availability);

·可延展性(Extensibility)。

再次,尽管工作量证明是以太坊目前所选择的共识机制,但是它打算进化到更加节省能源的共识机制——权益证明。权益证明已经被证明是一种高效和可行的共识方式,运行的成本更低,攻击的成本更高。

最后,以太坊的挖矿可以由常规计算机完成,不需要比特币那样的专门化挖矿设备，因此以太坊挖矿能够让更多的人参与。任何在自己的电脑上运行以太坊挖矿客户端软件的用户都可以成为矿工，就像 BitTorrent 允许任何用户公开分享自己的文件一样。这是一个好策略，因为它使普通用户用得起以太坊，不需要过度依赖昂贵的挖矿。这也意味着，与比特币不同，以太坊不需要依靠积累挖矿算力来运行。它更加倾向于通过可负担的挖矿与支付所需计算费用之间的平衡来实现自我平衡。

（3）开发语言

以太坊的软件开发语言是其最大特性之一，因为对区块链进行编程是一项首要目标。以太坊具有四种专用语言：Serpent（受 Python 启发）、Solidity（受 JavaScript 启发）、Mutan（受 Go 启发）和 LLL（受 Lisp 启发），都是为面向合约编程而从底层开始设计的语言。

作为以太坊的高级编程语言，Serpent 的设计非常类似于 Python。它的设计目标为最大可能的简洁和简单，将低级语言的高效优势与编程风格中的易用性相结合。

Solidity 是以太坊的首选语言，它内置了 Serpent 的所有特性，但是语法类似于 JavaScript，这降低了学习门槛，易于被掌握和使用，因为 JavaScript 是 Web 开发者的常用语言。因此，Solidity 充分利用了现有数以百万程序员已掌握 JavaScript 这一现状。

以太坊区块链的另一关键特征是它的"图灵完备性"，这保证了以太坊可以解决必需的计算问题。更加准确地说，它是"半"图灵完备的，因为通过对计算量设置上限，避免了完全图灵完备语言存在的无法停机问题。

此外，因为以太坊的语言是为区块链专门设计的，他们在交易的可视化和活动性上不可思议地提供了在实时性上的粒度。这是一个受人欢迎的功能，但对比特币而言实现起来具有一定的挑战。在比特币上，你需要导入区块链数据库，解析所有的交易，并为了抽取出区块链上的活动情报而查询交易。而用以太坊，你可以在活动的区块链上实时发起一个特定的地址要求。

（4）去中心化应用

以太坊支持多种开发语言是非常重要的，因为这使得开发者可以选用自己喜欢的语言，可以更加容易和高效地写去中心化应用。

一个DApp是由智能合约和客户端代码构成的。智能合约就像加密的"箱子"，包含价值，只有当特定条件被满足时，它才能被打开。它封装了一些逻辑、规则、处理步骤或者双方间的协议。当它们被发布在以太坊上时，网络会执行它们的分支（ramification）。

从架构角度而言，DApp非常类似于传统的Web应用，主要区别是：在传统Web应用中，客户端有Javascript代码，由用户在自己的浏览器中执行，服务器端的代码由公司的主机运行；但是在一个DApp中，你的智能逻辑运行在区块链上，客户端代码运行在特殊浏览器——Mist里面。

另外，DApp可以与其他Web应用或者去中心化技术相交互或者连接。例如，一个DApp可以使用去中心化的消息服务（例如Whisper），或者去中心化的文件（例如IPFS）。从Web应用的角度而言，例如谷歌这样的公司可能打算从一个去中心化的信誉服务中获取数据，或者Bloomberg（彭博）的数据来源种子可能打算与一个金融DApp进行交互。

（5）以太坊客户端

以太坊包括一个专用的客户端浏览器，使用户可以运行各种各样的DApp和发布智能合约。这一浏览器（以太坊浏览器被称为Mist）易于使用，所以DApp和智能合约能够被大量用户使用。从降低用户使用门槛角度而言，Mist是一项突破性成就。它的作用等同于浏览器之于互联网，或者iTunes（苹果公司一款数字媒体播放应用程序）之于数字化内容下载。

第四章
区块链项目介绍

Mist 具有特殊的安全层、密钥管理、去中心化账户管理（即用户账户由用户拥有并控制，而不是第三方机构），以及与区块链相关的组件，这一切使 Mist 成为普通用户运行或者管理区块链去中心化应用不可或缺的工具。普通用户不需要理解技术方面的东西。

从用户体验角度而言，你可以在 Mist 中使用 DApp，就像你通过常规浏览器与网站进行交互一样。例如，一个纯 DApp（例如预测市场 Augur）就在以太坊 Mist 浏览器中。然而，这些服务也可以通过一个常规浏览器以更加传统的 Web2.0 的方式实现。

（6）以太坊虚拟机

当你想到这些自足的逻辑脚本——运行在区块链上，在其上存储数据，向发起人返回一些值时，就像运行在云中的程序。简单地说，这些智能合约就是运行在以太坊虚拟机（EVM）上的代码。因此，这类似于一个去中心化的虚拟计算服务，但是它不存在网站服务器这样的负担，它被设计成点对点网络，所有参与者都可以运行，可以安全地（通过加密和数字签名）向区块链写入数据和代码，读取上面的数据和代码。

以太坊虚拟机概念是非常重要的，因为它是以太坊项目的另一个主要创新。如果你不理解 EVM，那你就不理解以太坊。

EVM "位于区块链之上"，但是，实际上它是由许多互相链接的计算机组成的，任何人都可以上传程序，让这些程序自我执行，保证现在和所有以前每个程序的状态总是公共可见的。这些程序运行在区块链上，严格地按照 EVM 定义的方式继续执行。这使任何人都可以为所有权、交易格式和状态转换函数创建商业逻辑。

（7）以太坊核心和生态系统

在最底层，以太坊是一个多层的、基于密码学的开源技术协议。它的不同功能模块通过设计进行了全面的整合，作为一个整体，它是一个创建和部署现代化的去中心化应用的综合平台。它被设计为一个通用的去中心化平台，拥有一套完整的，可以扩展其功能的工具。

虽然，以太坊看起来像由多个互相联系的开源项目构成的混合体，但是它的进化一直被明确目标引导着，以此保证各个组件可以协同地组装在一起。

像大多数软件平台一样，以太坊核心的外围是一个由合作者、技术交互扩展（interchange extensions）、应用和辅助服务组成的丰富的生态系统，用于增强以太坊的核心地位。从功能角度而言，我们可以将以太坊生态系统拆分成三块：

第一，核心协议技术，点对点共识、虚拟机、合约、密钥、区块链、软件语言和开发环境、货币（燃料）、技术整合和中间件服务（middleware services）。

第二，应用，客户端软件（Mist 或者 AlethZero）、挖矿、监控服务（monitoring services）、去中心化应用和其他第三方应用。

第三，辅助服务，主要通过维基、论坛、以太坊学院、网站、赏金激励、未来的开发者会议实现的教育、研究、学习和支持。

在应用方面，截至 2016 年 4 月，已经有近 200 个第三方项目、产品、技术扩展和完全或者部分基于以太坊的成熟商业。这些应用包括：预测市场、去中心化交易所、众筹、物联网、投票和管理、赌博、信誉系统、社交网络、聊天消息系统、保险、医疗保健、艺术、交通工具共享、分布式自治组织、交易（金融工具或者商品）、会计、社区、电子商务、物理安全、文件存储、所有权登记、内容、小微交易、社区管理、云计算、汇款、智能合约管理、智能资产、钱包、食品、制造业、数据存储、供应链等。

所有这些生态系统的组成部分促成了以太坊进入金融和非金融领域。

以太坊的可编程特性提供了超越比特币脚本语言更加强大的功能，因为它具有图灵完备性、价值知晓（value-awareness）、区块链知晓（blockchain-awareness）和状态转换逻辑能力。

（8）以太坊主要的进展

2013年11月：当时在加拿大的18岁俄罗斯少年、科技奇才维塔利克·比特林（Vitalik Buterin）创建了初始的以太坊概念和基本代码，以太坊的核心理念开始有了一个明确的提法。

2013年12月：维塔利克·比特林发布了原始概念白皮书。

2014年9月：以太坊为期42天的以太币预售结束，一共筹集到31529.36369551个比特币，一共售出60102216个以太币，价值约1800万美元。

2014年11月：维塔利克·比特林击败Facebook（脸书）创始人马克·扎克伯格（Mark Zuckerberg），获得2014年IT软件类世界技术奖。这个奖项表彰了维塔利克·比特林设计发展比特币2.0平台以太坊的突出成就。

2015年7月31日：历经18个月的等待，终于迎来了其Frontier版本平台的正式推出，Frontier阶段只有命令行客户端，下一阶段将推出易用的客户端Mist和AlethZero。

2015年9月30日：维塔利克·比特林宣布，以太坊得到了中国跨国巨头万向集团的资金支持，该集团已推出了一个非营利性的区块链实验室（Blockchain Labs）。万向集团代表方证实了这一消息，区块链实验室最近购买了50万美元的以太币，作为支持该技术的部分尝试。

2016年1月21日：全球最大的区块链联盟R3 CEV已发布了首个分布式总账实验，其使用了以太坊和微软Azure的区块链即服务（BaaS），并涉及其11家成员银行。这个由R3管理的私有点对点分布式总账，连接了巴克莱银行、BMO（蒙特利尔）银行金融集团、瑞士信贷银行、澳大利亚联邦银行、汇丰银行、法国外贸银行（Natixis）、苏格兰皇家银行、道明银行、瑞士联合银行、意大利联合信贷银行以及富国银行。

2016年3月12日：以太坊发展达到新的里程碑。格林尼治时间上午3时15分，该项目总市值达到10亿美元。Homestead进入测试阶段的声明之后，以太坊市值开始了爆炸式增长。单日活动节点增加22%，之后一直呈平稳增长态势。以太币持续一个月成为交易量第二大数字货币。这个新的里程碑明显拉近了以太坊与比特币的差距。后者最高市值为63亿美元。

2016年3月15日：发布了Homestead，公司第一款软件应用。上一个版本Frontier的唯一特征是命令行界面，Homestead会对用户平台搭建功能进行扩展，提供建立概念证明机制的便利以及保证最少可用产品数量。

（二）Hyperledger

2015年底，IBM宣布参加由Linux基金会领头的开源区块链项目开放式账本项目（Open Ledger Project），后来更名为超级账本（Hyperledger）项目。该项目一经公布便受到了金融、科技行业和区块链行业的广泛关注，除了IBM以外，该项目的参与者来自在金融科技行业和银行业颇具影响力的企业如英特尔、思科、伦敦证券交易集团、摩根大通、富国银行、道富银行。

至2016年2月，该项目的参与者已经增加到了30家，包括荷兰银行、纽约梅隆银行、芝加哥交易所集团、ConsenSys、NTT数据、Red hat、Symbiont等。在2016年4月，又有10个新公司加入该项目并注资，这10家新公司分别是Blockstream、Bloq、eVue Digital Labs、Gem、itBit、Milligan Partners、Montran Labs、Ribbit.me、Tequa Creek Holdings和Thomson Reuters。

Linux 基金会是全球顶级开发人员和公司首选，通过组建一个生态系统，能够加速推动技术开发和商业吸取。与全球开源社区一起，通过创建投资历史上最大的共享技术，解决了最难的技术问题。成立于 2000 年的，Linux 基金会今天提供了工具、交易和所有开源项目，没有任何一家公司能够达到这样的经济影响力。Linux 基金会（Linux Foundation）和 Linux 标准库（Linux Standard Base）都是 Linux 基金会的商标。Linux 是 Linus Torvlds 的商标。

自成立以来，超级账本项目已经收到来自多个企业的代码和技术，其中包括 Blockstream、Digital Asset、IBM 和 Ripple。其他社区成员也在考虑如何贡献他们自己的力量。就如同其他的开源项目一样，欢迎来自任何时间、任何人的技术贡献，并将会由新组成的技术指导委员会（Technical Steering Committee，TSC）进行审核，该委员会是由行业中领先的技术专家组成的。TSC 致力于开放和透明的讨论、流程和决策。这个小组将负责该项目的技术方向，工作小组会管理多个代码库的各种贡献。TSC 将会评估贡献提议，并且通过一个开放社区流程，来打造出最初和统一的代码库。

由数字资产控股捐献的商标"超级账本"，把它送给 Linux 基金会。该商标将会完全交给超级账本项目理事会进行管理，并且需要 Linux 基金会的审批。

超级账本项目公开宣布了它的治理结构。董事会将会指导企业决策、市场营销，确保技术社区和成员之间的一致性，目前 TSC 成员进行公开提名。

超级账本项目是让成员共同合作，专注于开放的平台，将会满足来自多个不同行业各种用户案例，以简化业务流程。由于点对点网络的特性，分布式总账技术是完全共享、透明和去中心化的，因此非常适合在金融，以及制造、银行、保险、物联网等无数个其他行业的应用。通过创建分布式总账的公开标准，实现虚拟和数字形式的价值交换，例如资产合约、能源交易、结婚证书、能够安全和高效低成本地进行追踪和交易。

Linux 基金会执行董事吉米·策姆林（Jim Zemlin）表示，超级账本项目已经以惊人的速度在进行，证明了有许多压抑的兴趣和潜力正期待被释放，现在全球企业需要一个分布式总账技术的跨行业开放标准。

（三）R3 CEV

1. R3 的成立

创立于 2015 年 9 月的 R3 公司专门负责合成银行业区块链技术开发的行业标准以及用例，致力于为银行提供探索区块链技术的渠道以及建立区块链概念性产品。首席执行官戴维·鲁特（David Rutter）表示，长久以来 R3 公司一直坚信，分布式总账技术可能会像互联网改变媒体和娱乐业那样改变金融服务业。该联盟成立之后，召开了一系列的研讨会。尽管有关该项目的细节还很稀少，但项目代表都表示 R3 希望建立称为"全球金融结构"的东西，或者说是针对银行业需求的区块链和分布式分类账，并且精心制作它的输入。

戴维·鲁特在行业内有着广泛的人脉网络和在华尔街顶级机构超过 30 年的领导经验，以及对市场的深度了解，这使他有独特的方式接触和洞察到 R3 的客户。他早期在全球最大的交易经纪商 ICAP（Internet Content Adaptation Protocol），担任电子经纪首席执行官，并且还领导 BrokderTeck 固定收入和 EBS（紧急燃油附加费）外汇平台，这是全球两个最大的电子场外交易平台。

尽管开始 R3 区块链被设计为一个开源形式，但是尚未决定最后的开放形式。目前也没有确定是否会被限制在成员银行中。这将会影响"节点"应该如何来确认每一笔交易的方式。成员银行非常有兴趣参与区块链技术所提供的广泛应用测试,包括金融交易、处理银团贷款,对场外衍生品和市场借贷进行清算。一个在伦敦的开发团队目前正在编写一个开源、通用的"共享账本",将会让银行大幅度降低协调成本。

2.45 个联盟成员

R3 公司在 2015 年 12 月 17 日宣布,银行"梦之队"已经完成首轮团队招募。R3 区块链联盟迎来了当年最后 12 个新成员,分别是桑坦德银行、丹麦丹斯克银行、意大利圣保罗银行、法国外贸银行、野村证券、北方信托、OP 金融集团、加拿大丰业银行、三井住友银行、美国合众银行、西太平洋银行和 BMO 金融集团。此外,据称这些银行还将投资 R3 公司。

于是 R3 区块链联盟的成员从最初的 9 家银行,扩大到目前的 42 家银行。R3 表示,其允许银行加入的"初始窗口"已经关闭,该联盟将在 2016 年寻求与非银行金融机构和团体合作,扩大要整合的产业范围。

尽管 R3 在 2015 年底曾表示,截至 2015 年 12 月就已经停止吸纳更多会员,可是在 2016 年 3 月的采访中,R3 总经理查理·库珀(Charley Cooper)宣布第二轮合作已经开始了,并且日本 SBI(Strategic Business Innovator)控股株式会社是第二轮合作第一个加入的企业。

日本 SBI 控股株式会社,即 SBI 集团,原软银投资(Soft Bank Investment),成立于 1999 年,已发展为以投资和互联网为平台在全球展开业务的大型综合金融集团。截至 2013 年 9 月末,SBI 集团在全球拥有 180 家子公司(包括中国 5 家),其中 6 家在中国香港、日本、韩国上市,业务遍及北美、欧洲、南美、中东及东南亚各国。截至 2013 年 9 月,集团总资产达 2.85 万亿日元,资产管理规模为 4800 亿日元。

在 2016 年 4 月，韩国金融机构韩亚金融集团（Hana Financial Group）和巴西银行伊塔乌先后加入了 R3 区块链联盟，使得 R3 联盟的成员扩充到 45 个。

2016 年 5 月下旬，中国金融巨头中国平安宣布加入 R3 CEV 区块链联盟，有效地开启了世界第二大经济体的大门。中国平安市值高达 900 亿美元，有 27 家子公司，业务涉及很多行业，包括寿险、银行和证券。

据称 2016 年初，中国平安首席创新官丹尼尔·图（Daniel Tu）致电 R3 CEV 全球执行董事克莱夫·库克（Clive Cooke），表示希望加入 R3。在克莱夫·库克与中国平安 CEO（首席执行官）马明哲初次会谈之后说，中国平安在中国有很大的网络，是完整独立的生态，是 R3 进入中国的最好契机，而且中国平安对待区块链技术的态度很积极、实际，相信中国平安对区块链的认识和开发以及与 R3 CEV 的合作会极大推进区块链在中国的发展。丹尼尔·图和中国平安区块链倡议的主管杰西卡·唐（Jessica Tang）成立了包含中国平安技术部和金融部的 15 个员工小组，还有集团子公司的首席技术官。尽管还不知道中国平安内部区块链小组的工作内容，但是有消息指出，中国平安在开发两个概念证明机制，公司内部在努力地学习区块链技术。

在 6 月，香港人寿保险公司 AIA 和丰田金融（Toyota Financial Services）分别宣布加入到 R3 联盟中，其中丰田金融表示希望把分布式账本技术应用于汽车供应链和互联网汽车系统。

截至 2016 年 6 月，R3 CEV 的成员伙伴已经达到约 50 家，并且越来越多的亚洲大型机构加入其中，其影响力正在从欧美扩张到全球更多地区。

第四章
区块链项目介绍

表 4.1　R3 CEV 区块链联盟主要成员

序号	英文名	中文名
1	Banco Bilbao VizcayaArgentaria	西班牙对外银行
2	Banco Santander	桑坦德银行
3	Bank of America	美国银行
4	Barclays Bank	巴克莱银行
5	BMO Financial Group	蒙特利尔银行金融集团
6	BNP Paribas	法国巴黎银行
7	BNY Mellon	美国纽约银行梅隆公司
8	Canadian Imperial Bank of Commerce	加拿大帝国商业银行
9	Citigroup	花旗银行
10	Commerzbank	德国商业银行
11	Commonwealth Bank of Australia	澳大利亚联邦银行
12	Credit Suisse	瑞士信贷银行
13	Danske Bank	丹麦丹斯克银行
14	Deutsche Bank	德意志银行
15	Goldman Sachs	高盛集团
16	Hana Financial Group	韩亚金融集团
17	Hongkong and Shanghai Banking Corporation	汇丰银行
18	Internationale Nederlanden Group	荷兰国际集团
19	Intesa Sanpaolo	意大利联合圣保罗银行
20	ItaúUnibanco Holding	伊塔乌联合银行控股公司
21	JPMorgan Chase	摩根大通
22	Macquarie Group	麦格理集团
23	Mitsubishi UFJ Financial Group	三菱日联金融集团
24	AIA Life Insurance Hong Kong	香港人寿保险公司 AIA
25	Mizuho Bank	日本瑞穗实业银行

续表

序号	英文名	中文名
26	Morgan Stanley	摩根士丹利
27	National Australia Bank	澳大利亚国民银行
28	Natixis Bank	法国外贸银行
29	Nomura Securities	野村证券
30	Nordea Bank	瑞典北欧联合银行
31	Northern Trust Bank	美国北方信托
32	OP Financial Group	OP 金融集团
33	Royal Bank of Canada	加拿大皇家银行
34	Royal Bank of Scotland	苏格兰皇家银行
35	Scotiabank	加拿大丰业银行
36	Strategic Business Innovator	日本 SBI 控股株式会社
37	Skandinaviska Enskilda Banken	瑞典北欧斯安银行
38	Societe Generale	法国兴业银行
39	State Street	美国道富银行
40	Sumitomo Mitsui Banking Corporation	三井住友银行
41	Toronto-Dominion Bank	多伦多道明银行
42	UniCreditSpA	意大利联合信贷银行
43	Union Bank of Switzerland	瑞士银行
44	US Bancorp	美国合众银行
45	Wells Fargo	美国富国银行
46	Westpac Banking Corporation	西太平洋银行
47	Ping An Insurance（Group）	中国平安
48	Toyota Financial Services	丰田金融

3. 五种技术路线和八个概念证明

在 2016 年 3 月，R3 CEV 宣布正在研究五种区块链技术路线来提供金融服务，其中以太坊位居列表榜首。以太坊项目的创始人比特林表示，使用以太坊正在积极研发的"代码库"，无论是私营区块链企业还是财团均"拍手称赞"。

以分布式总账平台以及专业应对成熟金融玩家的能力而闻名的 Chain 也是整个项目中颇有价值的一分子。其他参与者还包括 Eris Industries、IBM（通过自身区块链服务部门）以及英特尔的新科技集团。所有参与方均同意 R3 CEV 的前行方式与通过展示而非主张的加速运用区块链技术的途径。

R3 CEV 的一位高管在 2016 年 4 月的区块链和分布式总账大会（Blockchain & Distributed Ledger Conference）上表示，目前 R3 CEV 正在以探索分布式总账简化华尔街众多交易以及方便监管的途径，测试至少八个概念证明，分别是互操作性、支付、结算、金融交易、企业债券、回购、掉期和保险。

（四）Corda

到了 2016 年 4 月，R3 CEV 宣布了它们首个分布式总账应用 Corda，而非使用大家都认为的类似于比特币的区块链技术。R3 宣称 Corda 与比特币的非许可型交易分布式总账截然不同，是为金融机构量身定制的应用。这个应用唯一去中心化的信息由银行会员决定。在 R3 的博客文章中，该项目负责人兼集团首席技术官理查德·布朗（Richard Gendal Brown）指出了 Corda 与大多数人眼中的区块链的关键区别。

理查德·布朗是联盟在 2015 年 9 月从 IBM 挑选的项目领导人，他在文章中这样描述 Corda：我们需要简化业务逻辑编写并与现存代码兼容。我们需要注意系统可互操作性，并在企业建立协议时，提供企业间协作流程支持。

不同于在系统节点间保存完整交易历史的比特币区块链，布朗强调 Corda 只会传播经过认证的交易记录。Corda 会给监管机构提供"监管观察员节点"，可以从这个节点监控系统运作。包括 Overstock 的 t0 平台也在区块链系统中搭建这个功能。R3 联盟会在随后几周内进行 Corda 测试，并且在未来几个月内公司还计划发布"作为公司诸多项目之一"的开源平台核心内容。

布朗说，Corda 的名字来源有两个：该名字前半部分听起来像"accord"（协议），后半部分来自"chord"（弦，圆上两点间最短的直线）的定义。这个圆就代表 R3 网络中的银行。

Corda 的主要特点包括：

· 没有多余的全球数据共享，只有有合法需求的参与方可以按照协议获取数据；

· Corda 编写和配置在企业间流转，无中心控制者；

· Corda 在企业间单个交易水平达成共识，而不是在系统水平上；

· 系统设计直接支持监管观察员节点；

· 交易直接由交易双方验证，而不是由一大群不相干的验证者进行；

· 支持多种共识机制；

· 记录了智能合约代码和人类语言法律文件的清晰联系；

· 用行业标准工具创建；

· 没有原始数字货币。

代码完善之后，Corda 会采取开源形式。

关于区块链提供的服务，布朗的理解为，比特币、以太坊等其他变化版本底层的区块链技术服务包括五个主要方面，即共识、有效性、唯一性、不可更改性和认证。

区块链最重要的特性是共识。关于比特币，大家共同的认知是比特币

第四章
区块链项目介绍

有哪些没被消费的收益以及消费比特币需要的条件。这些认知是所有全节点用户共有的。

有效性是与共识有关的特性，帮助人们了解更新建议是否合法，有效性定义了规则方向。

唯一性服务帮助用户了解特定情况下，哪些共享信息更新是有效的。区块链的"反双重支付"特性就提供了这个服务。

不可更改性意味着，一旦某个数据提交了就不能更改了。这个特性可能有点误导性，因为数据实际上是可以更改的。其真正含义是，一旦提交数据，任何人都不能通过篡改其他权益人已经认可的数据来重新进行交易。区块链的做法是：使交易遵循历史交易结果，区块遵循区块链原始信息内容。

认证是最后一个特性，一个私钥对应一个系统行为，这与传统企业系统的"超级用户"账户不同。

分布式总账的新功能是平台的出现，参与网络的怀疑者们共享这个平台，使他们达成共有信息的共识。

金融业定义由共同针对某问题的企业协议确定，合约方在各自系统中记录合约内容。当不同系统最终决定信任不同信息，这时对信息修改的需要会产生高额费用。两个系统通过信息交换进行交流，很多资源被用于合约方和解，来确保合约方得出相同的结论。

系统记录和管理企业间金融协议就是 Corda 需要解决的问题，因为这些协议是用行业标准工具建立的并受到必要的监管。该系统关注可互操作性和增量部署，不对第三方泄露机密信息。公司可以查看与对方达成的协议，并确保双方看到的信息一致并向监管机构报备。

（五）Digital Asset Holdings

数字资产控股（Digital Asset Holdings，DAH）是由掉期交易所 trueEX 创始人兼 CEO 苏尼尔·希拉尼（Sunil Hirani）和自营交易公司 DRW Trading 创始人兼 CEO 道·威尔森（Don Wilson）共同创立的。其目标是成为金融资产交易场所，方便投资者以更低的价格成本和时间成本将传统货币和数字资产进行转换。

前摩根大通高管，全球大宗商品交易界"一姐"，外号是"金融女皇"的布莱斯·马斯特斯（Blythe Masters）在2015年3月加入了DAH，正带领团队开发一种基于区块链系统的证券和资金转移系统。

没有什么比"CDS（信用违约掉期）女皇"转投区块链技术更有说服力了。伦敦《卫报》称她是"发明了大规模杀伤性金融武器的女人"，而《新闻周刊》的说法是这些武器"放出了恶魔"，摧毁了金融系统，引发了2008年全球金融危机。最终的结果是银行在其资产负债表中隐藏了高达55兆亿美元的有毒资产。布莱斯·马斯特斯过去被人们称为"CDS之母"，在经济危机后被称为"世界摧毁者"。2014年，摩根大通的大宗商品业务超越所有竞争者，成为华尔街的头把交椅。但就在这一年，摩根大通迫于监管压力以35亿美元将该部门出售。马斯特斯随后也宣布辞职。

离开摩根大通之后，马斯特斯略微沉寂了一段时间，之后便加入了DAH，重新回到了公众的视野之中。2015年12月，区块链初创公司又在团队中添加了两名在金融服务方面经验丰富的人，吸收了来自软件制造商 SunGard 和国际支付网络 SWIFT 的人才。前 SunGard 总裁兼首席执行官克里斯托博坎德·康德（Cristóbal Conde）将出任执行董事。SunGard 创建于1982年，最近被富达国民信息服务公司（FIS）以51亿美元的价格收购。

而担任美洲首席执行官及 SWIFT 证券部门负责人的克里斯·丘奇（Chris Church）将成为 Digital Asset 公司的首席业务发展官。对于这两位负责人的加入，马斯特斯表示，克里斯托博坎德和克里斯在金融和科技领域有着超过 50 年的丰富经验，他们不仅对市场有深刻的认识，而且对 Digital Asset 正在构建的东西有独到的见解，他们的存在对公司不断发展业务的价值是无法衡量的，马斯特斯还表示在该初创公司的收购稳定下来之后，领导团队会继续扩建。

作为曾经的摩根大通商品业务主管，马斯特斯是使用信贷衍生品的先驱，她在摩根大通的成功就来自 20 世纪 90 年代她对这些产品将彻底改变银行业的认识。而如今的马斯特斯依然和以往一样高调。她不仅警告美国可能在区块链竞争中落后，而且信誓旦旦地告诉银行业，区块链将变革一切。她说银行目前正在面对一个"收入越加困难的环境中"，并且打算通过裁员来降低成本。但是她认为，这不是一个可以持续的方式。

她指出，区块链技术有足够的潜力来降低成本和风险，它能够帮助自动化来执行那些目前还是由人工来操作的，在后台运行的复杂任务系统，并且有助于降低错误风险。人们应该严肃对待这个技术，它就像 20 世纪 90 年代初的互联网，意味着财富在向你招手。华尔街最终将会接受比特币底层的区块链技术，即使这可能还需要 5～10 年的时间。

2015 年 10 月 20 日，在曼哈顿举办的《经济学人》梧桐树会议上，她这样说道："对于银行而言，它们有拥抱新技术的动力……那就是恐惧和贪婪的结合。"这句话被许多人认为是银行业对区块链态度最好的描述。

（六）ChinaLedger

2016 年 4 月 19 日，由中证机构间报价系统股份有限公司等 11 家机构共同发起的区块链联盟——中国分布式总账基础协议联盟（China Ledger 联盟）宣告成立，上海证券交易所前工程师白硕出任了该联盟技术委员会主任，联盟秘书处则设在了万向集团旗下的万向区块链实验室。

  白硕在发布会上表示，中国不能在还没有想清楚区块链在中国金融领域如何落地的情况下，贸然与国际上的区块链组织接轨，也不能让每个金融机构各自为战成为一盘散沙，而需要凝聚中国共识，开垦中国的区块链试验田。

  该联盟将致力于开发研究分布式总账系统及其衍生技术，其基础代码将用于开源共享。主要有4个目标：

（1）聚焦区块链资产端应用，兼顾资金端探索；

（2）构建满足共性需求的基础分布式总账；

（3）精选落地场景，开发针对性解决方案；

（4）基础代码开源，解决方案在成员间共享。

  目前联盟首批11家成员包括国企和民企，分别为中证机构间报价系统股份有限公司、中钞信用卡产业发展有限公司北京智能卡技术研究院、浙江股权交易中心、深圳招银前海金融资产交易中心、厦门国际金融资产交易中心、大连飞创信息技术有限公司、通联支付网络服务股份有限公司、上海矩真金融信息服务有限公司、深圳瀚德创客金融投资有限公司、乐视金融、万向区块链实验室。

  其中，中证机构间报价系统股份有限公司原名中证资本市场发展监测中心有限责任公司，是经中国证监会批准并由中国证券业协会按照市场化原则管理的金融机构。

  据万向区块链实验室透露，联盟成立之后，11家单位将各自派出区块链的研究人员，共同开发中国的底层分布式总账系统。成立China Ledger 联盟，期望能够开发出符合中国政策法规、国家标准、业务逻辑和使用习惯的底层区块链基础设施。

万向区块链实验室是由中国万向控股出资成立的非营利性的专注于区块链技术的前沿研究机构。发起人为中国万向控股有限公司副董事长兼执行董事肖风博士、以太坊创始人比特林、BitShares 创始人沈波。实验室将聚集领域内的专家就技术研发、商业应用、产业战略等方面进行研究探讨，为创业者提供指引，为行业发展和政策制定提供参考，促进区块链技术服务于社会经济的进一步发展。中国万向控股也承诺每年向区块链实验室捐赠 100 万美元，以资助相关产业研究及发展。

二、支付汇款

（一）Circle

杰里米·阿莱尔（Jeremy Allaire）在 2013 年 10 月创立了 Circle，旨在使比特币"简单易操作，类似 Gmail（谷歌邮箱）、Skype（微软的网络电话）和其他客户服务"，该公司迅速获得大量融资。在 2014 年中旬从 Breyer Capital、Accel Partners、General Catalyst Partners 和 Pantera Capital 等投资商那获得 2700 万美元，成为数字货币领域资金最为充足的公司之一。而这批风投家又选择在 2015 年重聚，进行另一轮融资。由高盛投资公司和总部位于中国的 IDG Capital Partners 共同主导，为 Circle 带来了 5000 万美元的资金，其总投资额达 7700 万美元，Circle 总市值一跃升至 2 亿美元。

高盛策略性投资小组的负责人汤姆·杰索普（Tom Jessop）表示，Circle 在全球支付业务中有着巨大的发展潜力。因为随着金融业务行业不断数字化和开放化，高盛在其中看到了许多发展的机会和可借鉴的思路，将全球市场通过技术创新来推动。高盛认为，Circle 的产品视野和非凡的管理团队在众多数字支付服务中脱颖而出，这点非常有吸引力。

预期 Circle 利用比特币区块链的超低息交易后，可以在世界范围内提供即时免费的资金转账。就这点而言，该公司的负责人很好地将其发展图景展示给了华尔街和海外的投资人。IDG Capital Partners 之前被中国公司百度和小米成功融资过，目前也准备帮 Circle 在亚洲开设分行。消费金融目前正处在一个深刻的转型期，移动支付应用持续发展，非传统金融产品不断涌现，IDG 预感 Circle 能够准确抓住并跟上所有这些趋势和潮流。

除了融资 5000 万美元，Circle 还宣布推出新功能，允许用户只使用美元进行交易。用户将来或可持有、转出并即时接收美元，不需要额外收费，同时还受到联邦存款保险公司和美元稳定价值的保护。这使 Circle 从一个简单的比特币公司变身为类似贝宝和传统银行的机构。

Circle 希望利用比特币作为免费的互联网支付网络，使各国法定货币在全球范围内毫无阻碍地顺畅流转。通过与像 IDG 这样的海外公司合作，Circle 可以向使用各国法定货币的用户提供金融服务，比如人民币和日元。

尽管中国方面对支付系统的监管结构比较复杂，但这些国外合作还是取得了一些进展。目前，Circle 作为年轻的新兴公司，专注于为美元功能开发。使用美国账户储备、发送和接收美元的功能已推出，并且在未来将会不断完善。

该发展会进一步模糊法定货币和数字货币之间的界限，但同时保有两种系统的最优特质。选择美元作为融资单位的用户可以受联邦储蓄保险公司投保的硅谷银行保护，不用承担数字货币价值急剧变化所导致的损失。同时，美元持有人可以轻松地向任何比特币接收人完成支付，并且这些操作不需要用户对比特币非常了解，也不受价格变化的影响。Circle 相信，

第四章
区块链项目介绍

比特币会成为一种全球适用的支付网络,而不是一种保值手段。

像 Circle 这样有创新力的公司还在继续使用比特币区块链作为全球金融系统,而其中的发展潜力也受到许多主要机构投资者的关注。Circle 除了在现有的比特币基础业务外提供法定货币的储备和支付,更逐步对货币本身进行着独家定义。

(二) Abra

当今世界,跨国银行之间的转账需要两三天的时间,甚至像 Venmo 这样表面上看似即时的支付应用,实则也并非如此。而比特币的技术可以让汇款瞬时、安全地在个人端之间完成。Abra 就是这样一家解决汇款问题的初创企业,宣布其应用将很快提供给所有在美国和菲律宾的注册用户,商家也可以使用 Abra 提供的服务接受消费者的电子现金。Abra 公司宣布于 2015 年 9 月的 A 轮 1200 万美元融资,已新增加了来自美国运通及拉丹·塔塔 (Ratan Tata),印度塔塔集团名誉主席,掌控 96 家公司的印度资本巨鳄的战略投资。而美国运通的参与,也标志着投资区块链创业公司的传统金融巨头机构,又新增了一家,而在此前,已投资的机构还包括纳斯达克、Visa、高盛以及纽约证券交易所。

美国运通风投管理合伙人哈舒尔·桑吉 (Harshul Sanghi) 表示,由于人们和企业的交易变得更加全球化,就需要有更为方便、经济的方式来转移资金,因此区块链可以在汇款和商业的发展过程中发挥重要的角色,尤其是在新兴市场。

Abra 的新商家服务功能,可以让任何商家为其 Web 或手机 APP 添加 Abra 商家 API,以接受来自客户的支付(只输入手机号进行结账付款)。在这里,支付的功能与现金是完全相同的。但在发生欺诈的情况下,将不会有信用卡支付所提供的欺诈保护，受害者需要直接与商家进行协商。

该应用程序可允许用户在他们的手机上存储数字形式的货币，通过 Abra 出纳员采取网络或传统银行路由的方式，将这些钱发送至世界各地任一手机号上，并将这些数字现金兑换成现金。因为所有的钱都是直接存储在手机上的（法币，不是比特币），而 Abra 承诺永不接触这些钱。比如，用户 A 想要给朋友发送 5 美元，那么他所需要的就是对方的手机号。在后端，Abra 创建了一个索引，会将这些电话号码映射到比特币区块链上的公共地址。如果收钱方在手机上并没有安装 Abra，那么他就会收到一条提醒他进行安装的短信。在交易的幕后，比特币区块链记录了发钱方汇款 5 美元给收钱方的整个过程，完成汇款后，双方的应用程序就会显示账户的余额变化（该应用程序还需考虑到数字货币对法币的兑换问题，以便汇款值不会受到比特币的价格波动影响）。如果收钱方希望把这一数字现金转换为纸币现金，Abra 会和出纳员网络工作，包括充当 ATM 机（自动取款机）的个人，还有大型的零售商，都可以扮演网络的出纳员。

像美国这样的国家，消费者们会更倾向于银行来进行取现。然而，在发展中国家，许多个人和小型便利店则更可能成为出纳员。出纳员可以设置自己的收费标准，而 Abra 则会对每笔交易收取额外 0.25% 的手续费。

据说 Abra 已经在 2016 年上半年完成了 A2 轮的融资，有一些来自中国的大型 IT 和金融企业参与了该轮融资。

（三）Align Commerce

Align Commerce 公司由前西联汇款总经理马尔万·福兹雷（Marwan Forzley）一手创立，该公司正在寻求颠覆小型企业（SMB）的跨境支付市场。在加盟西联汇款之前，福兹雷还是支付创业公司 eBillme 的创始人，后

第四章
区块链项目介绍

来西联汇款收购了这家创业公司，福兹雷也因此加入了西联。

Align Commerce 表示，相信跨境支付格局将被打破，而采用新的技术可以帮助减少一些摩擦，这就是使用区块链的原因。其公司产品改进了传统电汇的跨境交易，可以让中小企业发送美元，而接收者收到的则是欧元。最终用户所使用的，仍然是传统的银行账户，然而在支付的中间过程，Align 将发送者的资金转换成比特币，然后将这些数字货币在一家交易所卖出，再为接收者换成他们所期望的货币。这种解决方案带来的不仅是成本上的降低，还有其他方面的益处。

Align Commerce 有很多的交易所合作伙伴，因此，比特币价格的波动性对该公司的影响并不是很大。此外，区块链可以允许 Align 为商家客户提供其他好处，比如提供他们汇款的即时信息。在过去，客户可以在网上追查货物，但无法跟踪你的在线支付过程。区块链拥有一个公开透明的跟踪机制，可以帮助客户了解支付的踪迹。他们认为这种新技术与现有的支付方案相比，更经济、更快，也更易于追踪。

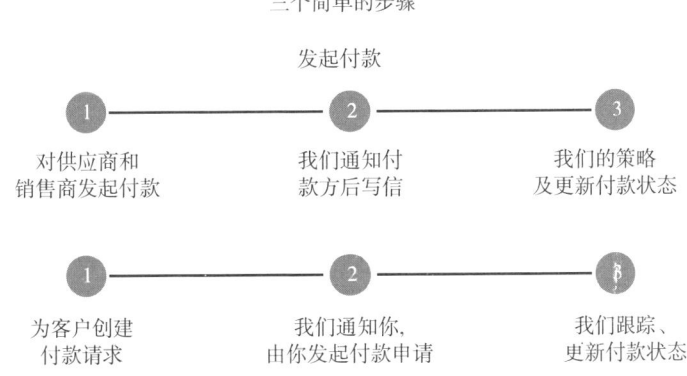

图 4.1 Align Commerce 发起付款的三步骤

由此可见，Align Commerce 使用区块链技术，是要取代代理银行在跨境支付过程中进行的工作，该公司认为，这种技术可以为商家客户提供更为经济的交易。看上去其市场定位有点类似于分布式支付协议提供商 Ripple，但 Align Commerce 解释说，这两家创业公司之间并没有争用相同的客户群体，尽管他们在技术方法上有着很大的相似性。首先，Ripple 的目标是银行，而他们瞄准的则是小企业市场。其次，Align Commerce 当前所使用的是比特币区块链。但公司也表示，如果有需要的话，公司的产品也可以使用 Ripple 的分布式总账。Align Commerce 开发的是一个应用层，可以切换到任何的数字货币。

为了能够在其管辖区内提供服务，Align Commerce 必须要做的一点是，能将比特币兑换成当地的货币，这也就意味着，它会受益于当地比特币交易所的可用性。福兹雷拒绝说出任何具体的合作伙伴，但他表示，在没有交易所覆盖的地区，银行会负责维护相关的交易。公司表示会花更多的时间和精力去扩展交易所，因为这是市场所需要的一个重要发展。

在 2015 年 11 月，该公司完成了 A 轮融资，融资金额达到 1250 万美元，领投方为硅谷传奇投资公司 KPCB，跟投方包括 Digital Currency Group、FS Venture Capital、Pantera Capital、Recruit Ventures Partners 以及硅谷银行的投资部门 SVB Ventures。

此前该公司还于 2015 年 4 月获得了一笔种子资金，但并未公布具体的金额，而最新获得的 A 轮融资，将用于扩展 Align 公司的服务范围。而作为交易的一部分，凯鹏华盈的一般合伙人兰迪·科米萨（Randy Komisar）将加入该公司的董事会。

（四）Streami

2015 年 12 月 25 日，韩国区块链汇款创业公司 Streami 完成了 200 万美元的种子轮融资。尽管该创业公司是汇款市场的新来者，但其支持方包括韩国最大的金融服务机构之一——新韩银行，该机构投资了大约 42.7 万美元。此外，Streami 还得到了新韩数据系统（新韩银行实体 IT 公司）的支持，其他投资方还包括支付公司 ICB，风险投资公司 Bluepoint Partners，以及一群天使投资人。

该公司针对的汇款市场，包括韩国、中国、菲律宾、中国香港、印度尼西亚、新加坡、泰国，旨在帮助这些地区的人们绕过非法货币转移服务。Streami 公司首席执行官李俊恒（Jun Haeng Lee）声称，截至目前，Streami 的主要竞争对手是传统的汇款服务提供商以及占据韩国对外汇款市场显著份额的非法金钱转移商。Streami 将为加密网络带来可信赖的、规范的流动性，Streami 的这轮资金将用于公司在首尔以外城市开设分支机构，并招募新的人才。

ICB 公司首席执行官李韩勇（Han Yong Lee）表示，他的公司参与了这一轮融资，希望能够提供更好的以区块链为基础的外汇 Fintech 服务，并与 Streami 公司进行合作，以便进一步探索这项技术。

三、数字货币交易所

Coinbase 公司成立于 2012 年 6 月，业务主要包括比特币钱包和交易平台，让商家和消费者可以用新的数字货币比特币进行交易。它的总部设在加利福尼亚州旧金山市，致力于让消费者更方便地使用比特币，目标是成为比特币界的 Gmail。这家公司的 CEO 布莱恩·阿姆斯特朗（Brian Armstrong）正在领导团队负责让比特币成为一种主流货币。

在美用户可以使用信用卡在 Coinbase 购买比特币。他们可以轻松地把比特币存在任一在线钱包应用里,并且可以通过电子邮件互相发送比特币,而不需要担心二维码或者那串看似乱码的比特币地址带来的麻烦。他们甚至可以通过短信来控制自己的比特币。

它是如何做到的呢?核心开发者杰夫·戈查克(Jeff Garzik)曾经说过,尽管比特币货币的基础协议已经被开发出来了,但是来充分利用这种货币的第二层服务仍然被需要。这些服务,比如说更加直觉化的支付系统、信用服务、股票交易所以及智能资产,将使得比特币在那些对比特币公钥等概念不感兴趣的主流用户中获得更多的关注。

Coinbase 并没有在建设上述服务中的大部分,但它聚焦在使这些服务尽可能地简单易用。Coinbase 想让比特币变得更简单,并且如果可以通过使用底层的比特币科技来实现,那么,Coinbase 就将先用底层科技来实现,但如果客户要求一些像定期结算,或者订阅支付,或者免费的超小额支付的服务,并且无法想出一条使用底层协议来实现功能的途径,那么,Coinbase 将在协议的顶端提供它。当 Coinbase 的用户在 Coinbase 钱包间互相发送比特币,他们是把比特币发送到电子邮件地址,而不是比特币地址。这是这家公司提供的众多易用特性之一。

Coinbase 的服务可以分解成三大块:用户钱包、比特币买入以及卖出、商户工具。在这三个领域,它都有竞争对手(比如说 BitPay 就是它在商户工具领域的对手),但它同样分别拥有不同的优势。例如,它是为数不多的(如果不是唯一的话)提供一个去中心化的比特币生态系统的公司;又如,它提供了钱包的链外(off-chain)交易,以及推荐其他客户的比特币奖励。在商户这边,它使商户可以通过早些时候发布的商户工具来收集寄送地址和电子邮件地址,并且已经开始提供定期支付的功能了,商户们还可以零费率接受微支付。

阿姆斯特朗总是将 Coinbase 的服务比喻成 Gmail,而把比特币比喻成

第四章
区块链项目介绍

SMTP。SMTP是一个开放的提供基础功能的电子邮件标准，但人们使用Gmail可以做到更多非标准的事情，比如说把日历活动的邀请自动放入Google日历中，又如可以充分利用自动信息优先化处理或者直接在客户端里面以会话的形式查看邮件。Coinbase进行的交易有75%～80%是在内部被处理的，但在需要更多的处理能力的时候，它与合作伙伴Coinbase和Tradehill、bitstamp有合作协议。

从一个一切皆无定数到像比特币这样去中心化的世界里，拥有你自己的生态系统等于拥有一笔宝贵的财富，但公司仍然面临着一些挑战，有一些监管上的不确定因素。公司正在美国范围内进行比特币与法币的兑换，并且它的确已经采取措施以获得在联邦级别上有一张MSB的许可证。然而，在美国不同的州会有不一样的情况。每个州都有自己的监管方法（有的州似乎完全没有），也已经搞定了它自己的"AML"（反洗钱）和"KYC"（了解你的客户）的流程，也在尽最大的努力确保有监管者来问话时，公司可以让他们看到一些记录在案的流程。这一手段与合作伙伴（比如Tradehill）有着鲜明的不同，Tradehill会更多地专注于高净值市场。它拒绝在没有拿到所有美国国家许可的情况下做生意，并且在解决这一问题的同时已经退出了市场。

由此可见，Coinbase的举动相当大胆。先拿下市场有利于抢占先机；早期参与者可以在监管者入场前，拿下一大块市场份额并建立一个健康的现金流。以Square为例，他们被佛罗里达州和伊利诺伊州的监管者罚款50.7万美元，因为其没有拿到许可证就开始营业了。但是，到了那个时候，公司已经聚集了3.31亿美元的资金，并且佛罗里达州的罚款（这使得它随后拿到了在佛州的许可证）在那个时候只是被当作做生意的成本了。

Coinbase还有很长的路要走。它在2013年5月成功地拿下了Union

Square Ventures 主导的 A 轮价值 500 万美元的投资。在当时，那是与比特币相关的公司拿到的最大一笔投资，并且这为将来拿到更多的投资做了良好的铺垫。同时，尽管比特币在 2014 年走势不佳，但 Coinbase 在 2014 年中却表现不俗，不仅获得了由 DFJ 领投、纽交所和美国汽车协会联合服务银行（USAA）和其他投资机构高达 7500 万美元的投资，还说服了一些著名零售商第一次成为比特币交易的合作伙伴，包括戴尔、Overstock、Mozilla 和 Wikipedia 等。投资者、商户和用户的支持，表明了各方对比特币的信心。该公司此前已经融资 3000 万美元，其中包括由著名风投机构 Andreessen Horowitz 领投的 2500 万美元 B 轮融资。风险投资公司 Union Square Ventures、Ribbit Capital 和 SV Angel 也都对 Coinbase 进行了投资。它持续地成长着，并和 Cashie Commerce 签署了一份协议，使后者可以在 BitDazzle（这是一个线上的针对对比特币友好的商户的 Esty 风格的市场）上使用它的商户 API。如果监管者真的来找麻烦了，公司希望它已经筹集到足够的资金来应付它们。与此同时，Coinbase 将关注交易量的增长层面，通过在仍然是新兴的市场那里获得广泛的关注。这是公司免除了商户的前 100 万美元的销售处理费用的原因之一。它还将力求关注用户想要什么，这可能会让核心开发团队在开发商户和钱包特性的时候先人一步。

2015 年 11 月 20 日，Coinbase 再次努力推动比特币走向主流，该公司推出美国首张比特币借记卡，也就是 Shift Card。它可以让你在任何商户使用比特币——在线或者离线——就像使用任何普通 Visa 卡一样。想象一下，可以通过它使用比特币来购买墨西哥卷饼，也可以在亚马逊网站购买电视机。Coinbase 表示，该公司用户通过其提供的服务已经创建了 200 万个比特币钱包。Coinbase 还称，Expedia、戴尔、Overstock.com 和 Stripe 都是它的企业客户和消费者。Coinbase 的收入来自其平台上对买卖比特币收取一定比例提成。此外，商人首次支付 100 万美元比特币要向 Coinbase 提

第四章
区块链项目介绍

供 1% 的服务费。Coinbase 的业务发展和战略副总裁亚当·怀特（Adam White）表示，他们所做的一切，就是努力让比特币变得更加容易使用，也希望能够非常容易地购买和出售比特币，而主流的比特币借记卡也许是一个关键因素。

根据 Coinbase 的说法，该卡已经被批准居住在美国 25 个州的任何人使用，其中包括得克萨斯州、华盛顿州以及新泽西州。尽管也可以在加州使用，但是只能作为"测试版"使用，最高不能超过 1000 名用户。任何拥有 Coinbase 账户的人都可以申请新的借记卡。在注册时，必须先验证身份，并且支付 10 美元的保险手续费。在此之后，只要是从美国的商户手中购买，就可以使用比特币直接进行支付，而没有任何其他的费用（就类似于其他的借记卡和信用卡，手续费是由商户支付的）。如果是用这些卡在海外消费，就必须要支付一定的跨国结算费用。当然，你也可以使用这张卡直接从 ATM 机取出你的钱，资金是来自你在 Coinbase 比特币账户内的余额，而不是一个银行账户——这也会需要一定的手续费。

对于 Coinbase 而言，希望让现有的客户开始更多地使用比特币来进行消费，而不仅仅是用于投机。而且新的客户将会被吸引到数字货币领域，因为这些数字货币能够很容易地花掉。而其他一些企业，包括初创企业 Xapo，虽然也一直在探索比特币借记卡，但它们只能在海外使用。

有些人担心，比特币让资金流动变得太容易了——尤其是因为人们能够匿名地使用数字货币。有消息称，欧盟正准备打击使用比特币匿名资助恐怖活动。比特币和其他一些数字货币的确可以这样使用，但是这些特性并不能刻画出数字货币的全部。Coinbase 新的借记卡将会缓解人们对于匿名性的关注。因为就像其他的借记卡和信用卡，每个人必须验证自己的身份才可以使用它。就像许多人一样，Coinbase 希望将比特币带入到一个全新的领域——主流社会。

四、去中心化交易所

（一）Linq

在 2015 年下半年，纳斯达克交易所推出了新的针对一级市场的交易平台 Linq，该交易平台是基于比特币交易技术，用于一级市场公司的交易。纳斯达克交易所还宣布了对 SecondMarket 的收购，后者是服务于非上市公司的股份交易平台，曾服务客户包括上市前的 Facebook、Twitter（推特）和还未上市的 Dropbox（一个提供同步本地文件的网络存储在线应用）等。

纳斯达克首席执行官鲍勃·格雷菲尔德（Bob Greifeld）表示，非上市公司的数量不断增加，为满足他们的需求，纳斯达克将向这些非上市公司提供交易服务，未来这些公司上市时，将为纳斯达克交易所赢得更多的上市业务，同时他认为未来纳斯达克交易所来自非上市公司交易业务的收入将达到甚至超过来自传统二级市场的业务。

纳斯达克交易所称，第三季度来自一级市场的客户增加了 20 个，使得总数量达到 120 个，一级市场的业务将成为纳斯达克交易所业务未来增长的驱动力。

纳斯达克区块链战略负责人弗雷德里克·沃斯（Fredrik Voss）确信基于区块链技术所提供的高效率，将能够大幅度提升 Linq 作为私人股权交易平台的优势。沃斯和全球软件开发总监亚历克斯·津德尔（Alex Zinder）认为区块链具有卓越能力，对于私人股权交易市场而言，最大的好处就是不再需要笔和纸，或者是基于电子表格来记录。

第四章
区块链项目介绍

津德尔表示，到目前为止还没有任何技术能够真正让人们远离纸张作业，而区块链技术将会帮助我们往这个方向前进一大步。现在，传统的手工处理方式往往会留下很大的人工失误空间。

纳斯达克通信专家威廉·布里甘汀（Willian Brigantin）称区块链技术有潜力能够消除这个痛点，因为其最大的"核心优势"就是能够提供一种不可篡改的记录，以及为用户提供一个永久保存的数据链。他们在许多初创公司管理者之间进行调查，绝大部分公司都在融资时使用电子表格来记录股权。为了达到更好的透明性和可审计性，希望今后能够推广使用他们的标准。

纳斯达克私人股权市场是在 2014 年推出的，这是交易所进入 Pre-IPO（上市前）阶段让二级市场进行股权交易最新的一次尝试，这种方式可以一直追溯到 1990 年。但是今天，有越来越多的初创公司选择保留更长时间处于私人公司阶段（暂时不进入公开发行阶段），这意味着 IPO（首次公开募股）之前的交易变得再次令人关注，因为投资者希望能够获得一些流动性，也可以减少早期阶段管理层的压力。

如果仔细研究一下 Linq 会发现，这是一款较为时尚的产品，它为投资者和企业家提供了一个直观的用户体验。在 Linq 上，股份发行人在登录后可以看到一个管理控制台来显示估值，包括每一轮投资之后已发行股份的价格，以及股票期权的比例。

所有这些股份数字，包括尚未分配的股份，都通过可视化的颜色块来代表，纳斯达克将该数据称为"股权时间轴视图"。那些已经发生的交易将会在时间轴上显示为"空"，并且变成灰色。用户还可以看到箭头，说明该股份是如何被转移和划分的。

津德尔和沃斯解释道，Linq 所做的是，显示在不同时间跨度中企业的活动。每一个单独标志代表一个在线证书。颜色代表某一种特定资产列

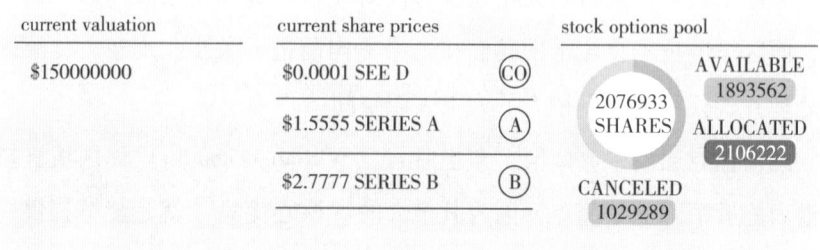

图 4.2 Linq 产品界面（Linq 上的管理控制台上的"股权时间轴视图"）

表，资产类别可以由发行人自行定义，包括股权类型和融资次数。颜色编码的方式，能够非常直观地通过开放资产协议（Open Assets Protocol），来显示区块链技术是如何通过相应条款和条件来创建独一无二的资产。这些可视化的表现都是完全真实的，只要这些是记录在区块链之上的。股权时间轴上显示的是最有价值的东西，它能够将显示信息可视化，并且表明交易和来源。

Linq 力求企业家能够更简单地通过对资产表格进行数据分析，来提供更直观的可视效果，否则很容易会被电子表格所湮没。例如，创业者可以在交互式股权时间轴上，显示个人股份证书是如何发给投资者的。有效的证书和取消的证书都有不同的显示效果，前者还会显示诸如资产 ID，每股价格等信息。

初创公司使用平台还可以通过时间发行日期来查阅证书，包括查看最多或者最近的证书，并且只要点击一下，就可以查看哪些投资者在企业内持有最多的股份。

在其他地方，创业企业可以评估某单一投资者在企业中所持有的股份。投资者可以面对类似于事务 ID，为那些正在追踪初创公司进展的投资者提供足够的透明性，还强调他们使用了新技术来创建证书。

津德尔和沃斯进一步暗示了某些非技术性的工作还在进一步展开，来帮助 Linq 的创建，并且表明最终产品将会比设计的更加优秀。因为他们需要一件可以使用的漂亮产品，需要能够为他们所有的客户提供，用于解释该产品的深层次功能。

Linq 正在被 6 个创业公司和他们的投资者试用。这几个有限的参与公司，需要能够通过合法的电子凭证来代表他们股份的所有权，纳斯达克称如果一些初创公司有着复杂的股权结构，便会让迁移过程变得更长。并且，法律程序会需要在某些州的公司与其股东进行沟通，他们将会发行"非凭证股份"，意味着不再有代表股份的物理证书。在把 Linq 推向现在所有客户，来进行更大范围内的测试之前，这些股份流动将仅仅局限在初创公司之内，他们会有权但不是有义务对投资者开启流动性（交易股份），现在就可以通过 Linq 来完成。

根据纳斯达克的阐述，他们的目标是让整个流程变得更加简单，以及区块链技术能够让它变得更加灵活和方便，并且获得更广泛的应用。他们现在做的事情，就是创造结构化流动性，在整个过程中减少摩擦，客户就会获得更多的流动性。纳斯达克还暗示 Nasdaq Linq 也许有一天会演化成一个独立的产品，也许甚至会投入到公开股票交易所中。

（二）TØ

1. Overstock

Overstock.com，Inc.（纳斯达克代号：OSTK）是一家位于美国犹他州盐湖城的在线购物零售商，以折扣价格销售家具、地毯、床上用品、电子产品、服装及珠宝等各类产品。《福布斯》杂志将 Overstock 评选为 2014 年最值得信赖的 100 家公司之一。

Overstock 于 1999 年上线，目前共有 1300 多名员工，是 2002 年上市时的 6 倍多。截至 2016 年 1 月 3 日，公司的总市值为 3.1 亿美元。最近一个财年营业收入为 15 亿美元，与索尼、惠普等供应商建立了良好的关系。此外，Overstock 还有汽车、旅游、保险、B2B（Business-to-Business）等业务。目前，Overstock 产品已销往全球 180 个国家和地区。

从 2014 年 1 月 9 日开始，Overstock 正式接受比特币支付，成为比特币历史上的关键一刻。这是公司首席执行官帕特里克·拜恩（Patrick Byrne）推动的结果，在帕特里克·拜恩看来，只有比特币才能改造华尔街，推动金融改革，从而避免下一场经济大衰退。

Overstock 与 Coinbase 协作，通过后者的交易平台接受比特币支付结算。在不足两个月的时间里，Overstock 共获得超过 100 万美元的比特币交易订单，其中，平均每比特币用户的消费水平为 226 美元，高于普通用户 168 美元的平均消费水平。在所有使用比特币支付的用户中，有超过一半（约 58%）的用户为新注册用户，这些新用户此前从未在 Overstock 上进行过任何消费。

在 Overstock 接受比特币付款后，又有多家美国大公司相继跟进，包括戴尔、Dish Network 和新蛋。另据比特币数据提供商 CoinDesk 统计，目前全球有 6 万多商家接受比特币付款。

据帕特里克·拜恩透露，比特币等数字货币的支付成本远低于传统渠道。例如，比特币支付服务提供商 Coinbase 仅向 Overstock 收取不足 1% 的手续费，有时甚至接近于零。而信用卡公司的交易费比率通常为 3%。Overstock 还于 2014 年 9 月中旬接受国际客户的比特币付款。另外，该公司还将从比特币销售额中拿出 4%，用于推广这种货币。

2. 裸卖空

帕特里克·拜恩自称是巴菲特的门徒，拿到了哲学系博士学位，专注

第四章
区块链项目介绍

于经济学和法学的他还倾向于自由主义，多年来他一直想要改革华尔街，在他看来，区块链也许是可以实现他愿望的一种东西。作为一位奉行自由主义的哲学家，他经常在自己的项目理念中传达他的自由主义思想和奥地利经济学派思维。

拜恩提出，区块链技术之于资本市场，即互联网之于消费者，它的设计提供了一种安全、透明并且可靠的方式，能够记录谁在任何时间段拥有了特定的证券。在拜恩看来，它可以取代传统证券交易所运行的旧系统。长期以来他一直认为，华尔街金融系统的不透明导致出现诸多漏洞，这些漏洞常常被金融机构利用来牟取暴利。其中一个漏洞就是"卖空"投机行为。

卖空是指股票投资者在某种股票价格看跌时，便从经纪人手中借入该股票抛出，日后该股票价格果然下落时，再以更低的价格买进股票归还经纪人，从中赚取差价。而在"裸"卖空（无担保卖空）交易中，卖家不能及时借到证券并在标准的三个交易日结算期间向买家交货的话，将导致该证券"未交付"。

"裸"卖空并不一定违反联邦证券法或证券交易委员会的规定。证交会指出，"在某些情况下，'裸'卖空有利于市场流动性"。2008年，美国证券交易委员（SEC）会出台规定禁止美国国内"滥用'裸'卖空"的行为，因为这种行为经常被认为与价格操纵、拉低股价有关。

拜恩指责数家银行和对冲基金在过去串通压低 Overstock 的股价，最近 Overstock 与美林证券在一起纠纷上达成了和解。拜恩声称，尽管法院在其裁决中已经发现大量证据表明，Goldman Brokerage（高盛经纪）本身就从事欺诈，但高盛却已经在调查期间掩护自身安全撤退了。但这件事并没有让他太担心，因为公司在加密事业上做出了自己的努力。

3. TØ 系统

拜恩所提到的他们在加密事业上的努力之一，便是在过去的一年中，Overstock 开发的基于区块链的"TØ"（念 T fita）证券交易平台。区块链基本上是一个横跨全球的庞大分布式数据库，它是由独立的计算机负责运行维护的。有了比特币这种代币，这个账本可以跟踪比特币网络上的交易，此外，它也可以用于跟踪任何其他有价值的交易，包括股票、债券和其他金融证券。TØ 是比特币区块链在金融领域中的应用。Overstock 表示："TØ 使证券交易变得更加公平、透明和方便所有市场参与者的参与。"

对于 Overstock 而言，尽管在其平台上发行股票还是一个有待求证的想法，但是从根本上来说，TØ 主要工作的内容是进行"交易结算"。特别是面对传统股票交易市场的现状，实行的是交易日加三个工作日（T+3）的结算机制，其中的三个交易日，是交易需要三天时间来完成证券的结算工作。而如果使用区块链技术将能够实时结算，几乎可以在交易完成的瞬间就完成结算工作。

TØ 的平台使用了彩色币技术，它允许使用很小一笔比特币来追踪资产所有权的机制。例如，一个彩色币可以用来作为一个标记，证明某个人持有 Overstock 的股权。这个技术将会在比特币区块链上进行，并且由分布式总账的区块链技术来确保安全。

拜恩指出，TØ 的一切技术都是建立在分布式、加密保护的账本上，任何人都可以访问和审查这个账本，确保整个市场的公平性。打破华尔街和其他行业的关键不在比特币，而在区块链技术。有了一个自动共享、防篡改的数据库，存储数据将不再需要烦琐的手续和清算机构。为向人们展示 TØ 系统，拜恩在 2015 年 6 月购买了 50 万美元 Overstock 发行的债券。在随后的一个月，Overstock 宣布向 FNY 资本的子公司（纽约贸易公司

FNY 账户管理公司）出售了 500 万美元的"加密债券"。

总部设在纽约的 Clique 对冲基金，利用这个系统借来 30 只组成道琼斯工业平均指数的股票。该交易价值 1000 万美元，都被记录在区块链上。与拜恩一起创立 TØ 的约翰·塔巴科（John Tabacco）表示："这是一笔真正的交易。"他同时还透露，TØ 在过去的两周内一直促进股票的借出，已有 5 个客户借出了股票，包括 Clique 基金。

区块链的优势在于它可以简化交易流程，提供更加可靠的交易记录，它也是拜恩与"裸"卖空及与美林证券"战斗"的一个关键"武器"。2015 年 10 月 15 日，TØ 宣布 Clique 基金交易已经在其平台上测试了一种新的加密资产，即预借保证代币（PAT）。该团队已经成功在一个交易商进行卖空之前，利用比特币区块链记录下了符合美国证券交易委员会规则的商号证据。

拜恩指出，他们推出的预借保证代币是为了解决权益所有者的问题，通过将权益所有者手中的资产放到透明的市场中来保障其收益；这也将能解决卖空者的问题，只要他是在透明的市场中借贷；还能够解决监管机构所面临的问题。他同时也承认，相比 10 年前，监管者现在对这种投机行为的打击力度更大。不幸的是，这当中还是存在"害群之马"，必须要把这些"害群之马"消灭掉，这正是要推出预借保证代币的目的。

SEC 规则 SHO（证券卖空规则）鉴于 1938 年首次通过卖空规定以来的众多市场发展情况而更新规定，解决持续未交付和潜在的滥用"裸"卖空的问题。拜恩明确表示在原则上同意 SEC，在卖空原则上并不反对走法律程序。

利用区块链实施的第一个卖空测试是十足的壮举。当全面投入运营后，该团队称，该服务将在一个"不透明的股票借贷世界"中提供前所未有的透明度。在奉行自由主义理念的拜恩看来，TØ 平台是第一个"华尔街式"概念的范式。随着完成卖空测试，表明该系统确实可以运作，不过这一平台能打破多少传统金融服务，只有时间才能证明。区块链是人们所遇见的最重要的金融发展成果，当其他人还在观望这一新技术能否引进的时候，TØ已经开始行动起来，决心用它来对抗证券借贷中的"暗箱操作"行为。

根据Overstock 2015年的第四季度季报，2015年前面三个月时间里，这家在线零售公司在区块链证券项目上已经投了320万美元。该季报说明它可能将会投资800多万美元用于发展Mdici，这是它旗下使用区块链技术进行探索的子公司，而区块链交易平台TØ就是它的核心项目之一。为此，首席执行官拜恩在给他股东的信中这样解释说，Medici在2015年的成本接近800万美元，当你增加许多要执行多项任务的员工所提供的开销和服务，以及其他负荷因素时，2015年的真实成本将会显著增加。拜恩建议说，该公司正在寻求将其区块链交易平台从Overstock自己的电子商务设施中拆分出来以获得更广泛的应用，使股东的利益最大化。

为了努力进军金融行业，TØ平台在2015年10月以3030万美元的价格收购了华尔街经纪公司SpeedRoute来协助推进其区块链交易平台。拜恩表示，这是一个能够连接美国11个交易所和25个非公开资金池的路由服务，它已经是美国市场中一个重要的节点。如果需要把区块链引入到华尔街，不是为了建立一个信息孤岛，而是为了让大家能够接受它，所以需要购买美国市场体系中的一个节点，然后在上面建立加密技术，这样就可以符合所有的监管规定，并将其视为互联网金融技术。他们并不希望成为类似于Mt. Gox这样的公司，想尽一切办法来规避监管，而是能够在和Medici相关业务上展开进一步的投资和收购。

4. SEC批准

在2015年12月中旬，SEC已批准在线零售商Overstock.com通过比特币区块链来发行该公司的股票。据 Overstock 提交给证券交易委员会的 S-3 申请，该公司希望通过区块链来发行最高 5 亿美元的新证券，包括普通股、优先股、存托凭证、权证、债券等。

S-3 申请是一个证券登记表格，允许企业以简化流程来发布可公开可交易股票。不同于 S-1 申请，这需要对公司计划将持有的股票进行 IPO 而进行全面备案，而 S-3 是根据 1934 年证券交易法案（Securities Exchange Act）提出的，对已经符合一定资格的企业而言特别要求的是，一个公司需要至少有 12 个月对 SEC 进行档案报告，才有资格提交 S-3 申请。

此前，Overstock 已经使用区块链来发行私募债券，这不需要监管机构的批准。而现在，SEC 已告知 Overstock 这家公司，它可以以同样的方式来发行公开交易证券。根据 Overstock 提交的公开文件，SEC 已经批准了修订后的 S-3 申请，允许该公司通过区块链来发行公开交易证券。拜恩从未确认发行公开证券的具体时间，但他表示这将会是他们在 2016 年最为首要的事情。

Overstock 将通过旗下的 TØ 区块链平台来发行这些公开交易证券，它也计划为其他公司提供这种"加密证券"服务。需要注意的是，选择通过 TØ 平台来发行公司股票的企业，都需要得到 SEC 的单独审批。

对 Overstock 的批准毫无疑问会成为某种催化剂，因为它计划向其他企业提供该技术，帮助他们发行自己的加密证券。如果该技术在公众领域能够惊艳亮相，也许能够迫使其他公司也采用区块链技术来发行证券。但是，不能确认的是 SEC 是否还会继续批准这样的情况。

区块链技术有利于大幅度削减发行、追踪和交易加密证券的成本。它在金融市场中提供了一个完全透明、安全、可靠和快速的基础设置。这项比特币的底层技术也许还能够防止市场操纵行为，并且成为一种自动运行的系统，从而完全取代传统交易所。

目前，TØ 计划通过区块链来帮助其他公司管理金融证券，并且已经在进行中，除了发行私募债券，TØ 还提供了一种工具可以让公司通过区块链来进行股票的借贷。这一设计瞄准了美国股票借贷 9540 亿美元的市场，消除传统的中间商，并填补股票结算的漏洞，允许交易者进行股份的"裸"卖空交易。根据 Overstock 和 TØ 的说法，一些对冲基金和其他组织已经测试了这种系统。

（三）BitShares

1. 简介

BitShares 是一个工业级的开源去中心化金融智能合约平台，该平台基于 Cryptonomex 公司研发的 Graphene（石墨烯）技术开发。Graphene 是一个开源开发工具包，同时也是实时区块链的技术实现，旨在实现一种区块链技术或协议。然而与具体的区块链整合后，比如 BitShares，它逐渐进化为一种生态系统。

BitShares 内置了一个类似于上证所或者纳斯达克这样的去中心化交易所系统，和这些传统交易所相比最大的不同是，由于 BitShares 是完全不依靠任何人而在自动运行，因此在里面所有交易的资产、产品可以由任何人创建并交易。

传统证券交易所的流程是，任何公司如果要将自己的公司股权在公开市场上发售，也被称为 IPO 过程，首先需要把自己公司的所有资料交给交易所或者相关审核机关进行审查，通过以后寻找券商进入一级市场进行销售，完成之后就可以在相关证券交易所中开始交易股份。这其中的手续之烦琐，成本之高昂，相信即使不是在这个行业内的人都是很清楚的。但是去中心化交易所则完全颠覆了整个过程。

第四章
区块链项目介绍

任何人只要缴纳一定的手续费都可以在上面发布要交易的资产，不需要任何其他成本，既不需要去购买服务器，也不用学习什么代码，只要设定自己需要发布资产的名称、描述、代码、数量、交易手续费等就可以。完全由创建者自定义交易手续费，只要在系统中进行交易，系统会按照创建者的设定把每笔交易手续费打入创建者的账户中。

BitShares 为商业而生，如同 Bitcoin 为货币而生。两者皆采用分布式共识机制来创建具有全球性、透明性、可信赖的、更高效的系统，更重要的是能为企业带来更多利润。

2. 系统优势

首先就是规避了大多数法律问题，几乎在全球各国建立集中竞价的交易所都是有牌照的，必须受到该国法律法规的监管。但是司法监管的前提是有监管对象，而对象不外乎是人或者是机构这样的法律实体，而 BitShares 仅仅是一段程序，并且它是存在于互联网上的一段程序，并没有特定的国界，所以如果所有人都在 BitShares 上进行交易的话，这个行为能够规避大多数国家的法律。而且和比特币一样，基于区块链技术的程序一旦部署在互联网上，即使是创始人也无法改变。就像即使我们找到了创立比特币的中本聪，即便是肉体上消灭中本聪也不会影响到比特币的运行。

其次是解决了充值上的问题。交易所如何进行充值对于数字货币行业内的人而言一直是充满困扰的问题，并且随着第三方支付牌照被控制在一定数量之内，它们的地位变得越来越重要，它们对商家的审核门槛也变得越来越高。而 BitShares 让充值不再依赖于一个单个中心化的机构来处理，几乎人人都可以成为承兑商，人人都可以来交换人民币/BitCNY。考虑到目前几乎所有的国家都将 BitCNY 这些数字货币定义为商品（BitCNY 作为一种数字货币，中国五部委有明确解释，个人有买卖数字货币的自由），无论是成为承兑商还是与承兑商进行交易都没有任何的法律问题。

技术门槛也是困扰许多非技术人员的因素。当许多人还在考虑建立一个交易所应该组建一支如何强悍的技术团队时，BitShares 几乎已经将所有的事情帮你搞定了。你不仅不需要考虑技术团队、代码，或者连服务器都不需要。只要下载 BitShares 的客户端，或者是打开 BitShares 的网页就可以在上面完全根据你的需要来创建资产凭证，这个资产可以是论坛的积分/代币，也可以是公司的优惠券/奖券，甚至还可以是某个公司的股票/债券。

由于身份安全往往是和资金监管相关联的，而传统的交易所会要求用户提供各种身份证明，在这种情况下，交易所对每个用户的资金情况了如指掌，甚至有些交易所会因为其他原因私自冻结扣押用户资金。在这种情况下，大多数用户都处于一个相对弱势的地位，而这一切在 BitShares 系统是绝对不会发生的。BitShares 把资金进出的功能交给了承兑商，而承兑商和交易是完全没有关联的，在这种情况下你不用担心自己的资金和交易记录会被追踪，所有的资金和交易完全由你操控，更不可能出现冻结之类的情况。

最后，由于 BitShares 本身就是在互联网上运行，因此其本身是没有国界的。除了有中国的人民币承兑商之外，还有国外的美元承兑商。每个人都可以随时随地下载客户端进行交易，使用者可能来自全球互联网每一个角落。

3. 应用场景

论坛或网站的管理者往往会需要发行自己的代币，这时就可以巧妙地利用 BitShares 来完成。一些论坛管理者如果不愿意直接用自己的私人账号收费，那么他完全可以先在 BitShares 系统上创建自己的代币凭证（进入

"比特资产"后，点击创建"创建新的比特资产"），然后直接在论坛上收取 BitCNY，并且收取后根据自己的规则将创建的代币凭证发给用户们，或者也可以直接在 BitShares 上销售这些代币凭证，需要的论坛用户都可以随时购买。

更进一步来看的话，如果该论坛愿意和用户们共享发展的收益，他也可以在 BitShares 上发行自己的论坛股票（凭证），每个购买股票的用户可以获得论坛每月收入的若干百分比，论坛会每月将这些收入按股票比例通过系统发送给股票凭证持有者。这样的话，愿意购买论坛股票的用户则变成了股东，他们不仅可以在 BitShares 买卖股票并且获得收益，还能够自愿成为论坛的推广者，因为论坛的收入越多他的收益也就越高。而在没有 BitShares 系统的情况下，这些都是很难实现的。论坛不仅可能需要投入力量来建设这么一个交易所，而且也不能做到像 BitShares 这么客观的第三方（无法作弊），每个用户可以公开监督社区的收入，并且能知道论坛会不会私下增发股票之类的欺诈行为。

我们可以再扩展一下我们的想象力，如果某个 YY（同音歪歪，一款免费的团队传音软件）主播（或者是网络红人 Papi 酱）愿意通过出让自己未来 10 年收入的一部分，来公开募资让自己现在获得启动资金投入到学习和装备购买上，那么她也可以在 BitShares 发行自己的个人股票（理论上只有公司才能发行股票，这里是一个比喻），如果大家愿意看好她的话，都可以购买她所发行的股票，而她可以让 YY 每月出一张收入证明，并且将收入的一部分按股票比例发送给持股者。这就等于把这位也许很有"星途"的 YY 主播证券化了，她通过预先售出自己未来收入的一部分获得了现在的启动资金，而投资者能够进行可量化回报的投资。当然，对于这位主播而言，更有价值的是获得了大量的股东，这些股东会自愿成为推广她的粉丝，而粉丝可以在推广明星的同时获得收入回报，形成一个良性的循环。

从上面的例子来看，其实已经把"人"当作了一个公司来 IPO，那么真正的公司也可以通过这种方式来筹资。当一些初创公司需要资金的时候往往会求助于 VC 或者天使投资人，他们之所以不向普通人求助是因为即使普通投资者愿意投资，如果金额太少的话，就意味着他们需要花大量的时间向普通投资者募资。当然现在我们有了一个全新的方式，那就是众筹平台，但是现在的众筹平台仅仅是解决了融资者能够快速面对大量普通投资者的问题，而没有解决投资者容易退出的问题。对于投资者而言，没有什么比让自己的投资能随时退出更重要的事情了，不管你的投资标的在账面上能够涨成什么样子，关键是要能够随时买入和卖出，而现实是只有证券市场能提供这样的流动性，我们不能私自搞交易所，但是大家需要明白，持有股份是合法的，交易股份也是合法的，而需要牌照的只是集中竞价场所，那么对于一个去中心化交易的市场而言，这一切都迎刃而解了。公司完全可以在 BitShares 发行自己股份的权益凭证给那些投资者，这样投资者就能够在 BitShares 平台上进行自由的交易而不触犯任何法律问题。

BitShares 取代传统交易所仅仅也是开始，如果你是一个商家，你可能经常需要发放优惠券或者奖券，如果通过 BitShares 系统（API）来发放，不仅能确保整个环节公正透明，并且这些优惠券能够很容易地购买和兑现，特别有趣的是那些不需要优惠券的客户可以把拿到的优惠券在 BitShares 上卖掉，对于商家来说更希望客户如果不需要可以赠予或出售给需要的人，而不是直接扔掉。在过去要实现交易功能对商家来说不值得投入巨大的技术开发力量，而对于想出手优惠券的用户来说，如果优惠券面额不大的话在淘宝上销售既费时又费力，况且买方也不知道到底购买的优惠券是否真实。这一切通过 BitShares 系统都可以迎刃而解，因为在 BitShares 上的凭证是完全无法伪造的。

第四章
区块链项目介绍

如果你是一个艺术品收藏家，你手里有些价格昂贵的名画，平时这些名画肯定是放在保险箱里，而现在我们也可以把这些艺术品直接份额化，然后每个人持有一部分进行交易。是的，我想你肯定想到了著名的天津文交所，同样也是有政府监管等问题，各地的文交所被陆续关停。就像前面所说的，任何集中竞价的交易所都需要符合政府监管。需要再重申一下，其实持有一部分艺术品是合法的，交换这些份额也是合法的，只有集中竞价是需要牌照的，而 BitShares 又一次能够完美地解决这个问题。

如果你有一个 P2P 借贷交易所，在 BitShares 的平台上能够让 P2P 借贷资产变得更加具有流动性，不仅在交易中所有的数据无法篡改和透明，更能吸引来自全球的投资者。由于 BitShares 平台是完全没有国界的，因此在 BitShares 这个平台上可以非常容易地进行货币交换。目前国内的年化收益率最低也有3%～5%，而在 P2P 借贷的网站上一般年化收益率都在10%以上。但是全球其他国家的平均利率非常低，不少国家的利率近乎于零，甚至有些国家的利率为负数。因此，从全球来看这存在一个非常大的套利空间。而在 BitShares 上就可以很简单实现这样的套利模式。

在 BitShares 系统中，预测市场也很容易实现。一个二元预测市场有一个介于0～1的"价格"，代表一个未来时间的两种可能的结果。需要做的只是创建一个预测市场资产，并填写准确合适的描述，任何人都可以通过锁定抵押物来发行该资产。

所以，预测市场资产是一种特殊的市场锚定资产，不需要强制平仓和强制清算，因为无论处于什么价格，所有的仓位总是满额抵押的。当预测事件尚未发生时，该资产的价格反映了市场认为该事件结果发生的概率。当事件发生结果公布后，发行人可锁定交易，并根据事件结果"价格"发起全局清算。预测正确的参与者因此将获得利润。预测市场可以是非常安全的，比如发行人账户可以是一个多重签名的账户，持有人包括许多独立并值得信赖的个人或企业,由他们共同参与管理流程的各个环节。

此外,BitShares 提供稳定的市场资产,例如 BitCNY,它的价值源于通过复杂的市场引擎去跟踪真实的人民币法币,因此它拥有价值相对稳定的特性,例如 1000 BitCNY 即使存储三个月或者半年,它的价格也不会像比特币那样大幅波动。这样的特性解决了比特币长期存储时可能出现的价值损失问题。而 BitCNY 更大的作用是帮助人民币国际化。人民币国际化是指人民币能够跨越国界在境外流通,成为国际上普遍认可的计价、结算及储备货币的过程。人民币境外流通的扩大最终必然促使人民币国际化,使其成为世界货币。

五、去中心化电子商务

OpenBazaar(公开市场)是为网上 P2P 交易创建的去中心化网络的开源项目。在 OpenBazaar 平台上买卖双方使用比特币进行交易,没有费用,而且不会受到政府监管机构的审查。简单地说,它就是 eBay(易贝)和 BitTorrent 结合的产物。

大多数人已对标准电子商务模式非常熟悉了。一家公司——如 eBay、亚马逊或者淘宝,它们都会有一个流行的网站,人们会通过这些网站购买或者出售东西。这些公司都是直接控制着网站上的交易的,你不会在这些网站上看到非法或者非道德的商品,因为这些公司不允许这样做,他们会删除那些非法的清单。这种模型是一种中心控制的模型,因为有一个中央权力机构可以去决策和控制发生的事情。

现有的电子商务模式即意味着使用中心化的服务。eBay、亚马逊和其他大公司对卖家实施严格监管，而且收取不菲的费用。这些公司只接受类似于信用卡和 PayPal 这样对卖家和买家都收取手续费的支付方式。他们需要用户的个人信息，这些信息可能被盗取或者卖给其他人，用于精准投放广告或者危害更大的滥用。因为电子商务公司和政府会审查所有的交易商品和服务，所以买家和卖家不能总是自由地进行交易。

OpenBazaar 为电子商务提供了另一途径，它把权力归还到用户手中。OpenBazaar 将卖家和买家直接联系在一起，不再需要中心化的第三方来连接买卖双方。因为在交易中不存在第三方，所以不存在交易费用，没有人能够审查交易，而且公开个人信息的决定权在用户手中。

独立公司 OB1 成立于弗吉尼亚州，目前是 OpenBazaar 平台上完成度最高的第三方提供商。作为建立在 OpenBazaar 框架上的增值服务业务，OB1 最初专注在以下三个核心方面。

其一，主机解决方案：OB1 为提供一个易于使用的第三方解决方案，正在与云服务器提供商 Digital Ocean 进行合作。

其二，仲裁服务：OB1 希望提供标准合同服务，即在法院具有法律效力，尤其是对高端行业，包括房地产。他们的目标是为不同的需求、商品和服务，提供一个合法的框架以及不同的合同类型。

其三，买家保护：OB1 的目标是提供第三方保存服务，以及为买家和卖家提供保险。

当前，OpenBazaar 项目所面临的最主要问题是用户的非法交易，由于用户使用强加密软件 Bitmessage、PGP，以及数字货币，OpenBazaar 将无法探听用户的交易。OpenBazaar 也无法收集发生在平台上的活动数据。布莱恩·霍夫曼（Brian Hoffman）曾表示，他的团队不认可也不支持将 OpenBazaar 用于非法目的，如果平台的大趋势是成为非法用途的"温床"，那他将远离这个项目。

OB1 不会将 OpenBazaar 协议给任何机构或个人，用于非法用途的用户提供增值服务。棘手的问题是，OB1 是如何支持一个开放的协议的，因为他们不受控制，也不鼓励和赞同，甚至是促进该协议的滥用。

OpenBazaar 一再重申并不想创造"3.0 版本的丝绸之路"，开发负责人布莱恩·霍夫曼表示，公司绝不会姑息任何对平台的"不当使用"，然而由于其系统架构分散，又明确表态不干预用户，如何防范违法交易这一问题尚无结论。OpenBazaar 将对在线商务产生革命性的影响可能没错，但该公司的商业模式也可能成为美国技术产业的潜在威胁。OpenBazaar 的技术本质上是野蛮生长且不可控的，一旦最后为恐怖主义所用，当局可能将启动更为广泛的打压行动，将执法者认为妨碍其职责的其他技术也列入打击范围。

六、公证和鉴证服务

（一）Factom

Factom 是一个 P2P 网络系统。网络系统中的高端服务器先创建数据链，然后对这些数据进行加密处理，再利用 Merkle root 把其加入比特币的 Blockchain 里。第二代数字货币中一个里程碑式的成果就是提出了利用 Blockchain，以加密的形式来确保信息准确性这一概念，并且在过去的几年里这个概念得到不断完善。然而，Factom 公司另辟蹊径提出一种比特币网络之外的新系统。但是这个新系统仍然需要依托比特币散布全球的电脑运算能力，使得这些加密认证的消息是对外透明、对外开放的。如同 Factom

第四章
区块链项目介绍

团队所说，近期新的比特币应用都在现有的机制基础上加入了新的机制，以提高交易透明性。公司总裁彼德·卡比（Peter Kirby）在 Reddit 一个有问必答环节中强调说他们团队已经在和一些有意向的第三方接洽，这些第三方机构认为该公司的设备可以解决他们的问题。彼德·卡比认为，Factom 公司的首要任务是使得比特币交易更真实透明。这些真实性经得起任何检验——你可以对任一时刻进行的任一交易进行细致入微的检查。

保罗·斯诺（Paul Snow）、布莱恩·比尔瑞（Brian Beery）、杰克·卢（Jack Lu）、戴维·约翰逊（David Johnston）及彼德·卡比联合发布了 Factom 公司的白皮书，这份白皮书引用了许多著名评论家的看法，包括以太坊的创始人维塔利克·比特林以及比特币开发专家卢克·达什尔（Luke Dashjr）。他们在书中探究了一种新系统，使得与比特币相关的尤其是与所有权相关的记录过程，由分散到数字化，由手动到自动化；也构思了一种概念型网络框架，这个新系统可以确保并提高留存在比特币 Blockchain 里的交易记录、文件及其他一些重要数据的准确性。白皮书作者们说，这种做法的优点就是可以利用比特币的叠加处理能力，同时可以避免对数据的超量运算处理——所谓的区块链膨胀问题。

尽管这份白皮书承认还有许多要点正在开发中，包括这个新系统的协调协议，但不可否认的是，Factom 革新了当时整个世界对数据的记录方式，并利用比特币区块链技术来保护数据安全。Factom 称他们所采用的方法是可以解决一些危机的，例如美国经济萧条过后连锁产生的抵押贷款债权危机。在经济萧条过后，原先在纸上的所有权记录在电子交易中不幸丢失，从而导致许多地区的房屋所有者被错误地剥夺所有权。直到现在，许多人还因为这个记录丢失而面临法律问题。

Factom 利用比特币的区块链技术来革新商业社会和政府部门的数据管理和数据记录方式。人们能够利用 Factom 的区块链技术帮助各种各样应用程序的开发，包括审计系统、医疗信息记录、供应链管理、投票系统、财产契据、法律应用、金融系统等。开发者能够创造新的应用程序，并把数据保存在区块链上面，同时不用受到直接把数据写入比特币区块链的各种限制：例如写入的数据速度、成本、大小等。

Factom 维护了一个永久不可更改的、基于时间戳记录的区块链数据网络，大大减少了进行独立审计、管理真实记录、遵守政府监管条例的成本和难度。商业社会和政府部门可以利用 Factom 简化数据记录的管理，记录商业活动，并解决数据记录安全性和符合监管的问题。

（二） Everledger

Everledger 是一个永久存在的账本，用于保存钻石证书和相关的交易历史，为保险公司、持有者、索赔者以及执法集团提供检验服务。

Everledger 通过区块链来追踪每颗钻石，从矿山开始一直到消费者，甚至更远。使用区块链技术消除钻石诈骗，并希望最终使用该技术背后的数字货币技术，以解决保险欺诈的行业问题。这将解决长久以来保险行业内长期存在的问题，并且每年将会节省超过 3 亿英镑的资金，及有效解决钻石检测冲突和保险欺诈。

其官网的数据显示，Everledger 在区块链上已记录的钻石达到了 575774 颗之多，Everledger 通过 Eris Stack 平台，将自己的私有链和比特币的公有链结合起来，完成了一种混合模式，使之既可以享受到公有链带来的安全性，又可以实现私有链的复杂性和智能合约。

如果 Everledger 有一个 5 克拉的钻石，就能捕捉到刻在石头上的序列号，大部分钻石都具有 4 个 C（切割、清晰度等）中所描述的序列号。Everledger 就不仅是 4 个 C，而是 Everledger 再取 40 分的元数据组成的钻石。实验室检查房间里的石头，它们有效地将每个钻石数字化……Everledger 采取所有这一切和序列号及 4 个 C，然后把所有的信息记录在区块链上。

大多数钻石是通过纸或类似物的方法检测，它的认证可以很容易地被篡改。伦敦是一个主要的钻石交易中心，而欺诈问题是导致伦敦钻石市场损失数十亿美元的一个重要原因。如果是一个没有注册的钻石，那么被犯罪分子利用的风险会很高。没有人知道你的石头是从哪里来的，如果你真的把它卖掉了，世界上就没有人能告诉你它其实是被人偷走的。

当然，也可能通过重塑石头来扭曲其"数字指纹"，但钻石很难重塑，因为数据指纹包括了其各部分的总和。钻石重新切割过程会造成大量的浪费，因此，任何企图改变钻石，或将一个钻石拆分成两个的行为，都会大大降低其价值。除了防止欺诈之外，了解一颗钻石的来源、年龄、历史可能也是一件非常有价值的事情。

除了钻石以外，该公司还"积极追求"在奢侈品空间的其他机会。许多贵重物品，从手袋到船，都可以配备 RFID（射频识别）标签技术。奢侈品是一个很大的类别，有很多的物品、资金和跨境交易都可以放在区块链，它是一个全球性的业务。

Everledger 总裁琳恩·坎普（Leanne Kemp）表示，保险市场是他们的主要目标之一，他们不会把区块链技术局限在某一个特定类型资产中。

（三）Stampery

区块链初创公司 Stampery 的目标是为用户提供生成安全、可靠和无可辩驳的存在性证明服务以及保证用户的文件和数字通信的完整性。

Stampery 表示已经开发出了基于区块链技术的产品，并已投入运用。

并将公司产品整合进广大用户所使用的系统中，已经推出了产品与 Dropbox、Box 等整合。Stampery 的愿景是未来任何需要公证的地方都能使用他们的产品。随着未来越来越多的快速和自动化数据公证方式的出现，传统公证方式将会成为沧海一粟。

作为非金融的区块链应用，Stampery 利用区块链无法篡改的属性为所有已经发生的事情生成可靠和永不丢失的存在性证明。Stampery 所生成的存在性证明、完整性和所有权在全世界都是有效的、不可改变的，并且可以在几秒内通过任何独立的第三方进行验证。这无疑是革命性的成果，因为今天的数学科学使我们不必依赖任何一个中央机构就可以验证任何发生的事件。

Stampery 利用比特币区块链技术解决了数据的认证问题，它允许个人和公司证明任何类型的数据，生成精确、可靠和不可更改的存在性证明、完整性和所有权。任何人都可以免费访问、注册和使用 Stampery 的服务，使用 StamperyPRO 计划的用户需要每月支付 999 欧元，Stampery 将为他们提供每月验证 1000 份文件的服务。

Stampery 原创可扩展性解决方案允许 Stampery 技术与其他拥有大量用户的服务相结合，例如 Dropbox，已经有 400 万用户。Stampery 已经开发出了解决可扩展性问题的解决方案，目前正在为该项技术申请国际专利，这项技术可以实现在几秒内验证数百万份文件。

Stampery 团队目前正在开发他们的第三个项目，并且该团队从 1000 多家初创公司中脱颖而出，受邀在旧金山举行的 Tech Crunch Disrupt Startup Battlefield 大会上做项目路演。

2015 年 5 月，他们推出了该产品的测试版，并多次参加国际密集加速器项目"Menorca Millennials"。

2015 年 11 月，Stampery 宣布完成了一轮 60 万美元的融资，由 Draper &

Associates 领投，区块链资本公司 Blockchain Capital 和天使投资人迪·安·艾斯诺尔（Di-Ann Eisnor）也参加了该轮投资。同时，Draper & Associates 也是特斯拉、百度以及 Skype 的投资者。

七、开发平台

（一） Blockstream

Blockstream 是业内第一家旨在扩大比特币协议层功能的公司，也就是侧链（sidechain）的扩展机制，公司的重点是允许各种创新在一个开放、可互操作的平台上发生。

Blockstream 两轮融资共计拿到了 7600 万美元。迄今为止，该公司的标签技术一直是它的侧链产品，目前正处于测试当中，这种技术可以将资产从一个区块链中转移到其他的区块链中。而鉴于私链和许可链最近引起的关注，Blockstream 试图强调，可互操作区块链将为比特币网络添加功能性。公司主要致力于开发开源比特币区块链的技术，因为比特币区块链迄今为止还是"最成熟、最安全"区块链服务的基础设施。

他们的团队中有比特币专家、密码学家、密码学朋克、企业家，还有来自商业、政策和开源社区的领导者。Blockstream 的团队中有多位都是比特币协议的资深开发者，因此团队本身具有极强的技术背景。Blockstream 是一家以营利为目的的公司。他们相信这一致力于用密码学实现无须信任技术的行业还有巨大的空间（不仅只有比特币，而是通用计算）。创建一个中心化的系统越来越容易，但创建一个无须信任的系统所需的技术却非常匮乏。

他们认为为了激发密码学货币的全部潜能，需要一种建构合理和无须许可的扩展比特币的方式。作为以数字形式存在的、独立于任何政府和机构的新型货币的比特币，在发布以后的五年多时间里，给了人们许多启发和灵感。比特币使金融交易不再需要信任任何第三方。

比特币是第一个建立在加密和匿名的密码学朋克技术上，并取得巨大成功的数字货币。但必须承认的是，比特币本身还有很多的局限性。出于安全原因，比特币开发的速度还非常保守，因此作为一个整体的比特币系统，其创新速度也是非常保守的，目前所有的用户必须分享一个单一系统。

由于保守，许多对比特币必要的修理和被广泛期待的性能提高目前没有得到实施。比特币需要提高的方面包括：协议简化、扩展性、性能和安全性、原生支持多种资产类型、更多的交易类型和加强隐私和可替代性。针对这些问题，侧链可以起到缓解的作用，多个侧链共存是可能的，侧链可以具有更大的区块大小和更短的出块时间，比特币区块链只需要处理这些不同高速支付网络之间的比特币转移。这使得比特币可以按照人们的需求扩展，而不需要剧烈地增加区块大小。

竞争币（Altcoin）采用的是为一种新的特性创建一种新的密码学货币的做法，这使得外界认为密码学货币太混乱。竞争币似乎没有停止点，每一次分叉后还能继续分叉，无穷无尽，这造成了市场和开发的碎片化。他们认为，为了取得密码学货币的成功，必须建立网络效应，消除碎片化。他们也相信每个人应该享有无须向他们或者任何人寻求许可，进行自由创新的权利。他们需要一种不同的方式实现这个目标，而不是毁掉自己已有的成功。

为了实现这一点，他们提出了一种不需要另外创建新的密码学货币就

第四章
区块链项目介绍

可以创建密码学网络的技术。为实现这一愿景，他们需要继续投资比特币生态系统，和比特币生态系统进行合作，同时还需要得到许多知识渊博且具有专业背景的人的支持。他们感到在比特币生态系统和全世界范围内，缺少致力于创建无须信任密码学架构的公司。这就是他们和与其持有相同愿景的其他合作者走到一起建立 Blockstream 的原因。

Blockstream 在未来也许也会开发一些侧链，但是侧链是一个开放的理念，任何人都能够（和应该）使用、开发他们想要的任何侧链。侧链非常灵活，各种经济和技术试验都能在上面实施。如果开发者打算将一个现存的竞争链变成一个侧链或者与侧链相兼容的竞争链，它需要向比特币进行软分叉（softfork）或者联合锚定（federated pegging）。然后，它们能否成为侧链，取决于其是否接受竞争链的资产转到或者转出自己的区块链。如果现在的竞争链也想接受其他资产（例如比特币），与它自身的原生的竞争币平行，实现这一点的最简单办法是进行硬分叉。

他们认为在建立和支持基础架构方面具有巨大的商业潜力。例如为其他商业公司提供技术和服务，帮助他们转变到类似于比特币的做生意方式。现在他们的关注点是创建基础架构，从而在上面建立能够盈利的商业，再将获得资金投入到建立更好的技术上。

据该公司介绍，区块链创业公司 DAH 已经决定使用 Blockstream 技术，以此作为超级账本的一部分。

Blockstream 的核心创新是侧链，侧链是一种关注提高区块链的技术，分布式信任系统最强大的公用设施，能够与其他侧链和比特币区块链互相操作的区块链，避免了流动不足、市场波动、碎片化、安全漏洞和与其他密码学货币相关的欺诈行为。

比特币的交易存储在一个透明的被称为区块链的账本中。它由一个强大的分布式哈希网络来保证其安全性。侧链是一个确认来自其他区块链数据的区块链，使得比特币和其他资产能够在区块链之间进行转移，形成一个新的、开放的创新和开发平台。双向锚定使得比特币或者其他资产以一个固定的或者确定的汇率在区块链之间进行转移。一个锚定的侧链资产可以导入到其他侧链中，也可以从其他侧链转移回来。

侧链能够加强区块链的功能和隐私保护。它们的新扩展能够支持无数种资产类型，例如股票、债券、金融衍生品、真实和虚拟世界的货币，还能够增加像智能合约、安全处理机制和真实世界财产注册。

侧链还可以用于其他事情上，例如小微支付。它们允许试验和未来侧链的试验版本，甚至是一个测试版的比特币。

（二）Chain

金融领域的一些大鳄公司，已经投资了一家旧金山区块链初创公司Chain，涉及融资金额达到了3000万美元。投资方包括Visa公司、纳斯达克、花旗风投、RRE Ventures、第一资本金融公司、Fiserv公司、Orange SA等金融巨头。Chain首席执行官亚当·卢德威（Adam Ludwin）表示，智能的区块链网络能够从根本上改善资产的移动，很高兴能够与这些机构进行合作，也相信各方能够充分利用这场即将到来的、不可避免的市场格局变动。

这些支持Chain公司的投资方，还承诺共同成立一个"区块链工作组"，以促进对区块链应用持续和定期的讨论。该工作组预计每年举行两次会议。此外，该公司还表示，RRE Ventures首席执行官吉姆·罗宾孙（Jim Robinson）将加入公司的董事会，而卢德威也将担任RRE的负责人。

Chain.com正在帮助促进开发一个全新的媒介，并将现存的大部分的金融工具（美元、欧元、股票、债券、信用积分、通话时长）转换到这个媒介上面。这些资产已经是经济中不可或缺的一部分，但是在移动和储存的时候很不方便。卢德威认为，将世界上的资产数字化是一个巨大的市场，远大于增强或支持其中一种被称为比特币的资产。他宁愿在一个产值几兆亿而不是几十亿的市场里面进行。而且他认为 Chain 比现在做的任何事情都能更直接、更快速地影响人们的生活。

Chain.com 即纳斯达克第一个主要的区块链战略部署的合伙人，并且帮助纳斯达克开发了 Linq 系统，是纳斯达克为私人股权市场搭建的新平台，用来跟踪私有企业股权的转移。由于传统方式需要纸面记录，这一部分很长一段时间以来充斥着无效率。Linq 于 2015 年 12 月记录了第一单交易，一个私人股权市场的会员在 Chain.com 上发行股票后，被一个使用区块链技术的投资者买下，缩短了结算时间，消除了纸质股权证明的需求。像 Linq 这样的解决方案，本质上属于一种市场分隔，既有足够的价值来证明其实用性，同时技术上已经足够成熟将其实现，也许将会在未来取得成功。

Chain.com 也在为电信业、保险业和支付业做另外的企业项目。在电信业的一些应用包括协助电信企业介入金融服务，帮助他们协调漫游（一个用户不在所属服务器范围内通过其他服务器打电话或发短信时产生的）费用的支付（Chain.com 的投资方包括一家电信企业 Orange 的投资）。在保险行业，主要是应用区块链技术于再保险市场（保险人出让一部分收益将风险转移给其他主体的市场）。

卢德威把 2015 年描述成以科技和企业的形式把这一项目推向市场的一年，他觉得这一年中有很多关于市场结构以及谁要第一个行动，谁将会从网络效应中得到最大收益的问题，这些在起步阶段都是不可避免的。他还预估近期 Chain.com 将会帮助 7~10 个项目启动，而且没有减缓的迹象。如果有的话，该项目会得到更多的行政支持、更多的资金、更多的绿灯。

因为任何已有的网络都将会有很多机构来参与，大多数情况下每个网络都会有一个主要的发起机构以及一系列的参与者，这是一个非常现实的可能性，只有极少数的有意义的区块链网络最终进入市场并获得网络效应，但在这些网络上有很多的参与者，并且可能会有50家银行。毕竟，在这一领域的企业比专营比特币的公司有更大的优势。虽然比特币是数字货币领域应用最广泛的，但是它的流行程度远不及那些金融机构，比如Visa和Citi，而这两者都是Uphold的合作伙伴。

（三）Gem

Gem公司成立于2014年，其目标是开发基于比特币区块链的API产品。在早期为比特币开发者推出了多重签名API，并且会逐渐扩大API开发，为区块链应用开发一个模块化平台，进而应用到多个行业。

但是从2015年开始，Gem宣传其服务为提供不特定"区块链"的API，此举与其他如ChangeTip和Uphold等区块链公司一致，他们都在最近几个月里寻找在数字货币中将产品多样化的方法，而不仅仅局限于比特币，或者比特币区块链。

Gem公司的首席执行官麦克·温克尔施佩希特（Micah Winkelspecht）承认，最新的一轮融资发生在这家已成立两年的公司经营策略发生变化期间。他说，Gem公司的产品已经变得不再那么"集中于比特币"，因为公司正努力进入一种成长中的新型市场，主要在金融企业中研究区块链项目开发的专业知识。

温克尔施佩希特把公司的新模式与竞争对手区块链API提供商Chain进行比较。Chain不再专注于比特币后，在2015年9月的A轮融资中筹集到3000万美元。温克尔施佩希特依然坚信比特币是一种货币，但重点在于企业的使用实例以及与这些类型的公司一起探索相关产品，这才是 Gem 关注的焦点。

温克尔施佩希特表示初创公司"总能认识到"他们的产品需要与不同的区块链整合，并举出 Gem 结合 litecoin 和 dogecoin 区块链的例子。总的来说，截至 2016 年 4 月，Gem 公司在三轮公开融资中已筹集到 1040 万美元。在最新一轮的融资中也看到了不少之前参与 Chain 9 月融资的公司，包括数字货币集团和 RRE Ventures 公司。

即使 Chain 已经减少了比特币 API 服务，温克尔施佩希特也表示 Gem 并没有计划停止支持与比特币相关的合作伙伴，比如 Bitwage 和 Purse。温克尔施佩希特将这次的重点转移当成一种明智的决策，他认为，比特币行业的用户并不需要接受比特币基于产品和技术方面的教育。

他声明这点与新用户们的想法有很大的不同，新用户们经常要求更多的时间来学习如何利用技术满足他们的需求。Gem 的目标不是成为一家咨询公司，做咨询的主要原因是客户需要帮助。帮助客户建立一个解决方案并顺利实践，需要消耗大量的时间。有了融资资金，Gem 表示公司将寻求增加新的员工来补充现有的工程人员，这意味着将会增加相应的商业支持。

Gem 新策略的核心在于他们相信比特币区块链不能满足企业客户的需求，因为它们不能让一些特定的使用案例满意。Gem 还谨慎地表达出，当比特币工作证明式的挖矿网络和开放的共有算法成为这种分布式全球货币的重要组成部分时，他们可能会限制该技术的广泛应用。

坦率地说，金融机构并不需要能抵制审查的区块链，他们倒是很需要快速的以及能代表传统资产的产品。因此，Gem 相信未来将会有许多可用的区块链，有些将侧重于解决智能合同和自动化，有些将侧重于面向金融的交易，还有些将侧重数据管理。在将来，肯定会出现公有的链和私有的链，且它们都会取得成功。

八、物联网和供应链

Filament 是一个雄心勃勃的项目，通过使用小型且先进的硬件设备把各种电子设备，特别是电器放在区块链上来建立物联网。Filament 能够让你在不必成为安全方面、可扩展方面或者网络堆栈方面的专家的情况下，建立一个可链接的模式，即在一个工厂铺满传感器或者是控制整个城市的路灯——Filament 的独立网络可以跨越数公里并且维持数年而不需要 WIFI（无线网络）或者蜂窝网络。

在 2015 年 8 月，Filament 宣布完成了 500 万美元的 A 轮融资，投资方是 Bullpen Capital、Verizon 风投和三星风投。

这是电子消费产品巨头三星的下属投资部门三星风投第一次参与投资区块链行业。之前，三星风投因参与 IBM 的 ADEPT 项目而轰动一时。ADEPT 项目是利用比特币和以太坊网络打造的去中心化的物联网，IBM 与三星选择了三种协议：BitTorrent（文件分享）、以太坊（智能合约）和 TeleHash（P2P 信息发送系统），利用这三个协议来支撑 ADEPT 系统。

Filament 的联合创始人兼首席执行官艾瑞克·杰宁斯（Eric Jennings）认为，Filament 是一个使用比特币区块链的去中心化的物联网软件堆栈，能够使公共分类总账上的设备持有独特身份。通过创建一个智能设备目录，Filament 的物联网设备可以进行安全沟通、执行智能合同以及发送小额交易。

Filament 与 ADEPT 项目在本质上是相似的，不同的是它将针对工业市场，使石油、天然气、制造业和农业等行业的大公司实现效率上的新突破。许多公司在建立网状网络或区块链方面缺乏经验，但他们清楚自己需要连接这些网络以提高效率。而 Filament 就可以为他们提供这样的解决方案。

Filament 将开发两个硬件设备：FilamentTap，一个传感器装置，允许装置与周边 10 英里①以内的电话、平板电脑和计算机进行沟通；Filament-Patch，用来扩展该技术的硬件，可以实现硬件项目的定制。

Filament 表示，通过利用基于区块链技术的堆栈，企业可以更好地管理物理采矿作业或农业灌溉，而不需要再使用效率低下的中心化云方案或文件式的老方案。

Filament 成立于 2012 年，公司原先的设想是建立网状网络上的无线家庭安全系统，后更名为 Pinocc.io。2014 年 10 月，该公司的项目被选入了 TechStars 孵化器，于是又更名为 Filament，并把公司的发展目标定位在工业用例上，实现设备之间的连接。

Crosslink Capital、数字货币集团、Haystack、Working Lab Capital 和 TechStars 也参与了 Filament 的 A 轮融资。在资金的帮助下，Filament 表示会扩大公司团队，从 15 人扩大到 30 人，并且在 2015 年第四季度推出硬件设备。

九、智能合约

（一）Augur

1. 什么是 Augur

Augur 是建立在以太坊平台上的去中心化预测市场平台。利用 Augur，

---

① 1 英里≈1.61 千米。——编者注

任何人都可以为自己感兴趣的主题（比如美国大选谁会获胜）创建一个预测市场，并提供初始流动性，这是一个去中心化的过程。作为回报，该市场的创建者将从市场中获得一半的交易费用。普通用户可以根据自己的信息和判断在 Augur 上预测、买卖事件的股票，例如美国总统大选。当事件发生以后，如果你预测正确、持有正确结果的股票，每股你将获得 1 美元，从而你的收益是 1 美元减去当初的买入成本。如果你预测错误、持有错误结果的股票，将不会获得奖励，从而你的亏损就是当初的买入成本。

许多因素使得 Augur 不同于传统的预测市场，但最重要的区别是，Augur 是全球化和去中心化的。世界各地的任何人都可以使用 Augur，这将为 Augur 带来空前的流动性、交易量和传统的交易所不曾有过的多种视角和话题。

Augur 系统内部使用一种名为信誉（REP）的代币。REP 可以被看作一种与个人的公、私地址相关的"积分"，像比特币一样可分割和可交易。然而，只有这点属性类似于密码学货币。如果说比特币模拟黄金，那么 REP 则是模拟信誉。

Augur 的去中心化还体现在事件结果报告机制上。在传统的中心化预测市场，当事件发生后，由中心化的人或者组织确定事件结果。与此不同的是，Augur 采用去中心化的事件结果报告机制，从而引入 REP 代币。当事件发生以后，众多 REP 持有者对事件结果进行报告。同时，普通用户无须持有 REP 即可在 Augur 上进行预测、交易。

持有 REP 的人被期望每 8 个星期对系统中随机选择的到期事件/预测的结果进行报告。持有者只需要三个选项：是的（事件发生了）、不是（事件没有发生）、模糊不清/不道德的（如果持有者认为结果模糊不清，可以将报告推迟到下一期，在最终没有决议就结束事件以前），报告者有两个星期的时间来做报告。当然大家都期望这一过程能够十分快速地进

第四章
区块链项目介绍

行,当 Augur 普及以后,这一过程将可能在一小时内完成。

如果信誉持有者在两个星期的投票期内没有报告指派给他们事件的结果,或者进行不诚实的报告,主成分分析法(PCA)会把懒惰的、不诚实的持有者的信誉重新分配给经常报告和诚实报告的持有者。只有诚实的信誉持有者将从每一投票过程中获得交易费用。

2. 全体预测市场的准确性

（1）糖豆案例

在 2007 年,哥伦比亚商学院教授米歇尔·毛布森（Michael Mauboussin）让他的 73 位学生估算瓶子中糖豆的数量。学生所估计的数量在 250～4100 个。其实瓶子中有 1116 个糖豆,学生们估计值与真实值 1116 之间平均偏离 700,也就是 62% 的错误率。然而,尽管学生的估计很不准确,但是他们估计的平均值是 1151,与真实数值 1116 只有 3% 的误差。

这一研究以各种形式被重复过多次,结果都与上面相同。Augur 正在将这种群体智慧应用到每一个学科中,从政治学到气候学,并用利益得失来强迫群体说真话。

（2）潜艇案例

在 1968 年 5 月,美国的一艘名为 Scorpion 的潜艇,在大西洋完成执勤任务后返回纽波特纽斯港口的途中消失了。虽然海军知道潜艇最后的报告位置,但是不知道 Scorpion 发生了些什么事情,只知道最后一次联系后潜艇大致的前行方向。最后他们将搜索范围确定在方圆 20 英里,几千英尺深的区域①。这是一个希望渺茫的搜索。人们能够想到的唯一可能的解决方案是,召集三四位潜艇和洋流的顶级专家,让他们判定潜艇在哪里。但

---

① 1 英尺 = 0.3048 米。——编者注

是，根据谢里·桑塔格和克里斯托弗·德鲁（Sherry Sontag and Christopher Drew）在《盲人的骗局》（*Blind Man's Bluff*）中的记录，一位名叫约翰·克雷文（John Craven）的海军军官提出了一个不同的计划。

首先，克雷文设想了一系列可以解释 Scorpion 可能发生事故的情景。然后，他召集了一组具有不同背景的人，包括数学家、潜艇专家和搜救人员。克雷文让他们猜测哪种情景的可能性最大，而不是让他们彼此商量得出答案。为了让猜测更加有趣，克雷文采用了下注的模式，奖品是芝华士（Chivas Regal）酒，参与的成员就潜艇出事故的原因、下沉的速度、倾斜的角度等问题进行打赌。

没有一段信息碎片能够告诉克雷文潜艇在哪里。但是，克雷文相信，如果他将小组成员提出的所有答案汇集在一起，针对潜艇沉没做一个完整描述，他就能够知道潜艇在哪里。这就是克雷文所做的事情。他利用了所有的猜测，使用被称为"贝叶斯理论"（贝叶斯理论是计算事件的新信息如何改变你对此事件原有预期的方式）的公式，判断潜艇的最后位置。做完这些事情后，克雷文获得了团队关于潜艇位置的集体估计。

克雷文得出的位置并不是团队任何单个成员所猜测的位置。换句话说，团队中每个成员的猜测与克雷文使用汇集起来的所有信息得出的位置一致。最后的判断是一个由团队整体做出的集体判断，而不是代表团队中最聪明的人的个人判断。这是一个绝妙的判断。

Scorpion 潜艇失踪 5 个月以后，一艘海军船发现了它。潜艇被发现的位置与克雷文团队猜测的位置仅相差约 200 米。

这个实例的惊人之处在于，这个团队几乎没有任何可信赖的证据，只是一些数据碎片。也没有人知道潜艇为什么沉没，没人知道潜艇下沉的速度和倾斜角度。虽然团队中没人知道这些信息，但是作为一个整体的团队却可以知道这些信息。

第四章
区块链项目介绍

（二）Symbiont

1. 项目介绍

Symbiont 成立于 2015 年初，公司创始人曾经创立过基于比特币协议的合约币（Counterparty），创始人有：罗比·德莫迪（Robbie Dermody，总裁）、伊万·瓦格纳（Evan Wagner）、亚当·克雷伦斯坦（Adam Krellenstein，首席技术总监），以及 MathMoney（fx）的创始人马克·史密斯（Mark Smith）。Symbiont 正在建立首个用于发行区块链智能证券（Smart Securities）和交易智能证券的平台。

Symbiont 的专有智能证券技术为复杂的金融工具提供了一个模块，从而使编程语言更容易理解，也使分布式总账全面数字化的过程更加简单。

如今市场所采用的人工手段很容易出错，而智能证券技术能够数字化流程并自动运作。与传统方法相比，这些"智能证券"是能够自我加强、自我执行的合同，大大降低了成本，提高了效率。由于 Symbiont 整合了硬件安全模块安全网（HSMs），监管高层对加密交易机构有了更多的信任，允许这些机构操作交易。

Symbiont 起源于 Counterparty 项目，这些创始人也分别是 Overstock 公司旗下 Medici 项目（现 t0）的前成员。2015 年 3 月，三人所创立的 Counterparty 与马克·史密斯的 Money（fx）公司进行了合并。Counterparty 是建立在比特币区块链之上，早期的数字货币 2.0 项目之一。在本质上，它可以允许用户执行不同的金融应用，而不仅仅是比特币的 P2P 支付网络，并且它也受到比特币网络的保护。

Counterparty 是一个针对比特币区块链的非营利、开源社区驱动的项目软件套装和协议。与 Counterparty 的其他创始人罗比·德莫迪和伊万·瓦格纳一起，克雷伦斯坦创建了 Symbiont，一个面向所有机构的软件提供商，交付智能合约的全套解决方案，马克·史密斯后来也加入进来。

区块链技术已经在金融界获得了广泛的关注，这种去中心化的公共总账，将可能改变这个行业记录或处理事务的方式。世界各地的一些银行，都在努力探索将区块链技术用于他们的内部运作中，而一些有远见的公司，例如 Overstock，已经在尝试将比特币的相关技术用于证券清算。对 Symbiont 而言，区块链技术可以通过"智能证券"或"智能合约"来重塑华尔街的未来。

马克·史密斯表示，该公司计划专注于私募股权市场。现在许多创业公司都在避开公开发行股票，而健壮的私募证券市场，可能会是金融的未来。例如 Uber 这样的公司，已经完成了 K 轮或者 N 轮融资，上市的诱惑力对他们而言，已经没有过去那么强烈，其实是可以转移到其他的证券上的。比如 Symbiont 可以证明，某家企业在比特币区块链上发行了债券，然后就可以在一个可管理的总账系统上进行了。

除了私募股权投资，Symbiont 也看到了企业债券市场的潜力。Symbiont 认为，区块链技术在银团贷款市场是有未来的，其中贷款方可以组团为借款方提供资金，从而分散违约的风险。克雷伦斯坦解释说，Symbiont 有一个智能证券系统，它建立在比特币之上，并且会对执行数据以及交易中公布的数据进行编码，然后发布到区块链上，因此，所有的数据都是在比特币区块链上的。

2. 智能证券的重要性

其一，能够为任何金融工具类别的复杂机制、现状与互动建立模块。

其二，能够执行金融工具的整个生命周期，包括发行、初级市场配置以及二级市场交易。

其三，通过严格而强硬的访问规则，任何市场参与方都能够了解到工具的现状，并且访问其公司行为的界面。

其四，平台的情况及执行公司行为的电脑代码，都会以一种防篡改的形式公布在分布式总账上，使所有相关方都能看到。

十、存储与下一代互联网

（一）Storj

2014 年 4 月，开源、去中心化存储平台 Storj，赢得了美国得克萨斯州比特币会议的黑客马拉松奖，获得了小蚁比特（BitAngles）基金 25 万美元投资。

云存储的未来是去中心化的。想象一下，你能够通过自动网络出租额外的硬盘空间，并获得密码学货币回报。由于中本聪的发明和例如 Storj、MaidSafe、Ethereum 这样的平台，这一切都能够实现。现在我们有能力将 P2P 货币与例如存储空间、带宽、CPU（中央处理器）算力连接起来，例如 Dropbox 和 Google Drive（谷歌硬盘）这样的云存储服务就可以有自己的专属货币。

不同于其他比特币 2.0 平台，Storj 决定以"小步走"的方式开发他们的软件。他们想首先开发小规模的系统，作为原型使用。因此他们开发了被称为 Metadisk 的拖放文件托管网页应用。需要注意的是 Metadisk 只是 Storj 平台的一部分，团队将会继续开发更多的网页应用，例如 DriveShare（用来出租你的硬盘空间），最终形成一个更紧密结合的完整的去中心化存储平台。

（二）MaidSafe

MaidSafe 是一家位于苏格兰特伦（Troon）的英国创业公司。该公司认为，当前互联网存在的问题可以追溯至互联网底层的架构设计。为解决这些顽症，探索可持续的数字内容商业模式，保护用户数据和隐私，以及对抗黑客、恶意软件和过度监控，答案在于重新开始，设计全新的互联网架构。

MaidSafe 从 2006 年以来就在开发自己的新网络，并于 2014 年早些时候结束了"保密模式"，开始展示其实用计划。当时，该公司正在部署 3 个测试网络之一，在不运行任何应用的情况下测试底层网络。该公司在 2014 年第四季度启动了完整的 beta 测试（一种验收测试）。最初的测试网络包括 180 个节点，分别位于新加坡、旧金山、阿姆斯特丹和纽约。

MaidSafe 是一个完整的跨平台、去中心化的自治数据及通信网络。在实际应用中，即是一个无须中间服务器和数据中心的网络，完全基于点对点架构。因此，MaidSafe 将 Skype 前首席运营官米歇尔·约翰逊（Michael Jackson）作为顾问，而 Skype 是 P2P 技术的先驱。

相对而言，这一网络的用户自身也是网络基础设施的一部分，需要贡献出一部分硬盘空间。这一网络构建了激励机制，当用户贡献硬盘空间时将向他们回馈名为"SafeCoin"的加密数字货币。因此，正如许多人为了获得比特币而进行挖矿活动一样，MaidSafe 网络的用户在提供计算资源之后将可以获得 SafeCoin 作为补偿。MaidSafe 也希望，随着网络规模的扩大，SafeCoin 的价值也将水涨船高。

MaidSafe 能将网络内的所有计算机联系在一起，形成类似巨型计算机的设备，或者称为"巨型数字大脑"。因此，这一网络将所有节点联系在

第四章
区块链项目介绍

一起，在不需要实际数据中心的情况下，将这些节点变成巨大的数据中心。这是一种能取代数据中心，甚至可以取代大型科技公司的网络基础设施。这家创业公司还希望重新配置当前的互联网架构，弱化大型数据中心和平台所有者掌握的权力及中心地位，将权力重新还给个人用户。

个人开发者也将从中受益。在 MaidSafe 网络中开发应用的成本将低于采用当前的主机模式，建设一家创业公司不需要支付任何主机成本。AWS（Amazon Web Service，亚马逊云服务）和 Rackspace（全球三大云计算中心之一）将不再必要。在这样的网络上进行开发不需要任何前期费用，MaidSafe 的 API 也是免费的。

MaidSafe 网络的用户贡献出闲置的硬盘空间，将成为网络节点。随后，MaidSafe 网络利用大量用户的空闲计算资源形成互联的存储服务，因此存储功能不会集中于某些专门的数据中心。网络无须任何中间人来提供数据。用户可以直接访问网络，而网络也可以直接访问用户的电脑。

MaidSafe 是全球首个自主运行、不需要服务器的网络，并支持自我认证。如果某些节点离线导致数据丢失，那么网络能重新创建数据。MaidSafe 网络同时也能够抵御病毒，无须服务器，目前没有其他网络能同时实现自治及无服务器。

在 MaidSafe 网络中，用户使用数字服务时不必暴露自己的隐私，而是只要付出目前并不使用的硬盘空间即可。相对于当前模式，这是一种更公平、更平等的"客户端/服务器"关系。与此同时，通过 MaidSafe 网络发送的数据在本地加密，随后通过软件进行分块，并经由未知节点随机发送。因此，所有数据以大规模去中心化的方式来存储，能抵御黑客攻击和窃听。

通过服务器和数据中心对数据进行集中存储将带来问题，即数据非常容易受到攻击。这些数据很容易被黑客窃取，无论是由于公司追踪活动还是政府监控,甚至一些政府还会尝试控制用户能访问的内容。因此,基于中间人的方式应当被舍弃。

(三) Sia

1. 项目介绍

Sia 最初的设计目的是:让云储存去中心化。当前,大多数数据由一个中心如 AWS 托管。一个单一的企业掌握着所有的数据,而且数据常常是不加密的。当前,把数据放在云中需要信任,即必须相信亚马逊会保存你的数据并尊重你的隐私权。而 Sia 准备建立一套完全不同的系统来把数据放在云中。即提供一个去中心化的、有奖励机制的、可抗拒拜占庭错误 (byzantine fault-tolerant) 的云储存系统,而这个系统将与类似的中心化系统(主要是像支持 Dropbox 的 AWS S3 这样的系统) 产生竞争。

使用 Sia 时,数据被存在多个存储供应者的主机里。Sia 的设置是可以调整的,但系统的标准设置是把一个文件存在 30 个托管主机里。一种称为 Reed-Solomn 代码算法使 Sia 可以把一个文件分成多个部分,并把每个部分分别存于各个托管主机里,这样一来,只要 10 个托管主机就足够恢复一个文件。这个 10 对 30 的方案意味着文件会有三个备份。假设每个托管主机的可靠性是 90%,那么这个文件本身的可靠性将达到 99.999999999%。即使托管主机没有非常好的在线状态,文件却有相当好的在线状态,可以在多个地区间选择托管主机的能力意味着 Sia 不受地区网络瘫痪的影响。

所有用户数据在进入 Sia 客户端的时候都被分割成很多小块,只留下用户恢复原始数据的少数片段。敏感用户信息块被压缩到 4MB,用于保护用户隐私。最后,每个压缩块又使用客户端的密钥进行加密。主机接收到一个加密的二进制块,并且没有关于文件其他部分的信息。即便是黑客们

第四章
区块链项目介绍

发现了，他们也仍然需要破解众多的加密密钥用以恢复文件。客户保存有加密校验，如果主机试图篡改数据，它将提醒用户注意。

Sia 平台严格而复杂的加密和去中心化分布式文件系统可被用于去中心化应用开发。它的 API 使得开发者可以直接在 Sia 客户端存储文件，允许第三方应用用户直接访问他们的客户端数据存储系统，并且不需要改变原来的客户端。

每一个托管主机都受到加密文件合约的约束。当一个文件上传时，同时形成的合约将确保托管主机只有在完成了预定的时间段里保管文件的条件后才能拿到支付款。托管主机也需要提交一定的押金，如果一个托管主机没有完成合约，它不仅得不到支付款，而且还会失去押金。在文件上传时，上传者清楚这个系统有很强的抗虚假托管主机，以及这些虚假托管主机会受到很严重的金钱惩罚。区块链让这种合约成为可能。

第三方应用和 Sia 平台用户都有权发布在文件存储上的智能合约。这种特性就使得上传者和主机在存储要素上达成共识，包括存储期限、付费计划和总额，并且可以将信息嵌入到区块链中，自动建立一个不可更改的合约。当合约到期时，主机就会提交一个存储证明至区块链，显示它仍然是合约定义的文件。如果证明是有效的，上传人员的钱将被支付到主机，主机将返回抵押品。但是如果主机提交了无效的证明，或者没有提交证明，那么所有的钱都将还给上传者。

2. 应用场景

Sia 最大的优势之一是为云储存引进了一种自由市场机制。今天，要成为一个云储存提供者意味着要建立品牌、建立信誉，配以客户服务和支持系统，并且往往需要建立一整套生态系统。Sia 消除了所有这些成本消耗。如果你有一个硬盘和互联网连接，你只需要把你的电脑与 Sia 平台接通就可以开始接受云储存合约和业务。其他人不需要知道你是谁或信任你，你也不需要宣传自己和处理客户服务事项。这有些像比特币的挖矿，你只需要简单地接通电脑，就可以开始挣钱。有便宜资源的人们可以通过向世界各地提供廉价的云储存来谋取巨额利润。在 Sia 系统里，没有一成不变的供应商和隐私规则（因为在 Sia 中隐私是彻底的和自动的），只有一种纯粹为储存和宽带而建的自由市场。我们相信这会导致现有市场价格的急剧下降。在测试平台里，我们已经可以看到储存的费用非常低（以现在测试平台中的价格计算，即使使用标准的 8 倍备份，它的价格也只是传统云储存价格的 3%）。

文件内容的分销商（如 Netflix、Spotify，或 YouTube）能够通过使用 Sia 的内容分销网而获益。当前的文件内容分销网成本高而且有大量的重复，并且在许多服务器上运行，且这些服务器都是由单一中心来控制的。Sia 则能够给互不信任的托管节点付费并使用加密合约来强制执行市场供求协议，这样一来，Sia 可以把云储存业务外包给这些托管节点。在使用 Sia 的时候，文件内容的分销网已经被内置于 Sia 之中。它还可以为有争议的业务提供一定的保护。比如，Comcast 试图遏制 Netflix 的流量运行。在 Sia 中，所有流量运行都相同，Comcast 将很难筛选并遏制某些流量运行。Sia 的自由市场模式也将意味着对于宽带密集型的服务业务来说，分销成本可能有实质性的下降，因为便宜的节点将被优先选用，这也意味着高价的托管节点将可能根本得不到业务（从而增加了降价的压力）。

未来超高速的互联网还会带来一些有趣的可能性。一个超高速的互联网的连接将和固态硬盘连接一样快。使用 Google 光纤或类似的产品，你的电脑可以不使用硬盘，而可以直接从网上下载所有的东西且其速度和使用硬盘一样快。你将可以把整个电脑上的软件都储存在 Sia 上，根本就不再需要其他诸如硬盘类的储存方式，并能达到同样的效果。这意味着你可以

第四章
区块链项目介绍

在世界任何一个角落启动和运行你的个人运行系统和设置，而无须使用任何硬盘设备，如 USB（通用串行总线）和 CD（光盘），你只需一个简单的互联网连接即可。这种情况一般不会发生在传统的运行系统里，由于其极端的滞后性，如果你能设置一个内存磁盘运行系统（即整个运行系统在一个内存上），并时不时地让它和云储存服务同步，这样速度就不会因为没使用硬盘而受到影响。

比特币的潜在前景之一是把广告从互联网上消除，并用一种付费墙取而代之。比特币可以使这种付费墙设施比任何现有的付费墙都更简单方便。它能使一个用户只需付零点几分钱就可以浏览一个需付费浏览的（但没有广告）网站一定的时间，但这个用户可能再也不会浏览这个网站。如果使用比特币，这种情况可以以一种去中心化的形式来完成，但如果这个网站和这个用户不需要在同一家付费服务公司里，他们只需要在同一个去中心化的付费网络中即可。启动这种服务只需要相当短的时间。然而这里有一个很大的问题，即从免费服务到收费服务的转移。即使它已经消除了广告，但它需要你真的花钱，这会造成巨大的心理障碍，即使这种费用每月不过几分钱。从心理上讲，人们也不喜欢付大量的微小额度款项。

在 Sia 生态系统中，从一开始，这种付费模式就被强制使用。在这个去中心化的系统里没有免费储存，也没有免费的 5GB（千兆）试用，无论它多么便宜。小额度的免费使用和 Sia 这种机制不相称。Sia 上的储存和使用是仪表计量付费制。值得庆幸的是，在我们今天的社会生活里有许多成功的仪表计量付费的例子。第一种重要的例子是先用后付的模式。你的公用事业公司就使用这种模式。当你打开电灯时，当你洗澡时，当你使用洗碗机时，你的公用事业公司实际上在向你处收取一些少量费用。在一个月的使用过程中，这些小额费用会积累成一笔可观的费用，但是你已经习惯了这种方式，而且总体上你大致清楚在什么情况下账单会比较贵。而你在月底会乐意付水电费。第二种模式是先付后用。给汽车加油就是一个不错的例子。每次当你开车时，你会意识到你会消耗汽油而且不久就需要加些油，而且加油时你得一次性付清油费。但你依然乐意开车，因为你知道这是物有所值。

在以上两个例子里，关键是你并没有边使用边付费，而是隔一段时间付一次费。你知道每当你使用时你都在花钱，但你只需在月底付一次钱。当缺钱的时候，你会限制你的消费以免账单费用过高。这些模式很适应人们的心理条件。Sia 选择了加油的模式来计算消费。当你开始使用 Sia 的时候，你得先在你的账上充值（相当于加油），而且你能知道充值后大概可以用多久。当你账上的钱快用完的时候，你会得到一个"低油量"的警告提示你需要再次加油了。由于 Sia 有内置的付费通道，从未知的服务器和单位下载资料不需要设置任何的时间。只要上传者和储存主机维护者双方均在同一个全球性支付网络中（这个网络由许多相互并不信任的单位组成），他们相互之间可以进行及时且安全的钱款转移。这种付费网络可以有利于上传和下载。

它还完全可以使网上浏览的体验变得更加美好。Sia 的付费网络并不只限于去中心化的储存业务，而且内容和资料并不需要直接从 Sia 的去中心化网络里下载。在使用 Sia 时，你可以访问和管理中心化网站中的付费墙，以便消除广告并且能够给网站维护者带来更多的收入来源。

目前，Sia 的核心焦点是去中心化云储存系统，更具体地说，它就是一种去中心化的对象（objects）商店。在这个平台上，你可以存放和领取各种各样的文件，并能上传只由一个散列组成的一个查询内容。上传简单，且保证文件安全简单，把文件在电脑间传递（如你和朋友之间）也十分简单。寻找你想要的文件也较为容易，而且最重要的是，绝对不会让用户担心上传的文件是否丢失。

Sia 也发布了与 Crypti 合作的消息，Crypti 是灵活的后台应用开发平台。在这项合作中，Crypti 的工程师可以集成 Sia 的 API，访问 Sia 的数据存储客户端。作为 Sia 去中心化应用开发的存储层，Crypti 已经集成了 Sia。Sia 提供了 API，可以上传文件到存储网络。Crypti 是一个灵活的平台，可以集成多个后台，但是 Sia 是第一个去中心的尝试，允许开发人员创建实实在在的非信任 Crypti 应用。

最开始的 Sia 设计针对安全性、隐私权和数据的完整性。然而在建立这个网络的过程中，Sia 也建立了一个开放的市场，在这里任何托管主机都可以参加，并且纯粹以商业信誉来论好坏。一个托管主机的等级将取决于它的速度、价格和可靠性。托管主机将无须考虑客户服务、品牌建立或法律条约等成本花费，托管主机只需在一个层面竞争：在技术上谁更好。其结果将是一个高度竞争的、价格不断趋于下降的、更加可靠的和不断提速的网络。Sia 的目标不仅仅是最安全的云储存平台，而且还是最快的和最便宜的平台。在早期，可以看到 Sia 的价格只占传统云储存平台的 10%~20%。目前，Sia 云存储网络售价是每 TB（百万兆）每月 3 美元。据网站所述，该网络上已经存储有超过 1TB 的数据。

Sia 网络的超级并行性意味着上传和下载速度可以满足绝大部分连接要求。大型分布式节点整列意味着 Sia 是一个强大的 CDN（内容分发网络）。广义网上不存在编程逻辑，使得 Sia 在面对电力中断方面更具灵活性，比如在电力供应中断和发生自然灾害的时候。Sia 网络在具体实现上的各方面都是非常先进的。

总之，Sia 是一个基础设施，它为所有需要远程储存的应用软件打下基础。类似于去中心化的存储项目 Filecoin 和 Storj，Sia 的目标是建立一个非信任的、具有容错能力的文件存储服务。无论你是备份你的计算机，传输你的影视文件，还是同步几个机器间的文件，Sia 所建立的这个基础设施在将来可以确保数据的安全。

（四）IPFS

IPFS（The Inter Planetary File System）是一种点到点的分布式文件系统，它连接的计算设备都拥有相同的文件管理模式。从某种意义上来说这个概念跟 Web 的最初理念很类似，但是实际上 IPFS 更像是互相转发 Git 目标的单个 BitTorrent 用户群。IPFS 具备成为 internet 子系统的素质，通过合理配置可以完备甚至替代 HTTP（超文本传输协议）。这听起来已经有些不可思议，但其实它可以做到更多。

IPFS 的开发目前处于 alpha 试验阶段，还没能替代现存的网站存储系统。就像其他复杂的新技术一样，有许多地方需要进行改进。但 IPFS 不是空想，它一直在实际运行着，任何人都可以试着在自己的电脑上配置 IPFS，为访问用户提供服务。尽管 IPFS 的开发还不十分成熟，但有人认为在未来，IPFS 将会取代 HTTP。

IPFS 从根本上改变了 HTTP 查找的方式，这是它最重要的特征。使用 HTTP 查找的是位置，而使用 IPFS 查找的是内容。例如，服务器上运行着一个文件 https：//neocities.org/img/neocitieslogo.svg，遵照 HTTP 协议浏览器首先会查找服务器的位置（IP 地址），随后向服务器索要文件的路径。这种体系下文件的位置取决于服务器管理者，而用户只能寄希望于文件没有被移动，并且服务器没有关闭。

IPFS 的做法则是不再关心中心服务器的位置，也不考虑文件的名字和路径，只关注文件中可能出现的内容。把 neocitieslogo.svg 文件放到 IPFS 节点，它会得到一个新名字：

第四章
区块链项目介绍

QmXGTaGWTT1uUtfSb2sBAvArMEVLK4rQEcQg5bv7wwdzwU

这是一个由文件内容计算出的加密哈希值。哈希值直接反映文件的内容，哪怕只修改 1 比特，哈希值也会完全不同。当 IPFS 被请求一个文件哈希时，它会使用一个分布式哈希表找到文件所在的节点，取回文件并验证文件数据。

IPFS 是通用目的的基础架构，基本没有存储上的限制。大文件会被切分成小的分块，下载的时候可以从多个服务器同时获取。IPFS 的网络是不固定的、细粒度的、分布式的网络，可以很好地适应 CDN 的要求。这样的设计可以很好地共享各类数据，包括图像、视频流、分布式数据库、整个操作系统、模块链、8 英寸软盘的备份，还有最重要的——静态网站。

IPFS 文件还可以抽象成特殊的 IPFS 目录，从而标注一个可读的文件名（透明的映射到 IPFS 哈希），在访问的时候会像 HTTP 一样获取一个目录索引。在 IPFS 上建立网站的流程和过去一样，而且把网站加入到 IPFS 节点的指令只需要一条：ipfs add-r yoursitedirectory。网页间的连接不再需要人去维护，IPFS 自带的查找可以解决。

IPFS 不会要求每一个节点都存储所有的内容，节点的所有者可以自由选择想要维持的数据。就像书签一样，在备份了自己的网站之后，自愿为其他关注的内容提供服务，所不同的是，这个书签不会像以前一样最终失效。

IPFS 节点间的拷贝、存储和网站支援都很容易，只需要使用一条指令以及网站的哈希，例如：

ipfs pin add-r QmcKi2ae3uGb1kBg1yBpsuwoVqfmcByNdMiZ2pukxyLWD8

剩下的 IPFS 会搞定。如果 IPFS 得以普及，节点数达到一定规模，即使每个节点只存放一点点内容，所累计的空间、带宽和可靠性也远超 HTTP 能提供的。随之而来，分布式 Web 将会变成地球上最快、最可靠、最大的数据仓库，人类知识也就再也不会湮灭，亚历山大图书馆永远不会倒塌。

IPFS 哈希只能用来表示不可变数据，因为一旦数据改变，哈希值也会改变。从某种意义上来说，这是保持数据持续性的最好设计。但是也需要一种方法来标记最新更新网站的哈希，这种方法称为 IPNS。

IPFS 哈希是网站通过哈希公钥生成的，相对的 IPNS 使用私钥来标记 IPFS 哈希的引用，像比特币地址就是一种公钥哈希。IPNS 公钥指向的位置是可变的，公钥的值则是保持不变的。随着 IPNS 的引入，网站升级的问题可以顺利地得到解决。

由于 IPFS/IPNS 的哈希值都是很长和难记的字符串，所以 IPFS 兼容了现存的域名系统（DNS），即可以通过可读的链接访问 IPFS/IPNS 内容。其使用方法是在 nameserver 上创建一个文本记录，插入网站的哈希值。

IPFS 还计划支持 Namecoin。Namecoin 从理论上完全实现分布式 Web 的去中心化，整体的运行中不再需要中心化的授权。支持 Namecoin 的 IPFS 不再需要 ICANN、中心服务器，不受政治干涉，也无须授权证书。这听起来难以置信，但却是今天可以实现的技术。

IPFS 在实现上加装了 HTTP 网关，使现有的浏览器也可以访问 IPFS。因此无须等待，现在就可以开始使用 IPFS 作为存储、分布和搭建网站的设施。

十一、其他领域

（一）Maker

DAI Bond（Decentralized Autonomous Insured Bond）是基于以太坊技术的一种可转让的、彼此等价可互换的"加密债券"，本质上它试图在不稳定的数字货币上构建出稳定的数字货币,原理是通过一部分人来吸收其中的不稳定性从而释放出稳定的数字资产。如果能够成功,将在区块链世界中诞生稳定的数字货币来大规模使用。

Maker 公司的创始人符文·克里斯坦森(Rune Christensen)分享了区块链技术在银行业的应用,如把数字货币的短期稳定性和区块链的长期稳定性结合起来的一家去中心化银行。他们相信区块链技术可以通过财务透明保证市场稳定。

DAI Bond 从设计上就保证了参与者在彼此不信任的情况下也能够正常运行,参与者既无须事先认证,借贷行为也是低风险的。贷券的发行人(借款方)通过在以太坊区块链上锁定比特币、以太币和其他加密数字资产作为抵押品来发行贷券,然后再把这些贷券在市场上卖给贷券持有人(出借方)以换回流动性好的资产/货币。贷券的持有人之所以买入贷券是为了赚取稳定的现金流,这部分现金流来自借款方抵押贷款所需支付的利息。而"做市行"(Maker)作为一个"去中心化自治组织",为此系统的每一个用户提供有限的违约担保,并收取保费作为回报。

(二) Bitwage

1. 项目介绍

就用户数量而言,Bitwage 是业内最大的比特币工薪支付服务提供商。Bitwage 提供的三种主要类型,即个体工资、雇主薪资和国际薪资,使用户发放以及接收比特币形式的工资变得极其简单。使用比特币发放工资有以下两个好处:对于雇员而言,这种方式可靠便捷,取款不需要银行;对于雇主而言,有助于获得和留住高质量的人才,解决支付外国员工不方便的难题,而且能节省时间和花销。

不管他们的雇主是否签约 Bitwage，个体工资都能为任何员工提供以比特币形式发放工资的服务。雇主薪资能让雇主享受到以比特币发放工资的益处。国际薪资使公司能为来自世界各地的员工提供比特币形式的工资发放服务，同时为雇主、雇员和自由职业者节省 90% 以上的国际支付手续费，从而使得在整个薪资支付过程中，客户们感觉就像是在使用当地货币般舒适。跨国工薪发放的平均手续费是 8%，正常情况下 5 个工作日内资金会到位，而且没有外人知道资金的去向。

Bitwage 正在构建国际收支的未来，这是创造力与时间观相结合的产物。通过区块链技术来为客户实现跨国资金转移，取代了老式的通过数个中介机构转移资金的方式，从而避免了被数次收取手续费、交易进度耽搁和资金遗失的风险。因为没有中间商的介入，客户可以随时了解资金的动向。Bitwage 使用了区块链这项神奇的技术，并在客户使用其在银行之间、云储蓄和借记卡转出和接收资金期间，让客户们享受到无尽的好处。

由于整个过程都涉及资金流动，我们可以看一下阿根廷的例子。考虑到他们当前金融系统的运行方式，在阿根廷运行这种支付方式，需要顾客缴纳交易额 30%~40% 的交易手续费。这主要是因为官方汇率和实际汇率有较大的出入。非阿根廷国籍的人以美元兑换阿根廷币时必须或多或少地经过国家的限制，而且要以官方汇率兑换。

然而，阿根廷政府不把比特币视为货币。这意味着你可以将比特币转给别人，收款人随后可以将比特币从美国"携带"至阿根廷，然后在本地的交易所按当地的汇率兑换。所以，在这个案例中，直接将美元转至阿根廷币是不合法的，但使用比特币来发放工资却是合法的，同时也方便了员工在阿根廷当地的交易所兑换比特币。

目前，一些自由职业者协同 Bitwage 的云储蓄技术在进行这个项目，它能使你的资金以 20 多种不同的货币和贵重金属的形式储存，包括美元和黄金，然后根据个人需要，以阿根廷币的形式从账户中支出比特币。

不管是大人物还是小人物，比特币支持者还是反对者，Bitwage 都将让他们接受用比特币支付工资。如果雇主把工资直接打到工资本上，只需要切换一下账户，就可轻松实现比特币转换。

Bitwage 用户可以任意比例转换，可以是 100% 也可以是 1%，完全自由。Bitwage 发现，在支持比特币的公司中，47% 的受访者对比特币工资持欢迎态度。2015 年 5 月，Bitwage 对 150 家支持比特币的公司进行了一次社会调查，这些公司主要在美国。其中 38 家受访公司积极响应，18 家公司即将使用比特币支付工人工资，10% 的公司早已使用。其他受访公司就未使用比特币工资做出了详尽的解释，其中 18% 的公司表示未来会使用，16% 的公司渴望使用，还有一家公司担心与之相关的税收问题。

可以想象一下，如果向菲律宾、俄罗斯和阿根廷的员工以便捷如发短信一般简易的方式发放工资，当天晚些时候，菲律宾员工就能用刚收到的工资，去为他的孩子买一直想要的球衣，这是件多么惬意的事。Bitwage 正努力创建一个当前银行系统和支付方式的替代系统，立志于给人们财政上的自由。

Bitwage 系统希望能够为全球 25 亿人提供最无缝且自动的支付方式，将他们带入数字金融系统，而且，Bitwage 希望将世界各地的雇主、雇员和自由职业者从缓慢、昂贵且低效的国际外汇寡头垄断的深渊中解救出来。

2. 项目进展

2015 年 4 月，Bitwage 与 Xapo 合作发行了世界上第一张国际比特币工资借记卡，这是将比特币应用于上班人群及日常生活中所迈出的一大步。Bitwage 的创始人乔纳森·切斯特（Jonathon Chester）表示，之所以发行比特币借记卡，是因为目前的比特币金融圈中缺少了这一环——工资借记卡。一旦某天比特币被广泛采用，那么借记卡必然要成为比特币金融领域的一部分。

这张比特币借记卡能够提供两方面的服务。第一，它能够帮助使用工资借记卡的企业减少管理费用，并且减少员工发放工资的等待时间。第二，它能够为消费者提供更便利的消费服务，消费者只需要在读卡器上确认一下就能消费，这就省去了在实体店里使用比特币的烦琐程序。虽然此次合作还处于测试阶段，但任何在 Bitwage 网站上注册的用户都能获得一张免费的比特币借记卡。该卡目前已经在 170 多个国家推行使用，并且已经应用于以这些国家当地的货币发放工资。虽然该卡目前还不能在美国使用，但是两家公司保证该卡在不久的将来一定会在美国推广。

2015 年 11 月，Bitwage 完成了 76 万美元的种子轮融资。马克思·凯瑟（Max Keiser）的 Bitcoin Capital Fund 购买了 Bitwage 在 BnkToTheFuture.com 上发行的股票。参与投资的公司和个人包括 Cloud Money Ventures（比特币公司 Uphold 旗下的风投公司）、Saeed Amidi（Paypal 和 Dropbox 的早期投资人）、法国电信集团 Orange、Draper Associates 等。在这段时间，Bitwage 还加入了由法国电信巨头 Orange 在硅谷创办的创业公司加速器项目。

Bitwage 的创始人乔纳森·切斯特表示，公司将利用这笔资金来建立自己的基础设施，尤其是扩大公司在欧洲市场的业务。Bitwage 团队计划投入一定的资金来提高用户体验，简化用户整合的过程，让客户更容易整合 Bitwage 的技术。那些参加 Bitwage 近期融资的投资者称赞 Bitwage 具有实际作用，能够推动比特币的使用，这也是他们投资 Bitwage 的原因。

2016 年 3 月初，Bitwage 宣布与一家知名保险公司展开战略合作伙伴关系。不过，Bitwage 发言人并未透露是哪家公司，只是表示这是一家规模非常大的企业，并且既不被 Coinbase 使用，也不被 Xapo 使用。凭借 Sun Microsystems 安全部前首席技术官乔尔·魏泽（Joel Weise）的帮助，

第四章
区块链项目介绍

Bitwage已实施其安全策略。

Bitwage 指出，他们的安全标准向 ISO（国际标准化组织）与 NIST（美国国家标准与技术）的标准以及"业内金融服务机构的最佳做法"看齐，包含用户数据的银行级别加密、严格的密码管理政策、获得所有敏感数据与流程的双重认证以及年度审计（含自身企业总部大楼的实物审计）。Bitwage 的安全策略与流程正在接受顶级网络责任保险专家的严格审查。该企业还曾通过保险公司针对网络攻击的检查，并获得 A + 的 AM 最佳评级。

Bitwage 宣布不存储比特币清单，也没有持有客户资金。这意味着资金只能在很短的时间内被持有。基于此，因恶意行为而产生损失的风险被降到最低。此类支付薪水的方式是个体努力与勤奋工作的绝佳体现。随着不断改进与加强他们的安全计划，Bitwage 希望以最大的关怀与最高的安全级别来处理整个流程。

同月，Bitwage 表示支持企业借记卡和信用卡发薪系统。用户可以将借记卡或信用卡绑定到 Bitwage 账户，这样发薪方式就不只局限于比特币和传统电汇，这个新的发薪途径规定每月限额 500 美元。公司创始人乔纳森·切斯特说，公司对一些收单机构挑选研究，最后确定了一家，但是拒绝透露公司名称。

公司推出这个服务是针对客户反馈做出的决策，继而推动了信用卡和借记卡支付的发展。Bitwage 关注的是，怎样给公司用户带来最大利益，无论是进行国际薪资支付的企业还是使用个人工资表系统的用户。Bitwage 认为，现有薪资支付市场给企业提供的卡类支付选择很少，这给创业公司带来了机遇。鉴于企业需求带来的机遇和解决方案的贫乏，Bitwage 希望开始探索更多可行的办法。

与该项目一起启动的还有 API 项目，并于 10 月进行了 beta 测试。目前，Bitwage 已经整合了 API 项目与员工监控服务项目 Hubstaff。

（三）Colu

以色列初创公司 Colu 旨在通过区块链技术来分配物品的所有权，致力于让那些不懂比特币的开发商和消费者也能够通过该平台建立和交换资产，包括从金融资产（股票、债券）到记录（证书、版权、文件）再到所有权（活动门票、代金券、礼品卡）。随着平台测试版的推出，个人开发者和企业都可以根据自己以及客户的广泛需求，在 Colu.co 上开发相关的数字资产和服务。

Colu 成立于 2014 年秋天，在很短的时间里，Colu 就已经与超过 20 家公司建立了合作关系，包括音乐平台 Revelator、加勒比比特币交易所 Bitt，以及跨国咨询公司德勤。

简单地说，Colu 提供给你一种便捷的方式来使用区块链技术。你可以使用代币来交易任何东西，从汽车、艺术品到演唱会的门票。比如你买了一张演唱会的门票，一般而言你拿到的会是一张打印出来的门票，但是现在你收到的将是一串随机数（一张加密令牌）用于验证你购买了的门票，而这是通过区块链来实现的。你将得到一组私钥，然后你就可以访问到自己的门票。Colu 会将这个代币置入到一个二维码内，你可以通过自己的手机扫描后访问。由于它是数字的形式，你也可以将其传递给别人。

Colu 的创始人阿摩司·梅瑞（Amos Meiri）最初从 Colored Coins.org 入手，这是一个为比特币区块链创建数字资产的开源标准协议。Colu 就是基于这种想法的延伸，它既是开发者的 API 工具，也是一种应用，可以让消费者访问现有比特币框架上的彩色币（Colored Coins）。它允许你在线购物，然后通过区块链进行验证。比如你买了艺术品后，就会明白这件艺术品就是你的了，你将得到一个基于区块链技术的代币证书，而这种数字证书将比纸张证书保存的时间更为持久。Colu 是一个应用程序，但不是钱包，你需要将代币存放在其他地方，比如你的计算机或者手机内，又或者 U 盘之类的地方。除了 API 以及消费者应用的功能之外，梅瑞还表示他们计划推出一个可以让人们使用区块链技术来买卖货物和服务的市场。

Colu 的目标就是继续维护和开发工具以及产品，让开发商和企业体验到比以往更加方便简单地整合区块链技术的方式。由于比特币区块链技术的不可知性，Colu 也计划在其他区块链上建立平台。Colu 在今后将会发布更多的整合应用，包括金融、记录和所有权。

2015 年 1 月 27 日，Colu 宣布获得 250 万美元融资，投资方包括 Aleph Capital、Spark Capital、BoxGroup 以及 Bitcoin Opportunity Fund。

Colu 还宣布与 Revelator 进行合作，帮助 Revelator 建立一个所有权管理 API。Revelator 是一个基于云技术的信息提供商，为独立音乐公司提供销售和市场情报。在目前音乐的数字化分布中，仍然存在着一个复杂的权利归属和使用权链。这个 API 将为数字资产的发行和分配提供安全渠道，包括音乐作品的上市和注册，并能够为所有市场参与者收集和提供更高的透明度和效率。

Colu 表示在 2015 年 8 月将推出区块链公测项目，并且与跨国咨询公司德勤达成合作协议，这次合作将为区块链技术带来全新的"大市场"。尽管该公司没有公布此次合作的细节，但是该项目将涉及 Rubix 软件平台，德勤客户可在该平台上建立自己的应用程序，包括在区块链上建立票务系统和登记系统。

第五章

区块链在非金融行业的应用

一、区块链+医疗行业

(一) 解决医疗最大的问题

除了金融行业之外,现在看来受益于区块链技术最大的行业应为医疗行业。因为病人的医疗记录和信息在任何时候都是需要予以保密的,而中心化数据库和文件柜都不再是个可行的选择。区块链技术提供了一个可行的替代方案,这是一个能做到完全透明却又能尊重用户隐私的方案。在过去,我们经常会由于一些内部失误,导致患者的信息被泄露。

考虑到所有和健康相关的敏感资料:身份特征、疾病情况、治疗方案以及支付情况,一个人的健康状况可能是其最私密的信息,但是在过去,这些相关信息往往出现过一次又一次的大规模泄露,导致个人健康数据被流传到互联网上。

下面是两个大规模数据泄露的例子:

Anthem:8000万病人和雇员的记录;

UCLA Health:450万病人的记录。

在这些数据泄露的例子中,往往是由于网络操作的问题引起的,使所有的数据暴露在黑客的面前。一个单点故障就能够导致所有人的信息遭到泄露。

而随着个人健康数据越来越多，不同于如身高、体重、血糖、血压之类的传统数据，一些其他重要数据已经到了绝不能泄露的地步。最典型的例子就是指纹数据或者虹膜数据，如果这些资料出现大规模的泄露，会产生非常深远且具有灾难性的影响，考虑到有太多支付方案牵涉指纹支付，也就是说一旦大规模泄露可能会引起金融上的灾难。它不同于密码数据，一旦泄露可以通过大规模修改来避免更大的损失，大多数类似于指纹数据或者虹膜数据是无法随意修改的，这产生的影响将会深远得多。而随着基因数据采集变得越来越容易，我们甚至无法估量基因数据一旦大规模泄露可能带来的灾难性后果。

这种破坏性远比苹果公司的明星私人照片泄露还要大得多，如果连苹果这样闭源的系统数据库都可以泄露，其他中心化的数据库其实同样都存在类似问题。这其中最大的问题就是由于单点故障，或者单把私钥的泄漏导致数据库安全防线的整体性崩溃。因此，很多业内人士认为区块链是人类现在能想到的唯一解决方案。

对医疗行业来说，区块链有三个很重要的优点：首先是高冗余，因为每个节点都有备份，这使单点故障不会损害数据完整性。其次是区块链上的数据无法被篡改，这对于医疗数据非常重要，医疗数据一旦被篡改很可能会导致重大伤害，而且在区块链上的任何篡改都会留下密码学上的证据从而被快速发现。除此之外，区块链最大的优势就是，区块链技术能做到多私钥的复杂权限保管。比如，通过智能合约技术可以设置单个病历分配多把私钥，并且制定一定的规则来对数据进行访问，同时必须获得授权才能够进行，无论是医生、护士或者病人本身都需要获得许可，比如让只有一个或者多个人同时到场才能打开，还可以和 GIS（地理信息系统）数据结合在一起，当你在某家医院时，该医院的医生才可以读取病历，也可以和时间信息结合在一起，在某个治疗时间段内相关医生护士才能够读取病历。

区块链的保管方案不同于传统中心化数据库的保管方案，第一次不需要依靠相信人或者相信制度来确保安全，完全通过算法来确保数据库的安全性。从算法上就杜绝了由于单把私钥的泄露而导致数据库的整体崩溃。

对于区块链和医疗健康领域进行结合，其中最令人感到兴奋的原因是这完全是一个全新的领域。随着企业和医疗机构看到区块链技术对于金融领域的影响，医疗机构将会在医疗健康领域中逐渐开始推广和实施该技术，并且希望获得金融级的安全和效率。目前，全球医疗市场份额有1.057万亿美元，主要的份额占有者包括瑞辉（474亿美元）、强生（163亿美元）、复迈（118.4亿美元）和诺华制药公司（494亿美元）。匿名交叉竞争引用了大量的动态医药数据和历史医疗记录，这种竞争也会给药物发现和个性化医疗开发增加收入源流。

此外，生物识别技术融入量化数据（如运动追踪器的数据），同样能够加入到健康区块链中，区块链技术带来了许多机会来改善现有流程和商业模式，包括现有数据访问、通用电子医疗记录（电子病历）、数字健康资产保护、健康代币甚至是基因钱包等。

（二）未来场景

可以先跟随一名长期患有"苹果综合征"（该病是虚构出来的）的患者开始一段区块链旅程。

首先，我们假设"苹果综合征"是个非常复杂的病症。这种病不会致命，但是它的症状会让人衰弱，可能引起失眠或短暂性失忆。但是它是可以治疗并且能够痊愈的，尽管恢复的过程非常艰辛。

　　小静是个 80 后，从事动画师的工作，是个普通的上班族。某个星期四下午，她刚刚完成一个极具挑战的场景后就已经筋疲力尽了，她决定休息一下。外面风景很美，所以她准备出门在河边跑跑步。差不多跑了两英里后，小静忽然感觉到恶心和头昏眼花。她放慢脚步，但沿路走了 100 米左右就晕倒了。一个迎面过来的跑步者发现小静昏倒在地上就拨了 120 急救电话。

　　当救护车到达时，急救医生扫描了小静手腕上的健身手环来检索她的健康链 ID（Health Chain ID），这是一个专门用来记录医疗信息的公共识别符。当小静注册 Health Chain 时，就创建起了一个规则，这个规则规定了谁能通过验证来访问她的医疗记录，她还给这些人命了名。急救医生结合小静的 ID 和他们自己的 ID，证明他们是受认可（可访问）的急救人员。接着急救人员在 Health Chain 网络中发布广播，广播会自动向小静的四个紧急联系人发起警告，要求他们确认急救人员可以访问小静的记录。10 秒钟后，她的两名紧急联系人确认了急救医生的访问，急救医生便能够访问她的紧急医疗信息了。

　　几个小时后，小静在医院中醒过来。她很好，但是很惊讶到底发生了什么。候诊医生向她解释说她是患上"苹果综合征"了。检查之后，医生询问她是否愿意在公共研究库中分享她的匿名信息，因为这是标准惯例，她对此没有疑义。她愿意分享她的医疗记录、刚经历事件的相关资料和医生正进行测试的结果。

　　小静想了解和她一样有"苹果综合征"经历的人以及她究竟如何才能痊愈。于是，她和其他人选择加入到一个私人网络中来共享信息。相比于自导式搜索，医生根据她的信息进行了一次标准匹配，选出了一批与小静的重要特征完全相同的人，包括年纪、地理位置和工作类型。

尽管"苹果综合征"频发，治疗该疾病的药物也有所发展，但是康复仍然很难，并且治疗的基础条件不足也没太引起医学界的关注。小静自己对这种情况也做了一些初步的研究，她发现，为发布治疗方案的人提供一些公开的众筹奖金也许能从根本上解决"苹果综合征"的医治问题。小静的捐款由一系列智能合同管理，这些合同在发布时会提供有条件的治疗访问。与传统众筹不同，在她准备使用某个治疗方式之前，她的捐款由合同保存在第三方那里。

现在小静对自己的情况有了非常透彻的了解。她开始去看专家，专家让她每天进行体育课程，同时还配合服用知名的治疗"苹果综合征"的药物。坚持这两项对于康复很重要，同时小静也获得了保险公司奖励。通过一个可以追踪她位置和活动的手表和可以检测的药物来收集数据，保险公司和医生就能够获得所需要的数据信息了。只要小静坚持双方协定的治疗方案，所有账单都可自动支付，不需要纸质的证明。

由此我们可以发现，医疗和区块链其实是非常匹配的。同时，还能够引导以患者为中心的改革，比如我们应该怎么照顾自己和别人。在我们最脆弱的时刻，我们能够无障碍地与他人共享自己相关的重要信息。我们可以预先承诺给我们想要的治疗方案进行支付回报，而保险款的支付将在我们医疗行为被证实之后触发。其实我们的医疗离现代化还很远，一些高科技还没有被完全运用到医疗的追踪、诊断和治疗上。如果同时利用区块链的话，那么就可以大幅度地改变这一现状。

（三）飞利浦医疗

2015 年 10 月 27 日，Tierion 宣布和飞利浦医疗集团完成首个合作项目，Tierion 是一个专门从事数据收集和记录的区块链公司，通过使用区块链记录搭建了一个数据存储和验证平台。

飞利浦医疗保险是一个专注于连接全球数以亿计医疗设备运作的企业。目前非常需要大幅改变病人的医疗状况，但是这一过程需要很长一段时间才能够被实现。而采用区块链技术也许将有助于实现这一目标，比很多人所期待的更早。尽管该项目的细节尚未公开，但飞利浦全球创新 IT 主管阿伦·莱文（Aron Laeven）告诉记者，"正如我们探索其他的新技术一样，我们正在探索区块链技术在医疗护理领域中的应用"。

在与 Tierion 合作的 6 个月时间里，对于飞利浦而言，已经取得了不少进展。于是在 2016 年 3 月 4 日，飞利浦医疗宣布建立区块链实验室来继续推进研究。这样能够联合更多其他公司的 IT 专家、医疗保健专家和区块链技术开发者推进这方面的研究。该研发中心位于阿姆斯特丹，专门用于研究新兴科技。飞利浦指出，他在寻找合作伙伴和开发者来合作这个项目。公司还特别暗示，飞利浦相信区块链技术适用于医疗保健行业。

很多年来，飞利浦医疗已经在该领域上有了一些有趣的突破，使医疗服务变得更加方便——并且能够让人更负担得起——为发展中国家弥补了这个缺口。但是，这还不是全部，病人健康信息的实时监测也许才是其中的首要任务。和大多数医疗护理企业和机构相比，飞利浦医疗更重视以人为本，非常重视病人的反馈。通过引领该领域取得更多的创新，让医疗保健的患者们每天的生活变得更有意义。

所有由飞利浦健康所提供的产品和服务都有可能通过整合区块链技术来获益。也许这就是 Tierion 所带来的创新方案，即能够提供一个去中心化的实时信息监测方案，它能够解决以前中心化存储数据方案中所不能解决的（信息安全）问题。Tierion 提供的以区块链为基础的数据方案，同时也能够给其他行业的企业带来好处。

（四）Gem

2016年1月，区块链企业Gem宣布获得了700万美元的投资来扩展它的企业平台，并已经和健康行业内多个不同利益相关方进行合作，来评估是否需要区块链技术。Gem首席执行官麦克·温克尔施佩希特表示，类似于金融行业，设计一个区块链应用，需要考虑医疗健康行业内多个相关利益者。如果能够将每个独立相关方都链接到一个有凝聚力的、可以共享读写的数据库的话，那么真正的区块链创新将会产生。如果能够让保险公司、医院结算部门、贷款人和病人共同使用一个区块链来管理支付，那么在整个行业中就会大规模地减少冗余。

另外，区块链网络绝不仅仅用于解决医疗健康数据保存问题，收付款将会是另外一个发展方向。如果区块链能够在管理医疗付费的整个过程中被使用，那么也将能够管理病人医疗记录的整个过程。区块链能够让其他多个组织来访问网络，而不需要担心数据的安全和完整性。病历可以被多方进行创建、共享，并且能够让多方进行追加更新，这将会重塑整个行业的效率和透明度。

2016年4月27日，区块链技术服务提供公司Gem发布了Gem Health项目，该项目目的是通过新兴科技促进医疗领域间的合作。其首个合作伙伴就是飞利浦医疗，飞利浦医疗会帮助其搭建一个私人以太坊区块链，来开发企业医疗的应用程序。Gem希望通过此项目可以鼓励医疗行业通过区块链技术开发出更多健康应用程序、全球病人身份识别软件及安全电子医疗记录。

Gem正在发布一个可以让医疗公司参与实验及构建跨行业应用程序的网络，来解决不同问题的应用案例。Gem正在帮助大量孤立运作的公司创建一个良好的合作环境，且正在投资该行业的通信渠道和与身体健康有关的项目。

Gem 最初的定位是比特币初创公司的 API 供应商，而通过此次项目又开发了为企业提供服务的业务。Gem 现在把自己定位于为从事区块链领域公司提供咨询及匹配服务的公司。Gem 表示，这是一个非常大且非常重要的机遇，医疗健康影响着我们每个人，通过这次机会有可能改变整个行业。

（五）Factom

Factom 和 HealthNautica 正在寻求安全的医疗记录和审计跟踪解决方案。他们通过数据加密写入比特币区块链，并且通过时间戳来确保数据的精确度。这些记录完全无法被篡改，因为它是写入到区块链中的，并且在没有权限的情况下是无法进行阅读的。HealthNautica 希望能够提升赔偿流程的处理效率和记录无法改变的确定性。

（六）爱沙尼亚

2016 年 3 月，爱沙尼亚宣布启动基于区块链的医疗健康档案安全项目。爱沙尼亚在区块链投入和应用方面一直要远远领先于其他国家，尽管它只是波罗的海的一个小国，但很早就开始与 BitNation 进行合作，将区块链技术应用于居民的身份验证。并且在 2016 年初，纳斯达克在爱沙尼亚的交易所，已经开始使用区块链进行股东的投票。而这次，则是把区块链应用扩展到电子健康档案的保管。

数据安全初创企业 Guardtime 宣布与爱沙尼亚电子卫生基金会合作（Estonia eHealth Foundation），利用区块链技术保证 100 万份病人医疗记录

第五章
区块链在非金融行业的应用

安全。该基金从此整合了 Guardtime 的无钥签名基础设施区块链技术（Keyless Signature Infrastructure，KSI）和基金会 Oracle 数据引擎，以实现实时查看病人病例。

爱沙尼亚早在 1997 年建立这个电子政务系统就引起了人们的关注。其实现方式是在身份证内嵌入芯片，然后国家公民就可以使用 100 多项电子政府服务，例如纳税申报、投票。整个服务过程是即时的，仅仅需要登录一个网站。爱沙尼亚的电子政务系统内包含了电子病人记录。而整合 Guardtime 技术的目的就是用"独立的法医品质的审计线索"保护这些数据安全。由于黑客、恶意软件、系统问题等的存在，敏感数据保护中存在的安全隐患包括信息篡改、删除、错误升级等。而区块链技术可以保证数据的真实完整，并能完全记录数据变更过程。

（七）IBM

2016 年 5 月，IBM 的区块链云服务升级，其目标锁定政府和医疗保健行业。IBM 研发出一个新的框架，用于保护其云服务平台上的区块链系统，并认为它可以帮助金融企业满足监管和安全要求等限制区块链技术发展的因素。IBM 区块链部门副主席杰里·柯摩（Jerry Cuomo）说，新的框架是为了"加快"区块链应用步伐，消除这些缺陷和提高开发者的应用体验。

IBM 认为现有公共区块链很安全，只是受限于严格的数据保护要求而无法适用于商业领域。商业要求数据一致性，公共区块链有精密的算法；但是这些架构中的区块链存在变化，也就是说存在两个版本。而在商业中，这种不一致是不能容忍的。

IBM 相信该框架可以帮助机构创建用于许可型区块链的"安全云环

境",突破行业的安全和合法性要求,对行业发展极其有利。该框架受益人包括政府或医疗保健服务供应商;因为他们希望利用基于区块链的系统来满足联邦信息处理标准和健康保险流通与责任法案的要求。

(八) 美国国会

2016年5月中旬举行的美国国会会议中,经济智囊团代表提出区块链技术可以完善新一代的医疗卫生数据体系。美国企业研究院(AEI)的斯科特·戈特利布(Scott Gottlieb)提出,从某种程度上说,要想使美国保险市场有创新和竞争,科技的力量不容小觑。戈特利布建议建立一个在技术上更先进的风险池,能够实现保险津贴的自动化管理,而AEI认为,这项技术就是区块链。

一份完整的保险统筹方案,通常包含了民众的津贴调整和个人医疗状况等信息,而这些信息通常都属于个人隐私,这就需要完善的信息登记系统来保障信息的严密性,但同时还要授权其他机构(例如医院)调取这些信息。区块链正好符合以上所有要求。

近年来,美国大力实施《平价医疗法案》,也就是"奥巴马医改"。目的是为没有医疗保险的美国公民提供医疗保障,建立全民医疗保障体系。这个建议提出后,美国政府目前正在联合飞利浦和区块链创业公司Gem和Tierion,计划建立一个区块链研究实验室,积极研究区块链技术的可行性。

二、区块链+保险行业

(一) 如何与传统保险连接

人们对于风险的观念很可能受到技术变革和应用的影响,比如区块链。现有保险行业的主要业务模式就是一个有足够资金支持的中心组织,并与个人订立合同关系。而区块链应用很可能会改变保险公司这种提供互惠关系的方法。通过基于区块链的点对点互助保险平台,区块链技术可以让人们更加直接地管理他们的风险,而且只需要部分资金支持。回顾一下其他行业的共享协作案例(比如 Uber、Airbnb),如果应用于保险行业,这种情况下,保险公司的角色就逐渐转变为专业咨询和互惠池机制管理,而不是直接吸收风险。这种技术也可以支持普惠金融,以及个人与保险提供商之间互动的新模式,最终有利于提高客户满意度、忠诚度、信任度、透明度和可靠性。

区块链技术的出现可以促进合约自动化的进程,通过使用智能合约来实现效率的提升,并使某些保险产品随着时间的推移实现自我管理。另外区块链也可以做到高效地解决索赔和减少保险欺诈——各方都可以使用区块链验证各方信息(当事人核实保险的真实性,保险公司审核当事人和事件,如车祸、期债行为等)。这将极大地提高彼此的交互信任。此外,这种交互式的保险也会增加对保险的需求和传播,减小保险行业中再保险的概率。

区块链技术可以提高保险产业的安全性,并且将极大地降低保险公司的经营成本。根据美国财务部的统计,至 2012 年底美国保险公司持有 7.3 万亿美元的总资产。由于保险公司持有极大的资产,而要管理这些资产所付出的成本恐怕也不容小觑。因此,区块链对保险行业的应用,将有着重要的经济意义。

现阶段,有三个领域值得主流保险公司关注。

第一,他们可以试着建立私有区块链,不与比特币或者其他区块链连接,作为抓手与客户和监管机构讨论未来将如何发展。

第二,他们需要探索私有区块链如何运营和收费,可以在不同协议和经济机构上做实验。

第三,他们不但应该严格审视现存信息技术架构,而且应该审视他们现有的和未来的产品,看看产品和风险管理方面,哪些地方可以使用区块链技术或者相关应用进行改进。每一家人寿保险公司的核心系统都是一个居于核心地位的,庞大的中心交易账户。最起码作为今天集中式数据库模型的可能替代方案,区块链值得保险公司在技术上进行评估。

大多数保险公司并没有准备好在区块链技术上进行实验。他们发现比特币或者数字货币理解起来很困难。而非保险机构更可能首先创建保险或者与保险相关的应用。保险方面的区块链应用很可能从数字身份识别系统和个人数据管理开始。

区块链与个人保险相关的有四个不同业务领域:身份认证、空间、时间,以及互动。其中每一个领域,都将给保险行业提供一个新机会。

1. 身份认证

区块链技术和相关应用能够改变我们管理数字身份标识、个人信息和历史的方式。通过基于去中心化区块链,结合保存记录的公开账本,以去中心化和密码学的方式,保护隐私的力度足够和政府所使用的身份管理方

第五章
区块链在非金融行业的应用

案相媲美，第三方机构比如保险公司甚至是分布式声誉评级机构都需要获得使用数据的许可。政府身份管理方案通常是比对多个数据库，或者使用指纹等生物数据。

这个身份解决方案能够填补数字身份验证和认证方案之间的空白。目前已经有很多团队在努力研究类似的可识别验证的身份系统。社交媒体网络也正在寻求数字身份的方式，但是通常不能满足大多数无须验证的基本信任需求。目前出现了不少数字身份的方案，包括 OpenID 链接，这是一个将身份协议层和认证服务器结合的方式，在不需要持有和管理密码的情况下，能够让各类客户（包括开发者）跨网站和应用来请求和发出认证信息。政府部门也在建立自己的数字身份系统和验证流程。以英国政府为例，在 2014 年 9 月其推出 Gov. UK 验证，这是一个公共身份验证服务，使用收信人的网络和第三方服务提供来替代目前的中心化数据库，该系统目前还在测试中。爱沙尼亚运营一个数字身份的方案已有十多年，目前计划将该方案扩大到非本国居民，如果其他国家也能够通过它进行识别，那将使该方案不再局限在单一国家。

使用数字身份系统的主要问题是，是否可以被信任，并且能够被广泛使用。在实践中，以区块链为基础的身份方案可以建立一个去中心化协议上的分布式应用，使用仲裁员方式（如预先设定专家认证文件或信息资料）或者使用不同信息源（包括政府数据库）来交叉确认信息安全。这个应用还能提供更多额外的功能，包括个人数据存储、为外部提供认证框架，甚至是信誉评级。

这些功能可以扩展到已经被开发的私人数据（例如 Meeco，这是一个免费广告平台的私人数据管理解决方案）。集合验证和个人数据管理功能，通过去中心化管理和安全的区块链技术可以建立身份管理的全新框架。如果成功的话，这种身份识别方案可以消除政府在身份认证、存储和管理方面的垄断。此外，将可以让个人能够存储和管理他们自己的数据，还可以访问个人历史记录。

个人不再需要可信的第三方存储或者管理他们的信息。这些应用可以减少识别和声明欺诈，增进对产品的信任，降低费用，从而提高市场占有率。区块链技术扩展了可被去中心化存储和记录的事物范围，有意思的应用可能出现在这些相关领域，如事故、健康数据记录、日常数据和相关的认证功能等。绝不丢失数据的理念将改变社会对身份识别、隐私和安全的看法。

首先，个人身份识别和验证，以及数据管理对于许多行业都有莫大的好处。在保险领域也是如此，数字认证可以让保险公司和个人之间更好地管理大数据和历史记录，让这个过程变得更加直接和有效率。随着时间的推移，因为身份问题导致的欺诈风险将会降低。区块链技术可以促进个人医疗健康的记录存储和管理并且帮助个人来管理类似于医生访问这样的第三方访问权限。其次，区块链可以支持医疗共享数据的研究，通过汇总区块链上个人自愿提供的健康档案数据来为研究提供庞大的样本，这样区块链匿名的优势就能够体现出来。最后，区块链可以为保险、测试结果、处方、转诊证明等各类健康相关的数据证明。这种数据驱动的分布式方案对保险公司、产品和流程是非常有利的。

就目前而言，访问和控制自己的数据变成越来越敏感的问题，增强个人存储、更新和管理访问他们的数据的功能变得越来越有吸引力，尤其是涉及医疗保健方面。假设你有一个便携的、安全的、全球可用的个人数据存储在区块链里，任何时候都可与可信的第三方分享健康记录或者驾驶记录。你可以将健康记录提交给一位新医生或者得到一个人寿保险报价，或者可以将驾驶记录提交到机场柜台，从而获得汽车租赁安全折扣。你的个人数据存储记录也许包含你的生物特征数据，这样你就可以在任何时候证明自己的身份。

2. 空间

在空间方面，区块链是在计算机网络上以分布式形式存在的，它们可以分布在全球数字空间的每个角落。区块链技术能够重塑个人和空间之间的不同作用，也许将会进一步模糊本地和全球之间的差异。区块链技术和相关应用，本身规模和影响范围就是全球的。从用户的角度来看，唯一的要求就是拥有一台可以接入互联网的计算机或者移动设备即可。与此同时，区块链应用程序能够满足全球各地任何人的特殊需求。

这个空间领域的双重关系可以让保险产品以两种方式存在：一是通过扩大保险产品的空间范围；二是通过调整保险覆盖范围和具体地点时间来调整价格。前者可以让保险产品之前不具备的金融包容性成为可能，例如在某些地方没有足够强劲的市场需求，或者没有足够的质量数据支持（如信用数据）。后者表明区块链技术能够作为"大数据"解决方案的一部分，包括能够远程连接设备（物联网），通过更加全面的数据，以及横跨空间和时间来进行深入分析，实现实时地调整保险范围和价格，这样可以极大地提高效率。

传统的保险模式是非常中心化的，有固定的范围（如一个保险企业总是有固定的国家、市场、地区）。区块链技术可以实现"去本地化"，点对点的商业模式和互助保险，都让位置这个因素或多或少变得不再这么重要。好处是，人们彼此能够使用强大的技术来建立合约，也可以更容易地建立本地企业保险。同时许多地区的车辆可以共享来自全球的准备金或者再保险服务。

3. 时间

区块链技术的"时间戳"能够记录区块链整个时间周期内的交易记录和"交易值"。区块链和时间之间有两种相互作用需要区分。第一，区块链技术能够增大时间的范围并增加各种可能性,如能够将过去保险合约的时间分成多个部分,并且让多种产品进行组合。例如,就像前面所指出的,分布式应用能够根据情况,进行自我管理,实时调整保险覆盖范围和策略。此外,区块链技术能够让多种保险产品具有不同的时间跨度,例如建立超短期保险合约或特定时间范围的保险合约。因此,区块链技术能够缩短时间周期,通过裁减不同保险产品的时间来施加影响。

第二,有一个看起来和第一个特点相反的优势,区块链技术由于能够让记录在区块链整个存续时间内进行保存,所以让人感觉似乎会是永久不变的,时间像是被延长了。这些记录是不会随着时间而更改的,但是其内容(所记录的交易)可以进行转移。例如,记录在区块链上的资产信息是无法篡改的,而且是永久地保留,但是这个资产是可以转移到其他用户那里的,这些记录的长久存在和精确度,可能会让人改变对于长期合约的看法,会极大地增强对于长期保险合约的信心。

通过分布式应用,自我管理的风险协议能够跨越时间和空间,调整保险覆盖范围来施加影响。最大的挑战是如何能够创建正确的区块链保险模式,一开始我们可能会从最熟悉的风险(如车祸)和相关的保险产品(汽车保险)开始入手,或者有机会扩展这些风险,例如共享经济带来的 Uber 和 Airbnb 这些全新的商业领域。

4. *互动*

建立于区块链之上的智能合约,使投保人能够自行管理自己的保险产品。智能合约能够自动有效地处理保险过程,改变相关公司的业务方式。区块链技术可能有助于保险业中的主要模型由风险共担向替代型风险管理模型的转移。基于区块链的风险管理模型,可能包括自管理、风险管理协议,点对点保险平台,甚至是充分的资金解决方案。

假设有些人现在可以创建他们自己的风险池系统。这些可能是即时的微保险或者微互助，是一种对于保险的互助经济尝试。广大家庭可以互相提供互助健康保险，这种保险包含联合互惠安排，可能是不相关的中国乡村健康计划或是一个标准的国际再保险产品。这个再保险产品是由一个全球再保险公司专门为这些家庭计划而开发的。如果保险公司不再需要为风险设立基金呢？比如，人们可以更容易得到可调整的赔付资金池，以反映风险水平的变化。失业保险可以融合教育贷款和终身协议，这样年轻人就可以得到教育方面的资金支持和失业方面的保险支持，与此同时，他们上班时工资薪金的一部分就被用于覆盖其他人的风险了。

（二）保险 DAO

更彻底的是，基于智能合约的"炫酷产品"最可能应用于保险新领域（比如互助保险产品），或者应对由区块链技术应用而兴起的新风险（比如数字资产保护），而不是替代已有的产品。

基于区块链的保险业解决方案，也可写成一组规则，并转变成一个DAO，使消费者能够不再依赖中间人。区块链技术将最终促使保险公司社会角色和功能的变化。例如，通过分布式微型保险解决方案，人们可以获得价格合理质量相当的保险产品；或者通过扩展保险产品，为之前被排除在外的人群提供足够的身份管理和信息管理功能。随着时间的推移，区块链技术也将进一步扩大保险市场规模。传统保险行业也能通过区块链智能合约使某些产品达到自动化。

在这个新的商业模式中，保险公司关注的焦点会由资产管理（而不是供需匹配）转变到风险计算研究。保险公司会提供一个类似于市场的平台，在这个平台上消费者可以说出他们的保险需求，可以是标准化的产品或是某一特殊需求。保险公司会根据历史数据，使用其"风险智能"或风险模式，在减去保证金之后，根据保费计算方式计算出预期回报。在公布保费计算方式之后，感兴趣的投资者可以竞标或订购想要的保险服务，也可以通过集体众筹或个人P2P的方式。这都取决于保险需求的种类、投资者可用资源和他们的风险喜好。

除了去中心化账本中的管理，若客户提出保险索赔要求，通过使用智能合约，可以确保投资者能够偿付给客户。智能合约被设定为传统的保证书，但是不需要经过银行。通过区块链技术，管理和执行过程也会变得更简单，传统公司的业务更加透明，成本更低。保险公司同时可以验证保险索赔的有效性，可以通过连接区块链到其他账本，以及外包给第三方，这样就可以自动验证了。

在这个模式下，在保险市场下智能合同的使用范围就不会局限在P2P的保险形式下了，而是几乎可以应用在所有保险形式中。如果一个人联合所有愿意通过众筹模式投资的投资者，就可以减少紧急事件对每个投资者的影响。

这个新的商业模式对所有人来说都是有利的，包括保险公司、投资者和消费者。资金可以留住投资者的客户，反过来说，保险公司可以通过少量的资本甚至不需要资本进行操控。保险公司作为市场和风险智能的供应商，可以获得许多好处。与P2P借贷公司有相似模式的公司不需要监管许可证，甚至都不需要任何证书，只需要得到监管者的许可即可。平台开发可以按次计费外包给第三方，让公司更加智能，最终成为一个精简有效率的组织。从投资者的角度来看，这给精简组织带来了新投资，同时也有更高的回报。私人投资者也可以加入市场，投资者会对金融风险有更清晰的认识。最后，对消费者来说，由于有大量投资者竞标、订购，以及较少的操作成本，保险费用也会更低。这个模式可以让消费者更容易选择适合的保险，同时智能合同可以使支付更安全。

当然，这个模式要面对许多挑战，最大的挑战之一就是监管者是否允许这些新的有效率的方法在市场中存在。从投资者的角度来看，在偿付高额费用时，为了分散风险，保险公司需要让大量的人参与进来，同时在面对特定保险时，还需要有一定的灵活性。至于风险计算，由于保险的特殊性，保险公司需要正确计算风险回报率，这对消费者和投资者来说都是非常有吸引力的。消费者的角色也很重要，因为他们需要在没有第三方的情况下信任这个有区块链的系统。

但是，总的来说，这种商业模式是非常有趣的，同时可以带来许多好处，可以创造一个真正的 P2P 众筹保险公司。有人认为，如果这种商业模式一旦被充分开发，也许就不再有传统的保险公司了，全新的区块链保险 DAO 会成为这个行业至关重要的商业角色。

（三）USAA

美国保险巨头 USAA 开始投入资源来探索如何将区块链技术融入其基础设施。目前，USAA 处于早期阶段，正在了解分布式的开放总账如何能够应用于其业务中。

公司虽然尚未确定要如何实现该技术，可能会研究区块链如何才能分散公司的后台运营，但却表示出该公司对区块链技术有着"浓厚的兴趣"。

USAA 进军数字货币行业开始于 2015 年，当时 USAA 参加了 Coinbase 的 7500 万美元的 C 轮融资。USAA 表示没有任何计划接受比特币作为货币，但是看到了区块链可以以某种形式应用于 USAA 的潜在途径。2015 年 11 月试点方案出台之后，为了扩大比特币技术融合，2016 年 3 月，USAA 宣布所有账户持有人都可以从 USAA.com 界面进入 Coinbase 平台查看账户余额。据 USAA 报道，这次试运行很成功，手机端应用可能很快发布。US-AA. com 和 USAA 手机应用都是首次实验的一部分。

USAA 投资合伙人乔恩·乔拉克（Jon Cholak）说，自己很早就已经支持这个项目了。他表示，"USAA 的传统就是善于走在新技术潮流的前沿，我们要开发的项目是金融服务业最先进的"。

（四）SafeShare 保险公司

2016 年 3 月下旬，SafeShare 保险公司宣布推出基于区块链的保险服务。SafeShare 是一家保险服务公司，针对共享经济商业模式，推出了一个新的以区块链为基础的保险产品。

区块链技术存储了重要的加密交易数据，并且是安全的。存储在区块链里的信息主要用于负责执行交易和防止重复支付。比特币区块链使用 SHA-256 加密技术保证信息安全。

SafeShare 是新时代的保险解决方案供应商，位于英国伦敦，属于 Cornerstone Insurance Brokers Limited（基石保险经济有限公司）。SafeShare 专门为新成立的共享经济商业模式提供保险解决方案。像 Airbnb 和 Uber 这样的应用程序现在很流行。它们都是以共享经济商业模式为基础，以个人名义提供服务，通过应用程序或平台来运行。

这些商业模式（如果可以这样称呼）需要及时划分保险责任范围，当新客户出现时，以提供保险解决方案为基础的 SafeShare 就是这样做的。根据亚历克斯·斯坦因阿尔特（Alex Steinart）表示，SafeShare 使用的区块链技术是由 Z/Yen 集团创建，使用 MetroGnomo 开通"时间戳"服务。当维护投保交易时，可以及时帮助公司提供保险产品给客户。

SafeShare 通过区块链提供的保险解决方案是由劳合社（Lloyd's）通过

24 小时理赔热线签署的。除了提供及时便捷的保险方案外，比特币技术同样能帮助保险公司降低成本。

（五）安永会计师事务

2016 年 4 月 15 日，安永会计师事务所发布了名为《区块链技术作为数字化平台在保险业的应用》的报告。

保险公司一直以来都对采用颠覆性创新技术不甚积极，其创新战略唯一的目的就是维护客户和企业的最大化利益。目前这些企业纷纷开始探索区块链技术，认为该技术的去信任系统可以真正带来长期的战略性利益。因为它能提供安全的去中心化的交易；精准及时的变动通知可以降低风险，增加资本机遇；降低运营成本；提高企业管理水平。随着技术进步，保险公司控制的活动应该慢慢转变为全新的数字化模型，其技术基础设施也就要相对升级以适应新的生态环境。

新的分布式技术降低了保险公司的技术应用障碍，对现有金融模型构成了一些威胁。区块链技术的潜能可以带来前所未有的行业透明度和可靠性。

安永认为，对保险业而言，区块链主要提供了四大机遇：诈骗探测和风险预防、数字化的投诉管理、新的行业颠覆和资源分配、网络安全责任。尽管区块链技术在保险业的应用前景很好，可是像所有新技术出现的初期阶段一样，该技术的可扩展性、实施技术、与企业和政府机构的实际融合都引起了行业的担忧。

监管者担心的是：基础设施还不完善，会给现实技术融合带来隐患；区块链技术人员专业性不够，难以保障各方利益；损失控制机制标准化也还在完善中。

保险公司主要的担忧是：该技术的扩展性以及与现有系统的兼容性、风险管理、计划制定和时机把握。

市场的主要担忧是：中心化基础设施的减少带来高额的监管成本和复杂性；技术发展可能使强制性、规范性监管变得低效；市场需要弹性的审慎监管；欧盟委员会计划提高数据和隐私保护标准；消费者数据控制方式会改变。

总体来说，金融服务机构应该继续加大对该技术的探索和开发，创造出适合行业发展的应用。安永也专门成立了核心团队，为企业家和保险公司的发展提供机遇。

（六）John Hancock

2016年4月下旬，保险业巨头恒康金融集团（John Hancock）开启了区块链技术测试。人寿保险和金融服务业巨头John Hancock开始研究多个区块链概念证明机制，探索分布式账本技术重塑现有保险业流程的方式。虽然目前概念证明机制与保险业之间没有密切关联，可是这个于2015年因客户索赔损失246亿美元的公司却在行业内进行了广泛的区块链技术探索，相信将来就会出现实质性的保险业应用。

John Hancock发布和管理着很多金融产品，包括人寿保险、年金、投资品、401k计划、长期护理保险、教育储蓄以及其他多种商业保险。他们的团队正在进行区块链应用探索，致力于提高公司的透明度和效率，而且更加关注该技术对运行效率和效益的影响。目前正进行"了解客户需求"原则的测试，公司法律部希望通过这个项目简化企业后台运营。

该公司在波士顿和麻省的LOFT实验室（Lab of Forward Thinking）负责开发这些概念证明机制。LOFT成立于2015年5月，7月正式发布，其成立的宗旨是帮助员工开发保险、财富和资产管理技术。LOFT 内部头脑风暴会议研究出了几个可行的用例，并且决定联系两家基于以太坊区块链的初创企业，促成了公司与 ConsenSys 和 BlockApps 公司代表的交流。目前 John Hancock 公司的 LOFT 区块链专题小组有四个成员，探索用区块链技术开发与员工激励应用相关的最低可行性产品，并在 2016 年 6 月后发布最低可行性产品，它将包含工作组与 ConsenSys 和 BlockApps 合作的教育和平台搭建阶段。下个阶段的工作焦点是研究 ConsenSys 的咨询服务以及探索更广泛的应用领域。然而这只是 John Hancock 搭建区块链保险服务庞大项目中的一小步，也是整个行业在该领域的第一步。

（七）IBM

2016 年 4 月下旬，IBM 金融论坛在杭州召开。其间，IBM 发布了针对包括银行和保险在内的金融业发展的最新洞察，并分享了 IBM 助力全球及中国金融行业构建认知未来、制胜变革的战略与实践。此外，IBM 还对目前大热的区块链技术进行了解读，并展望了融合区块链技术的 IBM 认知解决方案。

会议提到要拥抱数字化保险。面对数字化时代，保险行业需要从提升客户价值、业务人员效率以及内部运营效率和透明度这三个核心价值入手，着力打造三种关键能力：提供全渠道统一体验，建立认知计算能力，以及打造物联保险生态系统。

IBM 拥有包括 360 度客户统一视图——社交营销以及风险识别 iOS APP（苹果系统的应用程序）在内的成熟可落地的全渠道统一体验解决方案。在数字保险时代，认知计算将有两种落地应用模式。第一种是重塑传统业务运营环节；第二种是通过数据洞察和对未知探索的深入，创造更新的商业模式。

IBM大中华区全球企业咨询服务部保险业总经理张育成表示："所谓重塑运营环节，主要是指对传统业务运营各个环节的智能化改造，包括重塑客户交互旅程体验以及帮助保险公司转变业务运营等，以提高运营效率和客户感知，并最终提升客户价值。而新的商业模式，比如IBM'Watson'与物联网以及保险的结合，可以产生互联设备大数据的保险和相关联生态，从事后赔偿到事前保护，更多地去关注出行、健康、居住以及生产等保障性的需求。"

三、区块链+能源行业

能源领域也是区块链能够改变的行业之一。能源革命正在发生，未来是万物互联的趋势，交易的主体是机器和机器，交易的属性更加高频和低密度。区块链具有分布式账本和智能化的合约体系功能，能够将能源流、资金流和信息流有效地衔接，区块链将成为能源互联网真正落地的技术保障。

（一）未来设想

晚上8点仍然炎热的澳大利亚偏远内陆，一根电线杆突然倒塌，这可急坏了威廉和奥利维·门罗（William and Olivia Munroe）。他们在维多利亚大沙漠边缘旧金矿镇外围100英里的地方圈养了100头牛羊。夏天这里的温度时常飙升到华氏120度，孩子们要参加网上课程，这个家庭获取医疗急救服务的唯一途径也是互联网。面对各种空调、通信和水源需求，家里的

第五章
区块链在非金融行业的应用

备用发电机显然撑不了多久。总之他们一家的生活完全依赖可靠的能源。

9小时后,电力公司派了维修队查找倒了的电线杆。客户投诉时告知了事故位置,但是维修队还是花了一天多时间才检修好。同时,门罗一家和附近邻居、企业、机构一直处于没电、没通信状态,给生活带来诸多不便,增加了经济损失和人身风险。对偏远地区的居民来说,停电可不只是影响正常生活,对其人身也有风险性。因此为了把危险最小化,电力公司需要定期派工程队来检修电网。

想象一下,智能的电线杆该有多安全、方便和实惠。可以报告运行状况,对故障采取相应措施。如果电线杆着火,将很快生成事故报告,并通知维修队带着适合的工具到确定地点。同时电线杆还可以将电力传输任务暂时分配给附近的电线杆,毕竟它们都属于同一个电网。这样电力公司也就不需要花费相当高的现场检修成本,还可以尽快地恢复用电。

物联网的新软件和技术可以为现有的基础设施提供智能系统,例如可以为电网添加可以互相通信的智能设备。想象一下搭建新的安全、有弹性的网络,可以快速和相对低成本地提供更多服务。

这个结构被称为网状网络——计算机和其他设备之间直接互联的网络。它们可以按照带宽、存储等网络特性来自动重新配置,因此不会损坏或中断。缺少廉价服务或渠道的社区可以用网状网络实现基本的联通。网状网络代替了传统的自上而下的组织、监管和控制模型,而由于整个环节不需要中央组织的参与,其安全性和私密性也更高。

(二) Filament

很多组织已经结合网状网络和区块链技术来解决复杂的基础设施问题。美国区块链创业公司 Filament 在澳大利亚偏远地区的电线杆上进行了所谓的"龙头"（taps）试验，这些"龙头"可以在 10 英里之内直接通信；因为电线杆的间距一般是 200 英尺，故障电线杆上的动作探测器会通知 200 英尺外的电线杆；假设这个探测器故障，它会按顺序通知 10 英里内的其他电线杆，然后通过 120 英里内最近的回程网络与公司通信。

客户可以用手机、平板或计算机直接连接到设备，这个"龙头"包含了很多传感器——温度、湿度、光和声音等，客户可以用这些传感器长期监测和分析电网状况。他们可以获取相关数据信息，并通过授权将数据通过区块链传输给其他用户——政府、广播员、电线杆制造商、环保部门。

Filament 的商业模式包括三个参与方——Filament、客户和电力公司。Filament 拥有硬件，它的设备一直监控电线杆状况和信息交换，把传感器数据卖给数据集成商，然后再卖给电力公司。电力公司按月支付监控设备费用，减少了现场检查的高昂成本。因为电线杆很少会倒塌，所以网状网络的通信功能基本是闲置的。

因为 Filament 拥有设备，可以出售跨越整个澳大利亚网络多余的容量，甚至可以与联邦快递合作，联邦快递网点可以用网状网络进行通信和追踪车辆来预计到达时间和故障情况。

未来物联网应用依赖于一个账本——物联账本（the Ledger of Things）。上万个智能电线杆通过传感器收集数据，并在其他设备、计算机和人之间传输数据，因此系统需要持续追踪所有信息以保障其可靠性，包括区分每个电线杆。

没有身份是不可能运行的，用于身份认证的区块链是物联网的核心，Filament 为每个设备设定独特的路线，然后把这个路线——身份存储在属于 Filament 的比特币区块链中；而且这个身份信息可以像比特币一样传输。区块链还可以保证这些设备收到费用才会继续运行，没有区块链的支付网络，物联网不可能运行，而其中比特币是通用的交易语言。

第五章
区块链在非金融行业的应用

（三）LO3

2016 年 3 月 3 日，在纽约布鲁克林，一家名为 LO3 的小公司和区块链技术开发商 ConsenSys 合资成立了一家新公司，名字是 TransActive Grid，新公司在布鲁克林地区运行着一个微网项目，在他们看来，这个小项目很有可能改写能源的交易方式，"在总统大道的一边，五户家庭通过太阳能光伏板发电；在街道另一边的五户家庭可以购买对面家庭不需要的电力。而连接这项交易的就是区块链网络，几乎不需要人员参与就可以管理记录交易"。

未来的双向电力系统由亿万交互的终端组成，包括微电网、光伏系统、智能设备、分布式计算以及能源管理软件等。面对电网运行环境的不断变化，如何能够实时、自动地验证和确保不同节点之间的海量交易？许多人相信区块链技术可以成为这一系统的技术基础。

LO3 能源公司致力于打造"开源且加密安全的"区块链来管理微网上的电力交易。除了一些早期的呈现，区块链在电网的应用很大程度上还处于理论层面。在现阶段，一些先期参与者正在为能源和用电设备设计验证系统。但更多的人埋头于寻找区块链的用武之地以及实现方式。越来越多的人相信，能源领域也是区块链能够改变的行业之一。

布鲁克林的 ConsenSys 用公开的以太坊区块链搭建可审计、透明的点对点能源交易方式。LO3 的另一个相关项目布鲁克林微电网（Brooklyn Microgrid）的目的是将当地社区加入可以独立于大型电网的区域。该电网设备可以记录家庭消费以及由太阳能光伏板产生的能量。其创意是，通过融合微电网概念和 TransActive Grid 支付基础设施，社区居民可以在区块链上撰写智能合约，并选择自己使用的电能来源、类型，甚至决定将电源信卖或赠送给谁。

TransActive Grid 包括了智能仪表硬件层以及使用区块链智能合约的软件层——在以太坊区块链自动执行的合约，以太坊平台提供一个可审计的、无法篡改的、加密的自动交易历史。参与的家庭都有连接到区块链的智能仪表，追踪记录家庭使用的电量以及管理邻居之间的电力交易。微电网中参与者的能源智能仪表数据，可以为 ConsenSys 代币发行及管理系统创建代币，代表生产消费者太阳能光伏板的剩余电量。这些代币就代表着可再生能源生产的一定数量的能源，可以通过区块链智能仪表钱包进行交易。如果成功了，就可以运用到整个布鲁克林微电网中。目前有 130 户家庭对此项目感兴趣。Orsini 的重点是当地智能能源电网交易比传统自上而下的能源配电系统更有效率——可以节省整体开支，给全社会带来好处同时展示分布式账本的力量。

"产消者"——既是生产者又是消费者——是新兴股份制经济的流行词。在 TransActive Grid 概念中，生产消费者可以控制自己的能源：消费者可以选择从邻居或其他可再生能源来源处购买。家庭能源生产者可以把多余的电力卖给邻居，社区可以保存当地的能源资源，减少能源浪费，提高微观电力和宏观电力的利用率。

LO3 能源已建立了双节点的模型，在微电网中收集消纳和发电数据，并将其应用到区块链中。由于计划刚刚开始，试验节点仍在正常运行中。

2016 年 4 月 11 日，区块链迎来了世界首个点对点能源交易。两名布鲁克林居民通过使用以太坊区块链直接完成了一笔能源买卖交易。这是世界上首个使用消费者区块链交易的小型电力网，也就是微电网，这意味着微电网已经开始在纽约使用了。这样的微电网是和国家电网分离的，如果遇到飓风还可以选择其他电网而不至于断电。通过微电网、屋顶太阳能设备安装等方式充分利用能源效率，在给客户提供廉价服务的同时可以对能源使用方式进行多种选择。

2016年4月中旬，纽约推出区块链技术能源网络改革。纽约州正致力于将现有电网改造成分布式平台，促进大型公用事业公司与创新者合作，而不是竞争。为了奠定新的分布式电网基础，纽约州能源和金融部门主席考夫曼（Kauffman）颁布了改革能源愿景（Reforming the Energy Vision，REV）的政策，使纽约州现有的电网结构更清洁、低成本、有弹性。电力公司也转型成为分布式系统平台供应商（Distributed System Platform Providers，DSPPs），并将现有落后的电网系统升级，转变成个人微电网的集合体。作为REV项目的一部分，纽约州分配了4000万美元用于支持对电网去中心化感兴趣的合作伙伴。包括LO3在内的150家申请机构中，已经有83家收到10万美元的可行性研究经费。纽约州希望尽快发布REV第二阶段的提议竞争，意见采集截止日期可能是2016年秋天。第三、四轮的获胜者分别会获得500万美元奖金，用于完成相关项目。

这个举措收到了意外的效应，为LO3提供了很好的发展环境。尽管LO3没有入选项目的第一阶段，但是却很符合第二阶段的要求；第二阶段设置了10个获奖名额，每个提供工程设计和企业计划的企业各自会获得100万美元奖金。

（四）德国电力公司RWE

2016年3月8日，德国电力公司RWE将整合以太坊区块链技术与汽车充电站服务。不同于其他德国公用事业公司，RWE最初的能源生产模式面临着监管问题。这个事实推动了RWE的革新，其中一项举措就是建立内部工作小组，评估区块链技术怎样帮助公司减少能源传输成本。公司与基于以太坊区块链的初创企业Slock.it［以太坊前首席文化官史蒂芬·蒂阿尔（Stephen Tual）创立的〕合作研发了"概念证明"机制。

RWE区块链团队领导人卡斯滕·斯托克（Carsten Stocker）谈到了一项可行的应用，利用区块链智能合约验证用户身份和管理计费过程的电力汽车充电站，通过建立无缝低廉的充电基础设施推动电力汽车使用率。这个项目的工作模型在瑞典日内瓦创新LIFT会议中首次亮相。下个阶段就是对这个模型进行电力汽车和充电站的实际测试。

相关"概念证明"机制是基于以太坊区块链的，客户身份验证和支付程序都是在充电站进行的。在这个模型下，用户同意以太坊网络智能合约后就可以与充电站互动。充电之前，用户需要在相关网络中存一笔钱，交易完成后便会退还。现有充电站与RWE模型功能的显著不同是收费方式，在RWE模型中，用户无须支付通常数小时的充电站连接耗时费用，而只需支付充电电量费用。这个试验项目的论点是小型交易帮助用户省钱，同时电力利用率也更高。

公司接下来需要考虑的是，政府监管政策对该系统实际应用的影响，RWE已经着手这个项目。鉴于公司对政策的理解和现存基础设施，RWE强调德国是首批试验的最佳地点。区块链的应用可能给公司与用户交流方式带来转变。基于区块链技术的充电站将使客户与RWE的机器设备进行交易。真正让人兴奋的是，用户将不再与公司或个人签订合同，而是利用智能合约直接与机器签约。

区块链技术会改变RWE公司运营充电站的方式。这是公司缩减充电站搭建和运营成本的必经之路。还可以将其他创新项目融合到这个工作中，例如车辆自主运行。这个概念曾是智能合约应用的可行领域。区块链技术与公司科技创新远景规划非常契合，对公司发展至关重要。

(五) 欧洲能源零售市场

欧洲会员会联合研究中心在英国分布式总账报告中,探讨了欧盟能源联合框架战略（European Commission Energy Union Framework Strategy）规定的"能源联盟"的愿景,"以人民为核心,人民能够有能源转化的所有权,能够从新技术中受益从而节省支出,参与市场的活动,并且保护弱势消费者"。然而,尽管智能电网的发展也在稳步推进中,但是能源零售市场还在等待现代化。该委员会正在启动的"新能源市场设计"将需要面对以下几个至关重要的问题:

其一,如何将成本和消费等信息适当地传达给消费者,这样他们就能够在一个完全整合的大陆能源市场中确认新机会。

其二,如何奖励积极参与者,有利于合同交换和管理,根据需求提供相应的动态价格。

其三,如何确保市场中对于住宅性能源服务的交互操作,扩大消费者的选择,能够从自生产和自消费中获利,形成局部的微生产。

在这种情况下,分布式账本能够成为一个全新的驱动力,用以帮助能源市场进行整合发展。欧盟的联合中心正在调查以下案例中的实际应用可能性。

1. 微发电的能源市场

微发电指的是消费者在住宅内或者在一个当地社区内进行发电。这个"市场"概念意味着,那些微发电产生的能源将可以在消费者和产消者（既是生产者也是消费者）之间进行交易。按传统方式,这个市场已经被产消者和能源零售商预先定义的双边协议确定。直到现在为止,发电的产消者还没有能够真正进入能源市场,这依旧是机构能源供应者特权垄断的领域，这就极大地限制了微发电对于终端用户的经济优势。分布式账本通过和智能电表系统，以及下一代电池（能够本地存储电量）结合，已经有潜力向能源市场提供产销一体的生产潜力。智能电表可以被用于注册和在分布式账本记录微发电的数据（成为"能量货币"系统的代币）。

自发电能够用于房屋内的消耗，也可以被存储在下一代电池中供以后使用，或者简单地返回到智能电池。另外，账本的分布式和通用性，使其所产生的能量可以在任何地方被赎回。例如在国外对电动汽车充电时，或者卖给出价最高的买家，这类似于股票交易市场中所提供的相似机制。

2. 能源合同台账

一个消费者打算更换能源供应商时需要结束目前供应商之间的合约，再和新的能源供应商建立新的合约，并且重新访问由第三方提供的所有补充能源服务的合同条款。这些业务的复杂程度已经成为一个障碍，阻碍了一个有竞争力的能源零售市场的形成，也会成为能源供应商和分销商需要承担的成本。消费者从一个供应商过渡到另外一个供应商，只需要在电脑和移动设备上点击几下鼠标就可以完成。同样，能源供应商和能源服务提供商将能够节省资源，无须支付更多的管理操作成本。

这些可扩展、安全且稳定的应用肯定还会有各种各样的问题。但是，从它的优势来看，是值得团队展开进一步调查的。

第六章

传统金融行业的区块链战略

一、银行的区块链战略

(一) 高盛

高盛集团（Goldman Sachs）是一家国际领先的投资银行，向全球提供广泛的投资、咨询和金融服务，拥有大量的多行业客户，包括私营公司、金融企业、政府机构以及个人。高盛集团成立于 1869 年，是世界上历史最悠久且规模最大的投资银行之一，总部位于纽约，并在东京、伦敦和中国香港设有分部，在 23 个国家设有 41 个办事处。其所有的运作都建立在紧密一体的全球基础上，由优秀的专家为客户提供服务，同时拥有丰富的地区市场知识和国际运作能力。

1. 高盛报告

高盛在 2015 年 12 月发布的《高盛全球投资研究》报告中指出，比特币的底层技术——区块链技术已经做好准备"颠覆一切"。高盛认为区块链技术可以彻底改变传统的支付体系，可用于包括发行证券、智能合同等大量事物中。相比于传统的交易体系，区块链技术可以让交易更迅速、成本更低。

高盛非常看好区块链技术的未来应用，该行业分析师罗伯特·D·布鲁杰迪（Robert D. Boroujerdi）在报告中曾表示：这种去中心化基于密码学的解决方案去除了中间人，具有重新定义交易和多行业后端支持的潜力。布鲁杰迪表示，一旦认识到比特币的底层技术，它便能够迎来一些削减成本的新工具，挑战那些中间人的利润池，有望让这些中心化机构变得过时。这种解决方案承诺的，不只是针对消费者的机会，同时也针对那些更想获利的企业。去除中间人意味着区块链技术能够更有效地运作，比目前的系统更可靠，且成本运行更低。它还可以减少对手的风险，具有潜力提供交易风险和成本的即时反馈。布鲁杰迪在报告中还强调了区块链技术的一些应用案例，范围从支付系统到银行的后端流程（如会计、人事、结算等）和监管文书工作，到为替代性资产做公证（如艺术品），还有投票系统或车辆登记，还可以用于提供学历证书的记录。

不过，报告中也指出了一些区块链技术存在的潜在问题。例如社区内常谈到的被限制的交易吞吐量问题，目前比特币区块链限制在了每秒进行7笔交易，这与VisaNet的核心网络支持的每秒47000笔交易相比，并不具有优势。

2. 投资Circle

2015年5月前后，高盛集团与中国IDG资本（IDG Capital Partners）结成了伙伴关系，对比特币创业公司Circle Internet Financial领投5000万美元，这是一家以利用技术支持下的比特币来改良消费者支付方式的创业公司。

Circle的联合创始人计划利用比特币来进入生机勃勃的P2P支付市场，这个行业目前的领导者是Venmo等公司。Venmo是贝宝旗下的一个应用，允许用户与好友之间迅速进行转账，而且无须使用支票或银行转账等手

第六章
传统金融行业的区块链战略

段，不过这些汇款方式可能需要几天时间才能完成转账。

Circle 近期的目标是像 Venmo 那样提供免费的瞬时转账服务，但该公司希望比特币能在未来允许其提供同样方便的跨境转账服务，而这是 Venmo 无法做到的。此外，Circle 还宣布推出新的账户功能，可使用户持有、发送和接收美元。据 Circle 透露，这些资金将由美国联邦存款保险公司负责投保。该公司推出的新账户功能，意味着用户可同时持有比特币和美元，选择持有美元的用户也可以同接收比特币的商家和用户进行交易，Circle 会即时地将美元资金转换成比特币，反之亦然。

高盛集团首席战略投资部的董事总经理汤姆·杰索普（Tom Jessop）表示，该银行已意识到需要投资一些有望通过技术创新来改变全球市场的企业，他认为，Circle 的产品愿景和卓越的管理团队在数字支付领域极具竞争力。IDG 资本合伙人则表示很高兴能够参与投资，并希望帮助该公司打入中国市场，中国市场的消费者采用创新数字支付产品，其增速是非常惊人的。

Circle 首席执行官杰里米·阿莱尔（Jeremy Allaire）声称，他们所提出的这种法币和数字货币混搭的模式，可以给用户带来数字货币的优势，包括即时结算、全球互用性、无交易费且高度安全，同时用户还无须使用新的货币，并重申这种混合式的模式可以让用户享受到数字货币的所有好处，且不存在风险。而 Circle 下一步计划是添加更多种类的货币，希望将比特币的好处与世界的几种主要货币相结合，其中包括英国（英镑）、欧洲（欧元）以及中国（人民币）。

3. SETLcoin 专利

高盛在 2015 年 11 月递交了一份专利申请，是基于称为"SETLcoin"的一种全新数字货币，可以用于证券结算系统。申请日期是 11 月 19 日，其中标题是"证券结算的密码学货币",允许点对点的参与者使用代表证券的数字货币来进行交易,并且能够进行实时结算,即交易者使用他们各自钱包中的相关资金,通过一个开放的交易,并使用所描述的技术来交易证券。SETLcoin 的所有权在确认和验证后,将被实时地转移给新的所有者,这是基于点对点网络系统中的网络账本,能够确保可以准实时地执行。

根据申请的内容,SETLcoin 的交易是在一个钱包软件中来实现,在一个将 SETLcoin 标记为某种特定证券的系统中,申请中使用 IBM 和谷歌的股票作为例证:一个 SETLcoin 的钱包或者交易可以容纳一个单种证券,如上所述,或者多个相同面额的证券(例如,1 个 IBM-S SETLcoin 的价值相当于 100 IBM Shares)。多个 SETLcoin 的钱包或者交易也可以容纳多个证券(例如,1 个 IBM-S SETLcoin 和 2 个 GOOG-S SETLcoin)。在一些实施方案中,项目内置的密码学货币(Positional Item inside Cryptographic currency,PIC)可以让某高度权威机构来进行发行(或销毁)。比如,在 SETLcoin 的网络中,美元可以表现为"USD"的设置代号,可以由美国财政部这样的权威机构来发行。并且,其所描述的技术可以基于其他技术(例如网络节点协议、交易规则、租赁或购买、拍卖等),还可以基于例如公司名称、市场标识、品牌、证券符号任何可选的方式来命名,也可以采用更好的格式(如长度、缩写等)。SETLcoin 也是可以交易的,例如可以和其他数字货币进行交易(如 Peercoin)。比如,1 个 IBM-S SETLcoin 可以和 1 个或者多个"GOOG"SETLcoin 进行交易,也可以和 13000 个 USD SETLcoin、100 个 litecoin 或 5 个 bitcoin 进行交易。

(二)摩根大通

摩根大通集团(J. P. Morgan Chase & Co, NYSE:JPM),业界称西摩

第六章
传统金融行业的区块链战略

或小摩,总部设在美国纽约,总资产 2.5 万亿美元,总存款高达 1.5 万亿美元,占美国存款总额的 25%,分行 6000 多家,是美国最大的金融服务机构之一。摩根大通于 2000 年由大通曼哈顿银行及 J. P. 摩根公司合并而成,并分别收购芝加哥第一银行和贝尔斯登银行和华盛顿互惠银行,是一家跨国金融服务机构及美国最大的银行之一,业务遍及 60 多个国家,包括投资银行、金融交易处理、投资管理、商业金融服务、个人银行业务等。摩根大通的总部设于曼哈顿区的第一大通曼哈顿广场(One Chase Manhattan Plaza),部分银行业务则转移到得克萨斯州休斯敦的摩根大通大厦(J. P. Morgan Chase Tower)。

摩根大通 CEO 杰米·戴蒙(Jamie Dimon)非常不看好比特币。他曾经公开表示,比特币不受监管的状况不会发生,没有政府会长期对比特币忍气吞声。现在比特币规模还较小,许多参议员和众议员会表示支持硅谷创新。但是事实上,没有货币能避开政府监管。但是他也承认,区块链技术让比特币成为可能,并可能改变游戏规则。据 J. P. 摩根内部人士透露,其内部备忘录显示,由于投资者想要确认他们在技术上进行的 90 亿美元投资,能否在 2016 年继续保持,所以,区块链、大数据和机器人这样的下一代技术,将会是 J. P. 摩根今后投资的重点。工作团队正被催促发展市场主导的平台,但没有透露具体的细节。

作为 R3 联盟的创始银行的一员,J. P. 摩根已经帮助尝试将区块链带向主流。R3 是召集银行业来开发银行清算结算标准和使用区块链案例的联盟。并且在 2015 年 12 月,软件非营利组织 The Linux Foundation 也"宣布共同努力发展流行的区块链技术",其中也包括 J. P. 摩根。

戴蒙说"硅谷来了",如果银行再不更新他们的游戏,技术企业将会接收银行业的生意。他表示,成百上千的初创企业拥有大量的大脑和资金,正在致力于开发传统银行业的替代品。目前看到的大部分都是在贷款业务，这个领域公司可以很快地借钱给个人和小企业，这些实体相信运用大数据可以有效地促进信用担保。他们非常善于减少"痛点"，使他们可以在几分钟之内贷款，而这可能会花费银行几周的时间。摩根大通将会更加努力地使自己的服务像他们一样更加顺畅和有竞争力，也完全乐意在合适的领域合作。同时，他们极其详细地分析了所有的竞争者，了解正在做什么，并据此制定摩根的战略。

戴蒙的警告和 J. P. 摩根对区块链、大数据和机器人的推进，最大的原因应该就是银行也已经感受到来自技术企业的压力。

（三）瑞银集团

瑞银集团（UBS）是 1998 年由瑞士联合银行及瑞士银行集团合并而成的，是一个多元化的全球金融服务公司，在瑞士巴塞尔及苏黎世设有总部，2001 年底总资产 1.18 万亿瑞士法郎，资产负债表外管理资产超过 2.0 万亿瑞士法郎，2002 年净利润 35 亿瑞士法郎。瑞银集团是世界第二大的私人财富资产管理者，以资本及盈利能力也是欧洲第二大银行。其中，瑞士银行共设有 96 个分行，遍布全美国及 50 多个国家，全世界的雇员大约共有 49000 名。

1. 对于比特币的态度

早在 2014 年 3 月，瑞银集团就已经开始着手研究比特币等数字货币，并且发布了一份比特币报告。报告指出，从技术上来说，比特币的确提供了一种革命性的全新支付系统。比特币已经作为国际转账的一种廉价形式——该市场具有极大的潜力。原则上来说，金融机构和现有的反洗钱系统（如银行）可以采用类似于比特币的技术，在终端用户间构成安全和便捷的转账手段。但是瑞银也明确指出，比特币如果要作为一个真正的货币，

第六章
传统金融行业的区块链战略

将面临经济、技术和监管的挑战。投机驱动的波动性阻止了比特币成为一个稳定的存储价值或者单位账户,其半固定的供给加剧了波动和通缩。作为交换手段,它已经为相对较少的交易消耗了大量的计算资源。比特币也存在一些监管真空,而且在一些司法管辖区中,它是被禁止或被限制的(如在俄罗斯、中国),破坏了人们对比特币的信任感。

就像高盛一样,瑞银更看好比特币的基本概念:区块链技术。通过给用户直接控制自己资金和使用加密方式的私钥,比特币式的系统能增强安全性,降低成本。原则上来说,这种支付系统可能会成熟,并被第三方所使用,甚至在处理存款上挑战银行(可能仅仅是在线业务上),因此有可能对现有的银行构成威胁。

2. 区块链实验室

瑞银一直是对数据区块链技术最开放的大型银行之一,并在伦敦开设了一个名为"Crypto 2.0"的技术研究实验室,该实验室将研究如何在金融业务中利用区块链技术。

该实验室于 2015 年 4 月正式开放,在伦敦最新建成的 39 层标志性建筑金丝雀码头大厦中,拥有能容纳 12 个办公桌的办公室。瑞银集团称,实验室将汇集银行业和金融业的专家。实验室的成员和特邀专家将研究区块链是如何工作的,如何利用区块链技术完成大规模的金融交易,同时让交易变得更有效率、成本更低。实验室将努力开发相关技术用以解决一些全行业都面临的共同问题,例如如何管理和分析海量数据,以及如何更好地评估投资风险等。

越来越多的金融机构对比特币背后的区块链技术产生兴趣,而瑞银集团是第一家公布将正式研究区块链技术的金融公司。这个决定将让瑞银集团与伦敦的金融创新前沿技术联系得更为紧密,为瑞银集团的发展提供外部创新动力。瑞银称其已经开发出数据区块链技术20多种用途，正在对一些最佳用途进行孵化。其中一项实验就是通过所谓"智能合约"来开发出一种"智能债券"，包括利用数据区块链技术来重建债券的发行、利率计算、票息支付和到期过程。

在2014年10月接受记者采访的时候，瑞银集团首席信息官奥利弗·巴斯曼（Oliver Bussmann）就表示，区块链技术具有强大的潜力，它不仅会改变现有的支付方式，它还会改变整个金融交易结算的方式。他称这项技术具有颠覆现有金融服务方式的潜力，可能会触发大规模的银行业简化交易流程和降低交易成本的革命。对于金融科技实验室，巴斯曼认为，只有在银行家、创新者和投资者之间营造一种开放和谐的环境，各方才能更好地合作，为金融行业创造出真正有价值的技术。

3. 投资回报率

对于全球金融机构而言这是一个分水岭时刻：世界上最有钱的投资银行之一，将它们的财富以及公众形象投放到区块链技术之上。从2013年开始，越来越多的银行再次开始与金融科技创业者们进行互动，它们希望能够和金融科技一起发展前进，而不是被这些威胁到它们的创新技术所淘汰。

瑞银集团"区块链创新实验室"前任负责人亚历克斯·巴特林（Alex Batlin）认为，虽然例如P2P借贷以及众筹平台这类金融技术，仍处于上升阶段，但区块链技术，才是瑞银集团最大的威胁或者说是机会，因为它可能是目前汇合最多东西的技术以及商业之一。而巴特林的主要任务就是为银行的股东们从这些日新月异的变化中找到一种能够获利的方式。

通常情况下，对于一个新的想法，瑞银集团在其承诺进一步探索之前，都能够评估其投资回报率（ROI）。然而，由于区块链技术实在太新，

第六章
传统金融行业的区块链战略

而且变化过快,该银行的常规对策显然已不再适用了。在这种情况下,想要计算出投资回报率,你就必须花很多的钱……你需要一个 ROI 中的 ROI。在巴特林看来,这就是一个鸡与蛋的关系问题。而瑞银集团所创建的这支团队,用他的话来描述就是:这是一支由开发者、业务分析师以及欧洲最大 Fintech 加速器 Level 39(欧洲最大的金融技术类公司孵化器)的项目经理组成的敏捷小团队。团队有很多的时间就是在会议室里进行头脑风暴,大家一起想新的商业模式,然后进行测试。他们所进行的测试,与概念证明是不同的,因为他们没有一个概念,而只是说,这里有一个假设,然后大家来弄清楚它能否行得通。这样的系统具有潜力去除市场的复杂性,并降低参与成本。

然而,随着越来越多的区块链争夺市场份额,公司们可能会遇到另一个问题 ——交互可操作性的减少。相比于多个闭源系统,例如 MSN(微软网络服务)以及 AOL(美国在线),巴特林心中真正的成本节约,是来自一个共同的标准,这就好比是互联网,作为一个多资产链,人们可以在同一个平台上,进行证券交易、衍生品交易以及现金交易。

英国伦敦正迅速成为金融与技术交叉点的枢纽。该国 2015 年的 Fintech 企业投资,占据了欧洲市场 42% 的份额,而相关的企业员工更是超过了 13.5 万,其中的大多数都在首都伦敦。除了其成熟的 Fintech 生态系统,英国政府对于数字货币豁达的监管态度,对于这家瑞士银行的项目来说,也具有很强的吸引力。

在金丝雀码头的 Level 39 中心,这里的 Fintech 与政府之间有着紧密的联系,金融市场金融行为监管局(FCA)就在马路的对面,而英国央行,也是 Level 39 中心的一个常客。人们很乐意来这里开会,并非是因为瑞银集团,而是因为 Level 39。虽然在生态系统中的一些创业公司以及风险投资者们,包括 Index 的奥菲利娅·布朗(Ophelia Brown),都在严厉指责银行拒绝为比特币初创公司提供银行账户服务,但巴特林则有不同的看法。他认为全球数以千计的客户,依靠他们这类专业人士给予意见、专业知识以及机会,所以他们自然要更谨慎一些,拿客户进行冒险是不负责任的。而有些问题,让初创公司来解决,又可能有些过于昂贵。比如,一个12人的团队,当然可以完成很棒的东西,但有一些挑战需要资源来克服,而例如瑞银集团这样的公司可以为此提供帮助,成为这个新世界有价值的合作伙伴,所以,大公司与初创公司之间的合作关系,可以进行得非常融洽,因为双方之间可以进行互补。

4. 开发数字货币

据《华尔街日报》(*The Wall Street Journal*)报道,瑞银正致力于开发一种数字货币原型,希望银行和金融机构可在未来使用这种货币作为主流金融市场交易的结算手段。

但瑞银正在开发的这种"结算币"(settlement coin),与数字货币比特币有所不同,这种货币将与真实世界的货币和央行账户联系在一起。数字货币将被用于对机构金融平台上的交易提供支持,这些平台基于区块链技术而被建立起来,类似于比特币赖以完成交易的分布式总账。

举例来说,瑞银可能会拥有自己基于区块链技术的平台以发行债券,而另一家银行则可能拥有一个基于区块链技术的股票交易平台,但这两个平台都可使用同样的"结算币"来进行结算。

瑞银正在与伦敦创业公司 Clearmatics 联手开发这种数字货币,这家公司已经开发出了一种基于区块链技术的软件,可以对金融交易进行清算和结算。瑞银高管表示,并不计划单靠自己发行这种数字货币,而是希望与其他市场参与者——如资产管理公司、监管机构以及票据交换所和交易所等市场结构提供者——合作来打造一种全行业产品。

瑞银的电子商务商业主管海德·杰弗里（Hyder Jaffrey）表示，该行已经与一些潜在的合作伙伴进行了接触，但并未透露具体有哪些机构。该行及其他金融机构认为，如果区块链技术能得到广泛采用，那么就能让金融机构在短短几秒钟时间里完成交易结算，而不是像现在这样需要两三天才能完成。

瑞银的这个项目现在还处在概念阶段，由该行旗下伦敦的区块链实验室负责。该实验室的主管巴特林和瑞银的首席信息官奥利弗·巴斯曼称，这种数字货币可能是基于区块链技术的平台，在主流金融市场上得到广泛采用的第一块"积木"。

（四）德意志银行

从 2014 年开始，德意志银行就开始研究区块链应用，后来加入了多个银行组成的联盟，来共同探索区块链技术。而他们目前获得最重要的结论就是，该技术"将会改变许多金融行业的商业模式"，并且在未来可以看到许多不同的形态。

德银《流动》（*Flow*）杂志 2015 年 10 月刊指出，该机构称其已经发掘通过一个"创新实验室"来研究数据区块链技术的潜力。德银指出，数据区块链技术的应用将面临"巨大的法律和监管障碍"，但承认它可能对当前银行业产生巨大颠覆效应。

2015 年 12 月初，德意志银行进行了基于区块链技术的可编程债券实验后，认为区块链技术将会在未来十年内逐渐成为主流。

尽管拒绝透露和该银行一起参与实验的两家供应商，但是德意志银行表示价值证明（Proof-of-Vall，PoV）测试已经成功完成。公司债券是测试基于区块链资产的理想标的物，德意志银行将会用它来测试资产的完整生命周期（发行、票面利率、赎回），这就是为什么德意志银行选择了它。在这个阶段，作为本行首个商业化的产品，德意志银行将不会追求实现智能合约。

根据银行的说法，测试结果既获得了令人信服的答案，也发现了一些全新的问题，将在未来对技术进行更进一步的探索。

德意志银行最近的测试重点是可编程债券，因为该机构要探索"智能合约的完整生命周期概念"。这将会涉及对基于不同区块链的案例进行同步调查。

目前测试的结果是，区块链技术实现了所有他们在 PoV 测试中设置的规模目标，需要更进一步充分测试这些用例的可扩展性和稳定性。

德意志银行表示，他们希望看到在未来两年的时间里，更多基于区块链的商业化产品投入到市场中。将会有许多有访问限制的私有链出现……而在他们之间实现数据移动会变得非常重要。

（五）桑坦德银行

桑坦德集团成立于 1857 年，总部位于西班牙北部的桑坦德。桑坦德是西班牙和拉丁美洲主要的金融集团，拥有 150 年的历史并且在 40 多个国家设立了分支机构，是欧元区排名第一的银行，同时也是全球市值排名位居前列的银行之一。

1. 预测报告和态度

根据桑坦德银行在 2015 年发布的一份预测报告中称，到 2022 年，它每年可能至多为银行省去 200 亿美元的费用，通过使用某些非比特币类型的分布式总账和区块链技术，每年可以为银行节省近 200 亿美元。桑坦德风险投资基金 Oliver Wyman 和 Anthemis Group 表示，到 2022 年区块链技术

第六章
传统金融行业的区块链战略

每年可以降低 15 亿~20 亿美元的基础设施成本。桑坦德总经理马里亚诺·贝尔金（Mariano Belinky）表示，银行不应该专注于数字货币本身，其底层协议才是最强大的。相信在未来，该技术将会更多地被采用。

福拉（Faura）是桑坦德银行研究开发方面的领军人物。同时，他也致力于银行的 M&A（企业并购）事项及金融投资。他认为技术和资金同样重要。他以前是 SIDSA（西班牙半导体公司）的芯片设计师，后来到麦肯锡公司当顾问，加入到西班牙、欧洲及拉丁美洲的金融机构中。2007 年，福拉来到了桑坦德银行，致力于消费金融、投资银行学、技术运算等方面。作为桑坦德在创新方面的领军人物，福拉专攻数字货币、手机支付及电子商务。虽然桑坦德还不确定是否使用区块链技术，但是福拉表示银行内部最近正在进行区块链技术的研究，他认为区块链技术在国际支付上很有潜力。

在 2015 年 11 月 13 日伦敦举办的英国央行公开论坛上，瑞士投资银行和西班牙最大的银行桑坦德银行讨论了区块链技术。桑坦德创新部的全球主管乔·玛丽·福斯特（Jose Maria Fuster）在小组讨论中评论了区块链技术对于金融行业的潜力，旨在阐述金融创新和技术将如何为经济提供支持。他说区块链技术非常符合比特币的理念……这种技术允许人们在货币转移、货币存储的基础设施上创建出一个全新的空间，并且在其中建立智能合约来完成许多复杂的行为，从而在根本上改变目前金融业的面貌。但这并不意味着改变就会在明天发生。尽管在小组讨论中大多数人并没有提及比特币和区块链技术，但福斯特还是敦促他的同行们不要忽视创新，创新是一个全新的概念，也是一种战略工具，如果你不创新，就有人会取代你的商业模式，这对于金融业而言有着非常广泛的意义。

2. 区块链竞赛

桑坦德创新风投（Santander InnoVentures）是桑坦德银行的互联网金

融投资基金,在 2014 年设立 1 亿美元资金,专门用于支付、市场借贷、电子投资咨询、客户和风险分析,以及提供数字金融服务。

2015 年 11 月,桑坦德创新风投宣布启动一个全球区块链竞赛,寻求对那些采用分布式总账技术的早期初创企业提供支持。这个来自西班牙大银行的 1 亿美元的风险投资公司——最近参与了 Ripple 的 3200 万美元的投资——这次将会为胜利者提供 15000 美元的现金奖励,以及提供专业的技术和企业专家。

桑坦德创新风投的管理合伙人,马里亚诺·别林基(Mariano Belinky)表示,分布式总账技术,将会让客户、银行和企业围绕着它带来极大价值。这个竞赛将会激励和加速互联网金融创业企业的进程。桑坦德创新风投已经和初创代理 OneVest 结成伙伴关系,将会为天使投资者提供辅导和指导。

(六)巴克莱银行

巴克莱银行(Barclays Bank),是全球规模最大的银行及金融机构之一,总部设于英国伦敦。巴克莱银行于 1690 年成立,是英国最古老的银行,具有逾 300 年历史,是全世界第一家拥有 ATM 机的银行,并于 1966 年发行了全英第一张信用卡,于 1987 年发行了全英第一张借记卡。截至 2013 年,全球雇员达到 140000 人。截至 2012 年,总资产高达 1.49 万亿英镑,成为全球第七大银行,是位于汇丰银行(HSBC)之后的英国第二大银行。巴克莱银行在全球 50 多个国家经营业务,在英国设有 2100 多家分行。

1. 接受比特币捐款

巴克莱银行在 2015 年 5 月表示,比特币在多方面创造了一种"比当前支付体系更优雅的解决方案",但在多个领域依然"存在不足"。该行在报告中预计未来将会有更多数字货币问世,而且可以弥补第一代比特币的缺

第六章
传统金融行业的区块链战略

陷。该行首席设计和数字官德里克·怀特（Derek White）明确表示，巴克莱允许比特币交易所帮助慈善机构接受比特币，并透露了一些关于和比特币交易所合伙的细节。

巴克莱银行也在不断研究和扩大比特币区块链技术，计划让客户们通过与比特币交易所相互合作，来使用数字货币进行慈善捐款。这表明，巴克莱银行并不想被时代抛弃，同时他们也看到了比特币降低基础设施成本的潜力。该银行已经在伦敦建立了两个比特币实验室，并且和一些初创公司进行合作。巴克莱银行还使用了伦敦东区白教堂内的一个翻新仓库来举办比特币爱好者之间的聚会，这样做的目的在于加强对比特币和资料库感兴趣的初创企业、学术界、政府的相互合作及彼此联系。

比特币区块链记录了所有比特币交易，并不是只有巴克莱银行看到了其中的潜质，瑞士银行也想要在这方面研究一番。前巴克莱 CEO 安东尼·詹金斯（Anthony Jenkins）在 2015 年或更早的时候，曾经发出警告，认为银行正在面临"Uber 时代"，这将会让银行削减掉 50% 的职员。一些迹象表明，11 个大银行在 2015 年已经削减了 10% 的职员。

2. 巴克莱加速器

2015 年 10 月 24 日，纽约的巴克莱加速器（Barclays Accelerator）演示日上，有 11 家公司展示了它们创新的互联网金融方案。在其中有 8 家企业已经和银行签订了合同。在演示后的 13 周内，将会有密集的网络搭建、指导和发展活动。

巴克莱加速器计划是作为 Tech Stars Global（隶属于 TechStars 公司）网络提供合作的，主要的内容包括为金融技术初创公司提供辅导和机会，可以让创业企业来接触行业专家，以及有影响力和潜在的客户。该项目覆盖了互联网金融的大部分领域，包括从网络安全到人工智能，从财富管理到投资银行，还有大数据和数字货币。接下来 13 周课程将会在伦敦进行，直到 2016 年 1 月。巴克莱宣布，接下来的两次的巴克莱加速器机会将会是 2016 年 3 月，在特拉维夫和开普敦进行。

2015 年 6 月，10 家公司参加了巴克莱的伦敦 12 周加速器计划，有 7 家公司和银行获得了"探索性机会"。巴克莱银行和一家瑞典企业 Safello 签订了协议，该公司参与了伦敦的加速器计划，研究区块链如何在传统金融领域使用。

巴克莱首席设计和数字官德里克·怀特表示，在巴克莱正在拥抱数字革命、开拓创新，在初期，巴克莱会帮助他们来构建发展规划，和这些初创企业共同打造金融服务的未来。还将领导行业新技术的开拓，这将是极为重要的，帮助巴克莱实现"去银行化"的雄心。

2015 年 3 月，在伦敦举办的摩根士丹利欧洲金融会议上，前巴克莱银行的 CEO 安东尼·詹金斯警告说，银行业还没有遇到技术的"全面破坏性力量"——但它一定会遇到。他阐述说，金融机构的担忧正在快速增长，更加低成本的系统将会在未来几年中抢走他们的消费者和企业客户。TechStars 的董事总经理珍妮·菲尔丁（Jenny Fielding）表示，成为纽约市快速发展中的互联网金融系统的一部分是非常令人惊讶的，并且在产业转型中发挥积极作用。11 个初创公司分别对应不同的金融服务类型，进一步证明了在这个巨大的市场有不同的机会。对于这些高速成长中的初创企业而言，与巴克莱银行一起工作，将证明巴克莱的确是一个强有力的合作伙伴，巴克莱很高兴能够在世界范围内推出更多的互联网金融方案。

巴克莱选择了两个特别专注于区块链技术的互联网金融公司，巴克莱的金融犯罪和交易监视小组，它们将会使用 Chainalysis 工具来深入实时地分析区块链交易数据，以获得在区块链上的客户金融交易信息。Chainalysis 是一家总部位于瑞士的企业，该企业使用合规的手段来对区块链进行实时分析，并且以此来为金融机构提供服务。Wave——另一家开发了完全去中心化点对点网络的企业，用以连接所有的相关运营商，这些运营商可能包括诸如银行、代理、贸易商，以及国际贸易供应链中的任何一方，它们也是用基于区块链的工具，来帮助那些与巴克莱企业银行（Barclays' Corporate Bank）在供应链上进行合作的相关商业客户降低成本。

很明显，比特币正在逐渐走向主流和合规化，因此类似于 Chainalysis 这样的服务会被需要，但是这样的服务正在遭受比特币社区众多人的反对，一份已经泄露的 Chainalysis 发展路线图被公布在 Reddit 社区，引发不少愤怒和有敌意的评论。

2015 年 8 月，据称巴克莱银行将成为首家帮助某些它挑选的客户——英国的慈善团体——用自己的银行直接接受比特币的机构，这开创了历史先河。可以预期的是，在主动将注意力放在慈善事业之后，巴克莱银行考虑逐步让普通商业客户和长期客户来接受比特币支付。在此背景下，Chainalysis 系统可以让巴克莱银行能够完全使用合规的应用来分辨出客户的优劣程度。

3. 区块链实验室

2015 年 9 月，英国银行业巨头巴克莱已经在伦敦运营了两家工作站，或称"实验室"，专注于区块链创新技术。这两家机构位于诺丁山和伦敦的老街区，靠近伦敦金融城。它们将致力于比特币和区块链领域、业务和开发，大约有 75 个工作人员在进行探寻比特币和其区块链的工作。

（七）美国银行

1. 申请大量专利

美国银行（Bank of America）正在试图通过不断地申请区块链技术相

关的专利，谋求在该技术领域抢占先机，并尝试通过申请该技术的某些用例专利。美国银行运营和技术办公室主管，凯瑟琳·贝松（Catherine Bessant）2016年1月的达沃斯论坛上表示，美国银行已经申请了区块链技术相关的15项专利，目前正在起草的另外25项专利将会在2016年提交给美国专利和商标局（USPTO）。

她指出，区块链技术非常有趣，但对于美国银行而言需要取得一种平衡，既不想坐着傻等，最后变成灭绝的尼安德特人，也不想马上把它投入到商业应用中，毕竟截至目前该技术在商业中应用的前景还不是太明晰，尽管其极具吸引力。

美国银行正在试图站在行业的最前沿，在该领域已经有了15项专利，有许多人或许会对于美国银行正谋求在区块链技术和数字货币获得更多专利感到惊讶。但是他们知道，在了解其真正的商业应用前景之前，进行知识产权的储备对我们来说非常重要。

在2015年12月，美国专利和商标局公布了美国银行申请的10项专利，美国专利和商标局一般在他们申请专利18个月后进行信息公布。但信息显示，美国银行申请和正在申请的专利数量显然要高得多。

美国银行申请的专利包括"数字货币的风险检测系统""可疑用户警报系统"等，这些专利还没有被授予。区块链技术要成为银行业的主流可能还需要一点时间。但目前，多家银行正在积极探索这一领域。

2. 区块链贸易融资试验

美国银行在2016年3月宣布，银行正针对贸易融资开发一种基于区块链技术的试验。此举是近期跨国银行机构将自身定位于区块链技术早期采纳商的最新例证。2015年12月下旬，美国银行披露已提交一系列与该行业相关的新专利。就在2015年11月，该银行发布新闻宣布与财团新秀R3

展开战略合作。

美国银行认为区块链有望取代在全球贸易领域居主导地位的手工流程。

美国银行全球交易服务创新部负责人杰森·蒂德（Jason Tiede）向媒体表示，他们正在贸易融资领域进行试点测验。贸易融资以往过于依赖手工、纸笔流程，这个试验能够体现在分布式总账上数字化资产的价值，是有趣的用例。值得注意的是，该项目是美国银行与另一家不愿透露姓名的银行联合开展的。蒂德说，该试验应该在2016年春季之前完成。

公告显示，美国银行已加入渣打银行与新加坡发展银行（DBS）之列，成为积极寻求在贸易金融领域采用区块链技术的大型银行。

二、金融和 IT 巨头的区块链战略

（一）DTCC

1. 关于 DTCC

美国存管信托和结算公司（Depository Trust & Clearing Corporation，DTCC）及其子公司通过全球各地的多个经营性设施和数据中心，使全球数千家机构的金融交易处理实现自动化、集中化和标准化。DTCC 拥有近 40 年的经验，是全球金融服务行业首屈一指的交易后市场基础设施，可简化股票、公司和市政债券、政府和抵押支持证券、衍生品、货币市场工具、银团贷款、共同基金、另类投资产品和保险交易的清算、结算、资产服务、全球数据管理和信息服务的复杂性。2011 年，DTCC 处理了总价值

约为 1700 万亿美元的证券交易，其储存库为 122 个国家和地区发行的价值 39.5 万亿美元的证券提供托管和资产服务。DTCC 的全球场外衍生品交易资料储存库记录了总名义价值超过 500 万亿美元的全球交易（包含多个资产类别）。

DTCC 全球交易资料储存库打算将其业务拓展至新加坡，建立一个总部位于亚洲的全球数据中心，以确保监管机构可以无缝访问用于场外衍生品市场系统性风险缓释的数据。DTCC 致力于帮助全球客户和监管机构建立强大的经营性基础设施，这种设施可以提高场外衍生品市场的透明度并降低其风险。DTCC 的全球交易资料储存库服务发挥了重要作用，帮助全球的公共和监督管理机构全面了解有关市场参与者从事场外衍生品交易的风险，以及更好地了解这个复杂市场的规模和范围。DTCC 的这个计划和策略旨在确保全球交易资料储存库能够为全球的监管机构提供及时和同等的交易信息。此外，随着全球监管机构制定新的规则（要求向交易资料储存库报告所有衍生品交易和其他场外交易），该数据中心将帮助市场参与者满足当前和未来的监管要求。

DTCC 还在荷兰建立了一个新的欧洲数据中心，以支持全球交易资料储存库。新加坡的数据中心预计将于 2012 年末建成并投入运营。DTCC 还打算在新加坡为全球交易资料储存库注册所有五个资产类别，并且将与新加坡所有地区监管机构和业界紧密合作，在 DTCC 将业务拓展至亚洲的过程中使全球交易资料储存库获得更高的认可度。DTCC 从全球场外衍生品行业获得了极具竞争力的储存库建造合同，这些储存库旨在向监管机构报告有关全球场外信用、股票、利率、商品和外汇衍生品交易的信息。信用、股票、利率和商品衍生品的全球储存库已经投入运营，而外汇衍生品的储存库也将投入运营。

DTCC 为场外信用衍生品开发了最初被称为 TIW 的全球首个交易资料

储存库。如今 TIW 储存着超过 98% 的全球所有场外信用衍生品的交易信息。经过一个竞争过程之后，DTCC 随后获得了行业批准，为股票、利率、商品和外汇场外市场开发全球交易资料储存库服务。为了支持这些市场，DTCC 还开发了一个基于网络的独立监管门户网站，该网站基于自愿报告协议和监督管理机构授权，让全球各地的监管机构可以获得有关信用衍生品交易的准实时信息。后来该门户网站经过拓展覆盖了场外股票衍生品和利率衍生品，并且还将用于商品和外汇交易报告。目前全球约有 40 家监管机构使用该门户网站来监控衍生品。

2.《拥抱颠覆》白皮书

2016 年 1 月，DTCC 发表了一篇白皮书，呼吁全行业开展协作，利用分布式总账技术改造传统封闭复杂的金融业结构，使其现代化、组织化和简单化，该技术还可用以解决目前交易后过程局限性的问题。

DTCC 的总裁兼首席执行官迈克·博德松（Mike Bodson）表示，金融业面临一个旷世难逢的机遇，抓住这次机遇，就能使金融市场结构现代化，解决长期存在的可操作性挑战。为了以负责任的方式挖掘分布式总账技术的潜力，避免多个无关联的封闭式方案，整个行业必须通力合作。

白皮书的名称是《拥抱颠覆：开发分布式总账的潜力，改善交易后的环境》。该白皮书指出，尽管目前的金融市场结构可以提供稳定的、可靠的、可追溯记录，但金融市场结构仍非常复杂、封闭，无法进行一年 365 天 24 小时的处理。DTCC 认为一系列资产配上完整的，可追溯的交易记录的分布式总账才是安全的，而这些记录只对信托方开发，如此将会大大改善交易，同时降低风险和交易后成本。

依据 DTCC 的研究和分析，DTCC 建议开发目标机遇，在某些确定的领域改善既有结构，这些确定的领域是：自动化受到限制或不存在，与既有处理过程相比,新技术提供了明显的优势。需要开发的机遇包括:主数据管理、资产/债券的发行和服务、确认资产交易、交易/合同确认、记录和配比复杂的资产类型,目前对这种资产没有有效的解决办法、净额清算、抵押品管理,以及长期结算。

但是,白皮书提醒,分布式总账技术还不够成熟,且未被证实,目前该技术还有内生规模化限制,缺少下层结构,所以不能完全整合到既有金融市场环境之中。因此,该技术可能不会是每个问题的解决办法,但DTCC可以将其看作是一个替代方案,博德松通过标准化的工作流程和拓展云技术的使用来降低成本降低和风险降低的概率。

另外,白皮书指出,迄今为止,各方并没有开始合作进行研究,因此,行业面临重复过去失败经验的风险,产生无数基于不同标准的,经过重大妥协的复杂的封闭解决方案。最符合逻辑的方法是:既有的经过监管的具有公信力的中央权威机构在帮助技术发展中扮演领导角色,为分布式总账技术的应用引入标准、管理和技术。此外,认为这些机构应与全行业展开合作,以确保新机遇、新技术能为交易后过程带来益处,与长降低风险这个长远目标相一致,提高效率,为市场参与者降低成本。

博德松认为,目前很多公司私下里的测试方法是利用一种使用共识协议以提高透明度的技术。这种方法可能会导致交易后的环境没有发生改变,很多公司仍会面临整合与和解的问题。作为一家存在了超过40年的金融市场公司,DTCC是唯一一家能够领导研究力量,探索分布式总账技术如何能简化或取代现有交易后系统的公司。

DTCC给出了承诺,推动交易后领域分布式总账技术。作为此承诺的一部分,DTCC付诸实际行动,他们为DAH注入了一笔资金。DAH是一家为金融服务领域开发分布式总账技术的公司,博德松将成为该公司的董事会成员之一。DTCC通过这笔资金,促进了全行业的合作,帮助引进标准,

第六章
传统金融行业的区块链战略

企业管理和技术为分布式总账的应用提供了支持。

3. 教育和实验

2015 年 DTCC 在证券交易了 1.6 万亿美元，如果停止金融交易链，DTCC 就会有巨大损失。所以 DTCC 过去几个月一直努力把自己放在大范围实验的中心，和其他公司一样也在开展区块链技术。

DTCC 不仅没有与比特币分布式总账技术对抗，相反接受了这个新工具，同时使用此技术定义了该行业的未来架构，即使这意味着改变公司的商业模式。

DTCC 首席技术架构师罗伯特·帕拉特尼克（Robert Palatnick）表示，DTCC 的部分责任是帮助行业创新，如何使用分布式总账解决行业问题。如果这意味着 DTCC 需要改变商业模式，那就是这个行业需要 DTCC 做的。

DTCC 向用户收取账户费但不包括临时月租费和手续费。每年证券交易总额超过 1 万亿美元，在最近的年度报告中，即使少量手续费叠加起来平均也有 1.4 万亿美元。但是理论上，区块链的潜力能让企业消费者自己进行交易后找到的解决方案来改变。

为了普及区块链颠覆性潜力，DTCC 在 2015 年 12 月加入了非营利 Linux 基金会的超级账本项目，这是一个推动区块链技术的合作项目。利用这层合作关系，DTCC 可以在创立公司管理，在技术制定标准的过程中起关键作用，并确保技术是开源的。DTCC 系统总监帕尔达·维士努莫拉卡拉（PardhaVishnumolakala）成为该项目技术指导委员会的一员。虽然现在仍然处于初级阶段，超级账本主要使用区块链技术来提供开源金融解决方案。帕拉特尼克说，但这只是公司推进计划的开始。

帕拉特尼克并没有提及 DTCC 正在与哪个具体的银行和机构联系，但是他表示正在做实验把区块链技术整合成一个大的资料库基础建设，努力把过往交易识别做到和 Google 搜索一样简单。

频繁的实验在 DTCC 的"闲置地区"中进行，平均结算时间大约三天，但是需要数月来关闭结算。在 2016 年 3 月，500 位 DTCC 客户参加的圆桌会议中，公司讨论了在 2017 年 9 月 5 日前把结算时间缩短到两天的方案。

帕拉特尼克表示，DTCC（由几个使用它的银行组成的私有公司）没有使用单一区块链，但使用的是不同的分类账本，这个分类账本是每个用自己的方式去中心化并从属于公司的贸易后服务。

确实，区块链的潜在颠覆性影响在全球证券行业促成了一些有趣甚至令人惊讶的合作。虽然 DTCC 资助的实际实验内容仍然处于保密状态，但那是当数字资产的另一位投资者 ICAP 宣布，已经完成了针对交易后流程的内部区块链测试，也能够得到一些关于正在进行的工作的暗示。

4. 阻力和生存

尽管所有的研究都是关于区块链技术如何与清结算贸易进行结合，但是这样的公司模式被分布式总账所影响的联合创始人认为，DTCC 的努力恐怕是无用的。

Firm 58 主要是管理纽约证券交易所和美国股票和期权交易所的交易费，其首席技术官吉姆·马伦（Jim Mullen）就表示，无论他们准备做些什么，都需要认真审视这个技术，本质上，他们需要记住区块链的精髓就是，有了区块链，他们将变得不再重要。

马伦的公司通过分析客户的数据帮助客户，他认为还没有一种方法能给 DTCC 提供区块链技术，公司采用分布式总账技术，这样就不再需要交易商了，但是仍然需要一个中心化的有经验的权威机构来资助、托管和维

第六章
传统金融行业的区块链战略

护去中心化总账。

事实上，DTCC曾经就有一段在颠覆性技术下生存发展的历史。

公司是1999年用现在的名字而成立的，是由存管信托公司（DTC）和国家信托清算公司（NSCC）合并而来，两家公司都是在1968年华尔街文书作业危机（Paperwork Crisis，也称证券洪流危机）时成立的。

那时候，老式的文本交易文件已经跟不上加速变化的汇率，机构使用新技术使过程数字化。现在在139个国家中，DTCC每天处理超过1亿美元的数字交易。尽管有这样的经验，但帕拉特尼克承认他接到的每个从供应商（做区块链实验）打来的电话都能让他更了解这项技术如何影响公司账本底线。

帕拉特尼克最终表示，他非常希望能够按快进键来看一年后事情会变成什么样子，这样他就可以集中所有的资源来做这件事。

博德松还承诺在纽约进行区块链实验，他把DTCC在未来区块链改变商业扮演的角色，定位为一个解决过于拥挤的环境的方法。他相信，传统的信托机构应该扮演一个领导者角色，来支持分布式总账的实施。

博德松假设这样的参与可以帮助提高效率并且减少成本，进而帮助行业处理大量的挑战，讨论新技术的存在问题。围绕分布式总账的可扩展性的持续性问题，博德松引用了围绕比特币的讨论，某些网络特征是否应该被改变，来允许每次进行更多交易。他注意到最近比特币把交易验证时间提高到43分钟，认为这是区块链运用到更广泛领域的标志，可能正努力调节DTCC使用的现存技术量。

最近的一个区块链测试成功地将分布式总账技术应用于信用违约掉期，掉期市场的合同金额高达百万亿美元。

5. 百年难得一见的机遇

2016年4月，博德松在最近一封致股东书中，将2015年称作"区块链技术成为主流"的一年。他透露了 DTCC 首席技术架构师帕拉特尼克的意见，即区块链将会从"炒作"可以转变成现实。

博德松指出，这是百年难得一见的机遇，可以实现交易后环境的现代化，因此需要联合起来确保第一步行动的正确性。

这个声明回应了 ASX 首席执行官埃尔默·马克·库珀（Elmer Funke Kupper）的观点，他说区块链技术是"20 年难得一见的机遇，我们可以拥抱更低成本和更高效率的创新"。

帕拉特尼克在金融服务领域从业的 30 年间，从未见过围绕区块链技术的这种狂热。帕拉特尼克说，尽管区块链技术的潜能和机遇让人兴奋，但还是存在一定的限制。

博德松引用帕拉特尼克的话，指出分布式总账仍不成熟，还缺乏证明。他们本质上有规模限制，也缺乏无缝整合到现有金融市场环境的底层基础设施，并且帕拉特尼克认为短期内分布式总账技术也不会被广泛采用。

大型银行和服务供应商之间的区块链狂热最终会变成现实，一系列的技术开发热潮会创造"分布式总账的孤立迷宫"。因此帕拉特尼克呼吁全行业的广泛合作，进行金融业的现有核心流程的开发和重新架构，用分布式总账替代它们。

（二）Visa

2015 年 11 月，Visa 欧洲宣布使用区块链技术来进行汇款。不过，尽管目前有许多的同行正在寻求构建封闭或者私有的账本，Visa 欧洲联合实验室（Visa Europe Collab）创新合伙人乔恩·唐宁（Jon Downing）已经明确表示，目前他们测试的项目使用的是运行中的比特币区块链，进行支付的"概念证明"，并解释说，在测试环境中，资金通过区块链进行跨境发

第六章
传统金融行业的区块链战略

送，并且通过 Visa 设备进行接收。可以用法币发送一笔支付交易，然后通过 M-Pesa（肯尼亚移动货币服务）来接收，但是通过利用某个区块链供应商，能够完成汇款。

这次测试之所以引起很多人的关注，是因为汇款领域长期以来一直被认为可能会被区块链上的点对点支付所打破。然而到目前为止，比特币能够让汇款成本降低这个说法遭到行业内许多人的反对，例如 MoneyGram（速汇金业务）和西联汇款，都试图描绘现金作为支付手段是不可能被任何数字货币所替代的。项目负责人指出那些被 MoneyGram 和西联汇款所描述的对于汇款行业的挑战，是因为他们作为行业服务提供商固守自己的想法，缺乏创造性思维。比特币也许是一种解决"最后一公里"问题的创造性解决方案，因为业内认为汇款的主要成本来自运输物理钱币到专门的兑换点。

如果"概念证明"被证明是成功的，也许会通过特定市场与特定的金融服务伙伴来进入"孵化期"。比特币在这里最大的机会就是可以分割这一切，通过使用一种开发和非专有的标准，可以让本地玩家整合到系统中，从而为你提供一个更加广泛的网络效应。

不同于投资上下通道的方式，像 Visa 这么大的支付机构可以很简单地利用开放的比特币区块链技术，从而扩展到其网络覆盖范围。其他类似的项目，因为一些相似的结论和理由来支持使用更加私人化的比特币区块链，Visa 欧洲和 Epiphyte 已经创建了相似的内部账本系统，这是通过一个来自 Ripple 的协议可以合并银行自有账本和分布式总账的系统。

Visa 已经有了全球最为强大的支付网络，通过极强的功能性证据，有能力扩展其功能到任何其他支付网络。从这个角度来看，"概念证明"将被视为跨境结算引擎，支持在分布式总账上"实时结算"，并且最终将横跨"多个专有支付系统"。基于比特币的安全性和网络效应，对于像 Visa

欧洲这样的企业客户，区块链是一个扩展他们的支付系统的理想方式。例如，如果一个比特币供应商倒下，鉴于比特币网络的开放特性，将会让用户通过其他提供商来使用另一条支付路径。可以在每个交易的基础上动态传输价格，正因为比特币是一个开放的网络。这并不是说不绑定一个特定的供应商，只不过，你不需要预先知道是在使用哪一个供应商。

Visa 欧洲同时也在研究物联网和零售环境中全新的技术，他们认为区块链是一个"非常需要关注的重点"。在 Visa 欧洲联合实验室中有一小群人正在探索数字货币和区块链，这对 Visa 欧洲和支付生态来说将会是一个机会。对于 Visa 欧洲最关键的是，区块链能否让传输变得更快，并且获得更多的扩展能力。

（三）SWIFT

1. 区块链路线图

SWIFT，是一个国际银行间非营利性的国际合作组织，总部设在比利时布鲁塞尔，同时在荷兰阿姆斯特丹和美国纽约分别设立交换中心（Swifting Center），并为各参加国开设集线中心（National Concentration），为国际金融业务提供快捷、准确、优良的服务。SWIFT 运营着世界级的金融电文网络，银行和其他金融机构通过它与同业交换电文（Message）来完成金融交易。除此之外，SWIFT 还向金融机构销售软件和服务，其中大部分的用户都在使用 SWIFT 网络。

但 SWIFT 显然已经被这些新兴崛起的金融技术所威胁，一些区块链初创企业和合作机构开始提出一些全新的结算标准，例如 R3 区块链联盟已经在制定可交互结算的标准。一旦形成全球性的标准，SWIFT 很有可能会被边缘化。

第六章
传统金融行业的区块链战略

因此，在 2015 年 12 月，SWIFT 宣布将于 2016 年初开始实施新计划，通过使用更快更安全的跨国支付手段——通过整合类似于区块链这样的全新技术来提出一个全新的路线图，以提升其跨行支付结算的竞技能力，并将银行业务在速度方面达到"像光速一样快"。它的市场部全球负责人雷莫克斯（Wim Raymaekers）表示将会改变一下跨银行结算，也许会使用区块链技术来替代双边通汇的对应账户。这样在两个跨国账户之间 nostro/vostro（国外/我方）结算的改变涉及消息层和结算层。

雷莫克斯解释说，"随着时间的推移，你必须要在需要的时候进行提升。这就是一个战略路线图，但是你没办法简单地直接去掉过去的系统然后换上新的，这显然不现实。银行已经在它们的系统中内置了这套合规性，你必须要保持在这个层级的控制。"SWIFT 表示将继续开发全新的和更好的服务，利用 SWIFT 的 Innotribe 机构来进一步拓展互联网金融社区，探索能够实施付款跟踪的支付系统，使用点对点信息传输和区块链技术。

2. 构建分布式总账平台

由于区块链技术有可能会取代金融中介机构，这个问题已经被区块链行业创新者和互联网金融专家问过很多次了。SWIFT 可以视为是"全球金融行业的主心骨"。那么，SWIFT 会如何回应这个潜在威胁的问题呢？

该金融信息型服务供应商在 2016 年 4 月宣布，他们正努力构建自己的分布式总账平台。目前关于 SWIFT 开发此技术的具体细节尚不清楚，但是 SWIFT 确实表示其概念证明机制目前正在探索如何把分布式总账融合进 SWIFTnet PKI 保护层，同时用现存的电子数据标准来评估其可操作性。

至今，SWIFT 还不相信分布式总账能够"完全满足金融社区的要求"，甚至其服务的 11000 家金融机构也有同样的疑问。使用分布式总账进行消息传送的机构已经有了一些进步，通过科技支付服务的供应商，包括 CGI

集团、Earthport 和 IntellectEU，都在提供基于 Ripple 技术的产品。

有一些合伙人认为这是让他们能够进步的好事，然而更多的先进分子如巴克莱银行的西蒙·泰勒（Simon Taylor）称其为"迟了两年的赞同"。Needham & Company 的股票研究助理斯宾塞·鲍嘉（Spencer Bogart）很好地总结了全部的观点，他把这称为区块链市场主导的迹象。鲍嘉说，SWIFT 的声明是多余的，区块链行业人士早就知道，区块链技术会对金融中介机构造成威胁。

当泰勒在其声明中做出激烈的辩驳时，大多数受访者表示 SWIFT 的计划可以被解读为该公司已经在金融市场受到了威胁。西北航道首席执行官亚历克斯·泰普史考特（Alex Tapscott）争论到，说区块链技术会取代 SWIFT 还"过于笼统"了。他建议，SWIFT 的战略核心应该是用区块链技术彻底改造自己。

康·泰普史考特（Don Tapscott）（*Blockchain Revolution* 一书作者，中文版《区块链革命》将由中信出版社出版）认为应该把这次区块链改革看作是积极的，他说，金融行业一直都乐于接受新技术，思维模式陈旧的领导者是最难接受新技术的。

至今还有人对报告持有一种非常挑剔的态度，他们觉得该技术还是没有提供充足的市场细节。各种各样的受访者包括：电子交易咨询公司 Consult Hyperion 的创新主管戴维·博驰（Dave Birch），公共政策研究组织 Cato Institute（卡托研究所）高级研究员吉姆·哈珀（Jim Harper），他们都表示对报告中的语言和想法感到困惑。

博驰认为该报告讨论了 SWIFT 创新实验室的一些概念证明机制，但是没有提供足够的细节证明其合理性。他尤其引用了一些分布式总账的正面影响，包括"交易可追踪性"和"传播信息的高效率"，他认为这些技术目前还是比较薄弱的。

总体上来说，哈珀对报告的评价也并不乐观，不能因为一些区块链网络的推断，就想解散 SWIFT。他认为在 SWIFT 系统下，分布式总账发展的机会很小。斯宾塞表示，SWIFT 面对的巨大问题是其分布式总账平台应该如何发展，在其他机构掌权的情况下如何实现中心化。

目前仍然与 SWIFT 合作的产品及服务的受访者，仍然对声明持有一种积极的态度。IntellectEU 业务开发副主席汉娜·祖布科（Hanna Zubko）表示中介商解决方案公司"经常建议"SWIFT 应该接受分布式总账。祖布科称赞了 SWIFT 是一个可靠的创新伙伴，同时该公司也接受分布式总账生态系统。她认为没有什么事情经过一夜就可以完全改变，至少要谨慎地采取第一步措施，同时朝着正确的方向发展。同样地，在 CGI 集团负责区块链开发的米歇尔·劳克林（Michael O'Laughlin）说，他把这次声明看作是批准公司使用分布式总账技术的信号。

博驰推断即使分布式总账技术被广泛接受，还是需要一个像 SWIFT 这样的机构，他确信分布式总账的实现会取代 SWIFT 系统——可以想象银行会有 SWIFT 通道，但 SWIFT 不会作为中间商因为每个通道都有账本——但是不会取代 SWIFT 机构。

（四）微软

1. Azure

2015 年 10 月，以太坊项目和 ConsenSys，这两个项目的共同创始人之一，宣布已经和全世界最大的企业软件供应商之一的微软建立了合作关系。将会在微软的 Azure 云平台上，为其企业客户提供开发工具。旗舰产品将会包括 BlockAppsStrato——一个能够构建以太坊应用的工具包，和 E-ther. Camp——一个区块链浏览器。

美国微软金融服务部的技术战略总监马利·加里（Marley Gary）表示，他们已经看到许多有潜力的框架专注于金融服务，而像以太坊这样的跨金融机构的平台，能够把许多还停留在过去的人拉到现代。对于开发基于分布式总账的应用，他们认为以太坊的确是一个非常好的平台。

通过在微软的 Azure 云平台上，开发人员可以创建半私人的或者纯私人的网络环境，而不用花费任何资金。

在某些时候你可以打开一个公开节点，在集成开发环境中，通过点击按钮就能把你的调试程序部署到公开的以太坊区块链上。这将花费价值 2 分到 5 分的以太币，这样你的应用程序就可以部署了。人们大约会花费 1 分钱或者不到 1 分钱来使用你的应用进行互动。

潜在的应用将会包括由银行组建的联盟之间进行期货汇款交易或者搭建公开交易所。微软将会和 ConsenSys 一起协作，但是微软并没有购买以太币，加里表示说，微软仅仅是为客户提供一个可以使用 ConsenSys 的平台。

作为项目的一部分，卢宾（Lubin）介绍说他们已经在这个系统中开发了一系列的应用程序。公司表示他们涉足的应用范围相当广泛，无论是有趣的还是严肃的项目都有。如 DAOWars（人类玩家可以设计一个自动代理机器人来对抗其他竞争者设计的机器人），又如 GroupFnosis（预测市场平台）和 EtherSign（应用于文档管理和签名的加密工具）。

微软和 ConsenSys 之间合作的第一个成果在 2015 年伦敦召开的以太坊开发者大会上被宣布。

2. BaaS

微软公司不仅在区块链技术上看到巨大的潜力，同时也认为其中蕴含巨大的商机。在微软 Azure 云平台上，将会通过部署包括以太坊在内的区

第六章
传统金融行业的区块链战略

块链基础设施,为客户提供"区块链即服务"(Blockchain as a Service,BaaS)。

据微软 Azure 的美国金融服务技术战略部门主任马利·加里说,区块链和其所在的整个系统发展迅猛。无论是"云"端还是本地,或者是混合的分布式总账的开发、测试和部署领域,微软的 Azure 都将会做到最好。

基于区块链技术带来的优势,一大批有兴趣的企业(尤其是金融服务业)开始接受它并从中受益。这是微软正在挖掘的机会——它希望银行和金融公司使用 Azure 云平台来承载其区块链。

加里表示,在区块链行业,他看到了巨大的商机。在未来的几年中,企业级的区块链基础建设作为编织这一金融基础设施的基础,将会非常重要。

事实上,微软在区块链的项目上已经与许多初创企业和大公司有合作。在微软 Azure 的 BaaS 系统中,现有的合作伙伴包括 ConsenSys、Ripple、Eris Industries、CoinPrism、Factom、BitPay、Manifold Technology、LibraTax 和 Emercoin。

微软 Azure BaaS 的最新进展是 MultiChain 和 Netki 的加入。Multi 使组织能够快速设计、部署和操作分布式台账;Netki 设计解决方案,使基于区块链的产品的操作更加便捷。

此外,Azure 的 BaaS 还宣布了新的开发/测试实验室的整合。报告中指出,目前使用的 Azure 的开发/测试实验室将会使区块链技术变得更加易于构建和测试。现在所有区块链相关的服务和合作伙伴可以在实验室环境下作为物品来设置和添加。

区块链的分布式总账是以"有权限的"或"无权限的"方式,防止记录和存储的数据被篡改。已有多份报告阐述分布式总账技术的优点和成本优势,吸引实体经济进行实验。世界经济论坛调查报告预测,到 2025 年,全球 GDP（国内生产总值）的 10% 将用区块链技术保存。

大多数版本的区块链还处于起步阶段，在这一技术正式投入生产之前，测试和提炼的过程将会持续下去。微软表示，这不仅为各种实验项目提供了平台，为这一过程提供了保障，而且已经准备好把 Azure 的 BaaS 平台变成一个重要的营利来源。

3. 帮助大银行开发区块链技术

2016 年 4 月，微软宣布已与由多家大银行组成的区块链联盟 R3 Consortium 达成合作协议，将帮助开发区块链技术。

微软和由摩根大通、花旗银行等国际大行组成的 R3 Consortium 联盟表示，它们将会携手合作，"加速这种被称为区块链的分布式总账技术的普及"。

根据双方达成的"战略合作"协议，微软 Azure 将会是 R3 的云服务提供商。双方称，微软将会为 R3 提供基于云端的工具、服务和基础设施，以及技术架构师、项目经理、实验室助理和支持服务。

微软全球业务拓展执行副总裁佩吉·约翰逊（Peggy Johnson）表示，有了智能的云端技术，R3 及其银行成员将能够加快实验和学习进程，并加速分布式总账技术的部署。R3 及其成员还将能够接触到微软的区块链合作伙伴，其中包括 Ethereum 和 Ripple 等创业公司。

（五）IBM

1. 区块链战略

2016 年 2 月 17 日，IBM 公布了其全面的区块链战略，这让 IBM 的"区块链战略大戏"终于达到了高潮。IT 巨头 IBM 第一次对基于区块链新兴技术的商业解决方案展开深入的研究。

第六章
传统金融行业的区块链战略

尽管之前 IBM 就已经主导了 Linux 的超级账本项目，并将自己的论文向其他技术提供者开放，但本次宣布的消息可以说是全面发动攻击，标志着 IBM 已经全速进军区块链行业，其研究的深度和广度在同行业中都是独一无二的。

IBM 透露战略的中心内容是，多年的战略规划，包括 BaaS 与公司既有的资产整合，例如 IBM z 系统，该系统是全球前 100 名银行的核心 IT 系统；Watson 物联网（IoT）平台，以及它的开发工作组项目 Bluemix Garage。IBM 已经成为第二家推出 BaaS 服务的科技巨头，另一家是微软，微软在 2015 年 10 月公布了其沙盒开发计划，在区块链行业中掀起了一股热潮。

IBM 区块链技术副总裁杰瑞·柯摩（Jerry Cuomo）详述了公司市场战略的特别之处，他认为，用户使用 IBM 的区块链项目服务后，可以迅速测试区块链网络，这些特点是对微软进行补充，但是强调他所认为的最大的潜在差异。柯摩认为微软在既有的区块链网络上更为开放，然而对于 IBM 的 BaaS 服务，商务客户将会使用 IBM 区块链结构，因为这是 IBM 精心制作的一种受专利保护的公共服务。

柯摩认为 IBM 的最新共识算法改进了隐私保护和可审性，商务客户可以为更广的用例创建区块链应用，而创建速度无可匹敌。

平台的最初用户包括一些知名企业机构，例如伦敦股票交易所（LSE）、Kouvola 创新和日本交易所，东京股票交易的操作员认为由于上述大型机构的加入，也让很多企业用户产生了共鸣。

2. 区块链的 DNA

IBM 表示，他们设计的区块链结构与其他既有区块链网络有些不同。

他们所指的区块链"结构"是指"区块链的 DNA"以及一种商业网络，在这个商业网络中，交易可以被复制，用户成员可以访问共享账本。

这里的账本有三个特性，第一，可复制，当你输入数据时，该数据会复制到所有的账本中，即所有的账本都是同步的。第二，它拥有特殊权限，你只能在你的权限范围之内浏览有限的账本，也只能在这些账本上进行商业操作。第三，借助这种区块链结构，用户可以创建含有逻辑性的交易，例如可编程的合约，该合约可在特定时间段内，处于特定条件下自动管理一笔资产。这种结构使分布式总账成为可能，加快网络创立的进程。

IBM指出，开展这项服务可以在"可插结构"中起主要作用，用户将体验多种软件模型，加密身份管理工具可在Java和Golang中写入智能合约。此外，通过隐私和机密控制操作，用户可以设置权限，明确谁可以浏览账本，谁可以执行智能合约。

这项功能与当前的公共区块链大为不同，例如比特币和以太坊，在比特币和以太坊中，所有人都可以加入到网络中参与操作。而IBM的智能合约用大众更熟悉的开发语言写出，而以太坊却全部用新语言写出。

3. 与超级账本互动

BaaS服务的一些特性与超级账本项目相重合。超级账本是另一个合作项目，截至目前共汇集了30多家行业利益相关者，包括初创公司，传统金融机构和潜在的终端技术用户，各方的目标一致，即创立一个开源区块链服务。

IBM的共识算法将会使用IBM贡献给超级账本项目的4.4万行代码，但由于附加价值的服务，这种共识算法还是有所不同。这种共识算法所使用的都是基于那些编码，而不是编码之上的价值；所增加的是精心创立的区块链网络能力，以及一系列样本和服务。

作为一个测试环境的例子，IBM将一个区块链应用样本上传到其网站之上，开发者可以在此应用上测试资产交易。

第六章
传统金融行业的区块链战略

IBM 尝试在其网站上提供更多的内容，网站中有一个还未开放的界面，其中包括"智能合约研究者"，开发者可以利用这个界面，体验智能合约，还有一个"汽车租赁"界面，为大家提供一个基于区块链的供应链端应用全景。

4. 对合作持开放态度

IBM 将 BaaS 服务描述为一种能够让用户在云端协作的技术，用户可以通过这种技术与其他同业者进行交流。如同 Azure 服务，这项技术还处于测试阶段，首先对开发者开放，之后达到规模化的目的，最后公开发布区块链的生产版本。

日本交易所也有这个目标，日本公司研究的"概念证明"，旨在创新低流动性资产交易系统。他们在使用 IBM 的测试服务，目的是进行分级。根据日经指数（Nikkei），日本交易所想发表一份报告，主要是关于 2016 年末他们对工作研究的最新发现，而伦敦股票交易所（LSE）指出他们在创立一些风险管理的项目，并提高全球市场的透明度。

IBM 承认超级账本项目和他们的工作之间有交集，而且日本交易所也加入了超级账本技术研发，事实上，正是应日本交易所的要求，监管者才加入该项目。

IBM 表示，加入的交易所希望其监管者也能访问编码，所以监管者也参加了超级账本项目。但是 IBM 与监管者的工作关系是托管式服务。IBM 的共识算法相关的商业业务和超级账本项目向监管者发出了积极的信号，即监管对象希望他们的项目符合全球政府机构的要求。这也是加入开放式环境的另外一个原因，监管者不想对所有的区块链结构做背书，但是 IBM 希望通过这种措施，也许他们会背书一两个结构。

5. 迅速面向市场

IBM 服务的关键在于，它可以撬动既有服务系统，例如 IBM z 系统，这是 IBM 的大型计算机和分布式服务器技术系统。在 IBM 的网站上，IBM 宣传说它的 z 系统可以将区块链带入"一个新的高度"，因为该系统可以处理"大规模的交易数据"。通过接口交易记录系统以及访问 z 系统上的既有数据，可以加速估值时间，降低成本，简化程序。

通过 z 系统，用户可以"调整他们自己的结构"，在网络中传递信息，寻求同业人员认证时，对交易进行加密。z 系统由于其出众的大规模加密性能而被大众所知，所以如果在 z 系统中运行区块链系统，那么其规模化将轻而易举。z 系统就像是专门为这种工作量而准备的。

IBM 也将推出 IBM 区块链 DevOps 服务，客户可以在 12 秒内创建微型区块链网络。同时，为了让潜在客户更好地理解其技术的这些层面，IBM 正在伦敦、纽约、新加坡和东京启动 IBM Bluemix Garages，目的是寻找区块链概念证明的设计和实施的发展者提供个人支持。

IBM 还将为客户提供和相关专家一起参加"90 分钟互动会议"的机会，这些专家能够帮助他们快速实施自己的想法。远程呈现和网络会议同样也对客户开放。IBM 相信客户会发现这其中的价值，他们能够利用团队的知识让技术以最快的速度得到应用。

（六）Infosys

2016 年 4 月，在 Infosys Confluence 旧金山会议上，IT 服务巨头 Infosys 最近通过其分公司 EdgeVerve Systems 发布区块链平台。

Infosys 是印度历史上第一家在美国上市的公司（纳斯达克股票代码：INFY），总部位于印度信息技术中心——班加罗尔市，在全球拥有雇员超过 100000 名，分布于 27 个国家的 56 个主要城市。Infosys 公司的主要业务是向全球客户提供咨询与软件等 IT 服务，经营理念是采用低风险的且在时间和成本等方面可预测性高的全球交货模式（GDM），加速公司的发展。

该项目被称为 EdgeVerve 区块链框架（EdgeVerve Blockchain Framework），致力于深化金融服务业的区块链技术应用。Infosys 表示，该平台建立在许可型分布式总账的基础上，可以使银行"快速部署"区块链服务。

EdgeVerve 在宣传材料中描述分布式总账平台为不受资本类型限制的、高度扩展性和"最小化金融服务运行和交易成本"的最佳选择。该平台专门为银行业设计开发，可以扩展到国际跨境交易所需要的水平。这些技术优势使该框架内的应用平台能够运行支付和高容量地交易这些银行业务。

EdgeVerve 客户和业务总裁安迪·戴伊（Andy Dey）说，公司将投资爱尔兰的相关项目研究所，并与几个未具名的机构合作探索其应用。EdgeVerve 表示，已经围绕数字数据库、发票处理、支付、智能合约、银团贷款和贸易金融展开概念证明研发工作。

就在数周前，Infosys 曾公布相关技术理论研究，公司相关领导表示相信未来几年内区块链技术会渗透到金融业，尽管同时存在相反的观点。Infosys 通过该平台，加入微软、IBM 和红帽（Red Hat）等 IT 巨头的技术探索大军，在企业区块链解决方案的新兴市场中争夺业务。

三、咨询巨头的区块链案例分析

（一）德勤

德勤会计师事务所（Deloitte & Touche）是世界四大会计事务所之一，为德勤全球（Deloitte Touche Tohmatsu）在美国的分支机构，后者在 126 个国家内共有约 59000 名员工。

1. 德勤数字货币社区

继花旗、瑞银、USAA 等银行巨头之后，全球四大会计事务所之一的德勤，成为目前对区块链技术感兴趣的最新主流金融机构。该公司透露其正在尝试将区块链技术应用到客户端的自动审核及众包（公司以自由形式外包给非特定大众网络）公司在应用程序上的咨询服务。

德勤公司首席咨询官艾瑞克·皮斯尼（Eric Piscini）表示，德勤一直在对区块链技术潜在的商机进行研究。公司有 20 万雇员，所以他们需要对区块链及其底层技术有更多的了解，并且相信它真的可以改变客户的经营方式以及他们的运作过程。公司将这个团体命名为"德勤数字货币社区"（Deloitte Cryptocurrency Community，DCC），该团队在全球 12 个国家中有约 100 名成员。目前主要将精力集中在告知银行业及零售客户区块链技术的优势，同时起到协调实体店与产业初创公司间关系的功能。

DCC 社区有三个任务：

（1）培训德勤及其客户群抓住机会；

（2）研究该技术如何提升现有服务水平；

（3）所说的比特币使用案例有如下几个：货币交换协议、管理员工薪资支付、央行拥有的数字货币的可行度。

2. 两大阵营

德勤表示，他们的许多客户目前仍处于对区块链技术的探索阶段。大多数公司还在尝试区分比特币和其他区块链间的差异。然而，还有些客户正在将这一技术应用到具体某个方面，比如增加额外收入或降低成本。德勤透露，有一小部分的客户已成功将区块链技术应用到具体业务实例中了。因为通常当某一新技术发展到第三阶段时，他们才会开始分析这一技

第六章
传统金融行业的区块链战略

术并且好奇如何将其应用到具体业务中去。这些客户正在寻求建立在比特币之上的其他协议，包括 Blockstream 协议（核心为侧链技术）、合约币协议及 Factom 协议（核心为应用程序开发）。关键问题是，现有协议究竟是在与这些公司合作还是在创建一个私人区块链。

瑞波实验公司和以太坊研究的区块链替代产品目前也处于探索阶段。对于德勤来说，两边都有其客户。他们想使用 Factom 协议，因为这是个很好的解决方案。于是他们将一个抽象概念摆在了德勤和区块链之间。一种看法是，不必非得让他们知道我在用比特币，但是我的确在支持他们的业务、大型社区和大型挖矿网络时加入了这一技术。另一种看法是，有些人说我不想和比特币扯上任何关系。因为我不想和比特币打交道，我打算用以太坊。这就是所谓的两大阵营。

皮斯尼认为德勤在纽约的银行客户，主要对使用区块链进行交易、转账结算等感兴趣，其他地区的零售客户则对区块链能起到像礼品卡提供商 Gyft 的奖励作用感兴趣。德勤表示，目前就区块链技术在公司业务上尚未确定某个具体的计划，而这恰好说明公司想把区块链用在最合适的地方。目前的想法是，找到最适合用这一技术的地方，来创造更多收入、产生不同的客户体验或者降低成本，找到之后再植入技术来实现这些目标。

也许最值得关注的是德勤作为初创企业和企业之间的调解人作用，目前这两个团体之间的交流尚不平稳。一些相对传统的公司仍找那些不会把技术和业务衔接起来的"科技极客"寻求帮助。现实的确如此，很多初创公司缺乏经验，也不知道该怎么和客户谈生意，事实证明，如果你没有用对正确的术语，对方连 10 分钟的时间都不会给你。截至目前，这已经让大公司对该技术产生了"错误的预想"。比如，德勤注意到，还不能证明区块链可以高效低廉地取代共享型数据库。一些大公司已经假定了区块链可以解决商业或技术上的问题，因此他们对其抱以极高的期望。有些时候，德勤会告诉他们，区块链只能帮到这里了，贵公司应该考虑其他的解决方法。

区块链正在成为一个流行语，人们试图用它来解决所有出现的问题，尽管有时候人们还弄不清楚区块链究竟是怎样起作用的。专业人士正在想让该技术转行，因为这样他们才能想出合适的解决方案。但相互理解可能需要几年的时间。

3. 德勤区块链平台Rubix

德勤已推出软件平台Rubix，它允许客户基于区块链的基础设施创建各种应用。Rubix被称为"一站式区块链软件平台"。Rubix官网罗列了该软件的四个利益方面，包括贸易合作伙伴关系、实时审计功能、土地登记功能以及信用积分。公司内部则专注于通过隐秘方法自动解决审计处理中存在的问题。

因为公司的每笔交易都在区块链上进行，所以利用区块链设计出的解决方案将会加快审计进度。同时由于区块链具有不可逆性和时间戳功能，对于需要审核的公司，德勤会核查该公司的区块链及全部交易。这将加快审计进程，使其更便宜、更透明。

Rubix发布于R&D之后大约一年，德勤目前已经具有了这种平台，可以帮助德勤的商务客户。客户才刚刚认识到，未来建立在区块链技术上的无限可能。大部分的客户以其行业、目标和需要来确定以及执行计划。德勤将他们对技术的理解，与技术对客户生意所产生的影响相结合，不仅仅是今天他们继承的商业遗产，而且对未来两到三年客户生意的一个预测。

在服务中推动各方兴趣的关键在于：金融服务提供者想急切地确定区块链技术如何成熟，然后他们就可以开发出一套有远见的商务战略。Rubix的团队目前正在与一家医药健康领域的客户合作，准备建立一个方便支付

第六章
传统金融行业的区块链战略

的模型。Rubix 透露，客户的需求是这些"概念证明"，将会向组织中剩下的人提供提醒或给出信号，告知他们各自的组织，未来会发生什么……其他可能的关注区域，将会研究应用的信用积分和供应链系统，在这两个领域，自动化将会改变现有的商务操作。某些过程的自动化将会产生重大的影响，可以提高透明度和开放账本，如果你能在既有的过程中提供效率，那么这些就是技术的非常有价值的贡献。

也许 Rubix 最令人瞩目的特点，是它为客户提供多种分布共识平台。截至目前，Rubix 已经在以太坊协议上集中了大部分的工作，就提供功能性而言，企业客户对此非常感兴趣。

主流金融服务提供者在私有链和许可链上有不少兴趣问题，但是那些主流金融服务提供者也许方法不对，所做的努力可能达不到预期效果。例如，很多大型金融机构对比特币成为数字货币保留意见，而他们继续追求那些人们已经不再使用，或者有限度使用的项目，例如数字代币。但是，奥里斯·瓦利安特（Oris Valiente）指出为了确保分布式总账系统运行，仍然需要代币化。瓦利安特深信未来，数字货币一定会成功，因为数字货币有一个光明的未来，尤其是在新兴市场，国家发起的货币或数字货币，为那些被排除在金融服务之外的人们，提供了更多参与世界经济的机会。

但要让发达市场的主流接受数字货币，还有很多困难需要克服。比如在发达市场，已经有消费者和其他替代产品，数字货币会占据主导地位吗？也许发达市场的人们不缺金融产品工具，只是要看人们如何理解这种技术，后者将成为主要的障碍。就此而言，客户是将区块链技术视为在新兴市场中，创造新产品的一种方式，在这些市场中之前几乎不可能创造或分配新产品。一个最恰当的例子就是保险业，人们可以使用区块链技术，解决投保人与保险商之间信任的问题。如果区块链技术可以作为新兴市场P2P保险平台的一个促进器，那么，就等于为整个社会创造可带来价值的新产品,也就将向实现金融准入和消除贫困前进一步。因此,一旦区块链技术走过探索阶段,进入巩固阶段,这种转变将很有可能发生。就像是一旦你看到这些细小的碎片最后汇集成一个全面的网络,那时你就会感受到很多有意义的影响,而这些影响将在一两年之后发生。

4. 德勤不可取代

德勤不认为P2P(区块链技术的核心)技术有可能会取代类似于德勤这样服务供应商。失败的可能性是很有限的,但这个机会是不能错过的。之前的例子将改变德勤今后的工作方式,但并不认为德勤会被(区块链)替代,只是业务处理更有效率了。至于在纳税服务方面,由于技术尚不明朗但有可能获得业务。此外,德勤还看到了技术在咨询服务方面的应用机会。

在咨询方面,德勤将会见证生态系统从适应、改变至将区块链作为解决方案的过程。其潜力在于通过P2P众包平台提供大范围的咨询服务,而不是帮助客户制定发展策略。顾客可以在区块链上进行咨询,然后区块链将针对顾客的问题匹配合适的公司(来解决您的问题)。正是考虑到咨询逐渐成为德勤业务的重要组成部分,公司"非常认真"地对待这一发展过程。

即便是企业用户,目前最受关注的仍是区块链技术能否被广泛应用,但支付功能作为核心功能仍将受到比特币和区块链的影响。站在德勤的角度看,比特币应被当作一种为全部交易(包括金融行业外)提供服务的技术。当你想对各种类型的交易进行管理时,比特币是一种非常有意思的应用。你和我之间可以互传比特币,也可以让司机来接机。今天我用优步打车,但明天我可能用区块链打车。而随着时间的推移,区块链将在资产转让、智能合同、投票表决等事宜上逐渐成为一个基础层,而且有可能针对不同的用途创造出不同的区块链。像比特币这样的数字货币就很有可能继续在区块链的管理中发挥作用。

尽管德勤正在研究的用例超过 20 个，但他们仍表示并不清楚哪种机会是区块链最好且最直接的用例。德勤预计将会有一款"杀手级"的应用面市，而公司可以从中获得极大的利益。

5. 建议央行发型数字货币

2015 年 7 月 10 日，德勤发布了一份报告，探讨如何让央行发行自己的数字货币。这篇报告题为《国家担保的数字货币：将比特币最佳的创新应用于支付生态系统》，该报告设想了一个与比特币类似的生态系统，其中金融机构扮演无偿的矿工，而整个总账系统由中央银行负责管理。

由央行发行数字货币，这一想法其实很早就被提出，已有的概念如美联储币（Fedcoin）以及由新加坡央行提出的评论。理论上来说，由央行发行的数字货币，央行能够控制货币的供应量，而网络上的数字代币能够与由央行发布的法定货币相联系。

德勤认为，这样的实验是值得追求的，尤其是像美联储这样寻求改善型数字支付方式的机构，该报告指出：好的结果就是，这种新型支付方式将彻底改变现有的系统，其具有降低成本、减少错误、提高资金转移的效率，平衡隐私和匿名性的潜力，并且它无须一个中央式的组织来每天负责维护，这可能会真正地成为变革。

当然，由德勤假设而出的央行数字货币，与比特币之间存在关键的区别。例如，这种央行数字货币并不对网络的代币数量设限，而比特币的总量上限被设定为 2100 万。央行将控制其发展，并决定哪些实体验证交易。此外，央行将提供面向用户的服务，例如钱包服务，根据德勤的报告，用户将保留私钥的控制权。

至于央行究竟如何去控制这种系统中的货币供应量，德勤给出的建议是：为了增加货币供给，央行可以实时转账数字美元（crypto-dollars），从它的私钥传输到不同金融机构的私钥里。为了缩小货币供给，央行可以提高准备金要求，而金融机构将加密美元传输到央行的私钥，从某种意义上来讲，在功能上它等同于当前的系统。所以，由央行发行的数字货币，可能不会替代比特币或任何其他数字货币及法定货币，这种概念，某一天会使数字货币的生态系统更为广泛。

6. 质疑监管过早

2015 年 10 月 21 日，德勤公司发表了一篇报告，称当前去尝试监管比特币是否还为时过早。在这篇题为《比特币处在十字路口》的文章中，德勤谈到了比特币和区块链技术的优势，探讨了监管数字货币是否对于它们在未来的发展及大规模的普及，会产生负面的影响。德勤认为，在很多方面，政策制定者和监管者的行为，皆是遵循自己的使命宣言，保护公众和金融市场的诚信，那么一个重要的问题就会随之产生了，现在去尝试监管比特币，是否还为时过早呢？

文章提到了一些历史的证据，试图说明，不对新技术的发展进行干扰，即为最好的行动，并指出了三个原因，解释为什么全球政策制定者，应避免在比特币萌芽期对其进行监管。首先，比特币的市场渗透率，相较于传统的法定货币系统和交易平台而言，还是比较小的。比特币受到了世界各地政策制定者和监管机构大量的注意以及审查，远远超出了其目前的规模和市场影响力。事实上，从任何相关的指标来看，比特币目前的价值风险，也只是金融业海洋中的一滴水。其次，其他变革性的技术，往往在受到监管之前，会拥有更多的时间来进行发展。作者援引了电话（发明于 1876 年，于 1913 年才受到调控）、飞机（发明于 1093 年，于 1938 年受到调控）、互联网（发明于1969年，最近才被加强调控），以及比特币这个开源平台（最先是于2009年发布的）来说明。比特币的发展仅仅经历了6年的时间，根据以往的新技术例子来看，它距离实现大规模的普及，还有很长的路要走。最后，比特币目前尚未发现其最具价值的应用，它和区块链技术的潜在应用名每天都在扩大，当前还只是处于早期阶段，但其中一些新出现的应用，已经让人非常兴奋了。

7. 与 Colu 进行合作

区块链初创公司 Colu 透露已经与跨国咨询公司德勤达成合作协议。它在 2015 年 8 月推出了区块链公测项目，并表示这次合作将为区块链技术带来全新的"大市场"。尽管该公司没有公布此次合作的细节，但是该项目将涉及 Rubix 软件平台，德勤客户可在该平台上建立自己的应用程序，包括在区块链上建立票务系统和登记系统。

Colu 公司的首席执行官阿摩司·梅瑞认为，过去的两个月里，他们一直在与德勤代表沟通，并与德勤在加拿大的分公司以及 Rubix 开发团队建立了密切的联系。因为德勤已经尝试为一些客户提供不同的有趣用例，所以德勤需要 Colu 在技术方面以及在定义不同的"概念证明"上提供帮助。

在 2015 年 7 月时，有四大会计师事务所专业服务机构透露，它们已经发现了超过 20 种区块链技术的用例，并且已经对这一领域的研究超过 18 个月。在短短的三个月时间里，Colu 就已经与超过 20 家公司建立了合作关系，包括音乐平台 Revelator、加勒比比特币交易所 Bitt，现在又增加了德勤。对 Colu 而言，看这些不同的公司如何使用区块链技术建立不同的应用是一件非常有意思的事情。他们正在追踪这些不同的用例，并且希望未来能够开发出更多有趣的应用。

8. 黑客马拉松

万向区块链实验室和德勤于 2016 年 1 月，在中国上海举办了全球区块链黑客马拉松接力赛。参与者分成若干个小组,在两天时间内"头脑风暴"碰撞出区块链的创新应用,并完成演示版本的设计与开发工作。以太坊开发团队、德勤 Rubix 团队、万向区块链实验室技术团队等区块链技术专家在比赛期间全程为参加者提供技术指导。在完成开发后,每个小组向大家展示了该小组开发的原型版本,并瓜分了由组委会提供的高达10万美元的丰厚奖金。

在2015年成立的万向区块链实验室(WanXiang Blockchain Labs)是一家专注于区块链技术的非营利性前沿研究机构。实验室聚集了领域内的专家就技术研发、商业应用、产业战略等方面进行研究探讨,为创业者提供指引,为行业发展和政策制定提供参考,促进区块链技术服务于社会经济的进步发展。

9.5 个合作伙伴和20个用例

2016年5月,德勤表示已经同包括 BlockCypher、Bloq、ConsenSys Enterprise、Loyyal 以及 Stellar 在内的区块链初创公司建立合作关系,并且开发了一系列业务模型,包括保险、员工管理以及跨国支付,包括20个技术原型。

在银行领域,两家初创公司帮助德勤在区块链上建立了所谓的"数字银行"。虽然这种银行并不是在区块链基础上从头建起的,但是其构造的不同业务组件目前已经出售给了银行。加利福尼亚的 BlockCypher 是德勤的新合作方之一,这家公司目前已经筹得350万美元的风投资本,为德勤提供了核心技术,即一个应用程序界面层,来运行以太坊、比特币区块链上各种数字银行工具。此外,还提供了各种定制的私链。

德勤表示,这些合作方代表的是各种各样的业务种类,而德勤则致力于在全球建立战略合作,从而推动区块链技术从理论发展到现实世界的应用。纽约的 ConsenSys Enterprise 是德勤早期区块链合作伙伴，它正在帮助德勤建立一系列出售给银行的金融产品原型。这家公司是 ConsenSys 众公司名下的一家，正在建立各种以太坊区块链的公共及私人产品。德勤把 BlockCypher、ConsenSys 以及 Bloq 归为一类，这反映出对这三家公司帮助德勤扩大区块链全球应用的厚望。但是，德勤又指出 Bloq 与其他两家不同，它不是银行业，这家芝加哥公司的任务是为德勤开发非区块链技术保险产品。

初创公司 Loyyal，前身是 Ribbit.me，就专门研究奖励机制；另一家 Stellar 则致力于跨国支付。Loyyal 在它以 Ribbit.me 的名义建立区块链驱动的奖励平台时，就筹得了 150 万美元风投资本，德勤认为这一原型能够改变各行各业员工的行为。而 Stellar 则与其他合作方不同，它是一家非营利基金会，目的是推动跨国支付的发展。Stellar 同德勤的合作项目是为北美之外的银行专门建立金融领域的服务。

这五家合作者中，有三家已经获得收益，德勤并没有透露是哪几家，也并没有去预估每家公司能够带来的潜在收入。相反，它消除了任何阻止区块链在各领域及相关部门应用的障碍，从而挖掘各行各业的潜在需求。这样，公司扭转了传统工程关系，以专心满足这些需求。

如今除了银行业，其他领域的扩张也愈演愈烈。在保险、医疗保健、零售、销售，或者笼统地说——商业领域，其实都存在很多机遇。德勤的客户已经要求区块链产品覆盖更多领域了，比如保险、石油及燃气、资产管理等。德勤透露，它有一个"大型的使用案例库"，相信跨国支付意味着能够有值 200 亿美元的突破性机遇。

（二）普华永道

普华永道（Price waterhouse Coopers，PwC）是一家全球集团，有超过

20万名的雇员，主要集中在美国、欧洲和亚洲，在2015年有350亿美元的收入。它被认为是世界四大会计事务所之一，也是美国第六大私人企业，财富500强中有35%的企业是由它进行审计的。在2015年，它吸引了财富100强中43%的审计费用。而现在，它把目光投向了区块链。

1. 对2016年的三个预测

杰里米·德雷恩（Jeremy Drane）是普华永道中，致力于研究美国互联网金融，区块链和智能合约的高级主管，凯瑟琳·马什（Cathryn Marsh）是普华永道FSI研究所的主管，该研究所致力于新技术情报对于金融服务业的研究和分析。他们二人在2015年底发布了一篇对2016年区块链行业发展的三个预测，勾勒出未来一年中区块链技术的发展趋势，以及这些发展趋势中的关键点。

在PwC看来，区块链技术极可能导致在金融服务行业内出现完全不同的竞争力，现有的盈利方式将会被彻底颠覆，那些拥有全新高效区块链平台的拥有者将成为最终的赢家。

预计在新的一年时间里将会出现很大的变化，并且其中有三个大的趋势将会是非常重要的：

（1）传统金融机构将会在探索他们与客户、供应商和竞争者新的合作机会时，寻求需求保护他们的知识产权；

（2）大型金融机构需要在设定战略规划时确立自己的风险控制参数；

（3）市场参与者将会围绕着交易层面来开发相关流程。

那些传统的金融机构，如银行和交易所，正在寻找各种方式来改进和提升各种类型的交易，而那些非常了解这种全新技术的初创公司和服务提供商们也正在努力更好地接入和部署这种商业模式。当进入2016年，会鼓励这些金融机构进行互相对话合作，了解和分享它们之间的知识产权。

第六章
传统金融行业的区块链战略

在 2015 年，大部分市场工作的重点都放在基于交易解决方案的概念证明上。随着金融机构在 2016 年的大举进入，可以观察到从目前交易事务层面转移到支持系统和流程。该行业需要开始探索治理、审计和 IT 安全。

也可以看出，金融机构的问题将从"我该如何使用区块链技术"变成"我们该如何充分利用区块链技术建立配套流程"，甚至是"这些全新的流程将会对我们的风险控制有何种影响。"

建议各个企业应该尽早地开始尝试使用区块链技术来测试各种公司内部职能（如合规性、风险和内部审计），这样就不会止步于概念证明，而且更加容易确定资金的投放方向。

新技术带来的好处，往往并不会让市场中每个参与者都受益。换个说法就是，总会有赢家和输家。这种情况下，对于大多数参与者很难将这些技术优势变成实实在在的收益。很可能会看到这样一个未来，精明的市场参与者联合一些少数技术企业（这种战略关系可以称为"微联盟"）将能够把他们成本高昂的内部流程改造为高效和共享的平台。由此产生的平台，将会作为一种服务出售给更小的竞争者。

只有少数几个关键合作伙伴能有能力同时协调战略和商业之间的关系，用普华永道的观点来看，这在未来几年将会成核心竞争优势。由于区块链技术的发展速度惊人，可能会让你感觉刚从幼儿园毕业就被送到了大学。而 2016 年就像这个幼儿园毕业的暑假，必须在很短的时间里完成大量的准备工作以应付后面的大学课程。

如果要问建议，那就是确保你的学习能力可以跟上你要学习的内容。你会需要一个战略规划，以确定你的重点方向。此外，你还需要对这个技术进行深入的学习研究，以确保你真的可以从中受益。

2. 正式进军区块链

2016 年 1 月，PwC 正式宣布进军区块链技术行业。他们已经开始组建其区块链技术团队。该团队设立在英国的贝尔法斯特，预计到 2016 年年底，该团队将会从目前核心的 15 人扩展到 40 多人。这些小组将会调查 PwC 客户对于区块链技术的潜在应用，以及推动金融行业对于该技术的理解程度。

PwC 合伙人和 EMEA（欧洲、中东和非洲地区）金融技术负责人史蒂夫·戴维斯（Steve Davies）表示，有明确的证据表明，无论是银行、机构还是政府，都在寻找将区块链技术作为一种安全存储和分布式解决方案——当区块链的巨大潜力正在逐渐显现时，PwC 将会很好地为其客户提供世界级的相关服务。

PwC 英国执行委员会成员阿什利·安维（Ashley Unwin）表示，区块链技术正在让金融服务业中的一些主要参与者感到担心，因为他们不知道它会如何发展，它对于变革目前的商业模式究竟会有多大的潜力⋯⋯PwC 确信，这个颠覆性的金融技术将会使得整个金融业对于区块链专业知识的需求大幅增加，而他们将会试图成为探索这些颠覆性新技术的领导者。

这已经不是 PwC 第一次对区块链技术的潜力表现出兴趣。在 2015 年，该公司发表过一篇题为《货币不是对象：了解不断变化的数字货币市场》的报告，主要探讨如何去理解数字货币，特别是比特币，将会影响金融行业未来的发展。从这份报告中，就足以看到 PwC 对于数字货币潜力的认识程度。

3. 与 Blockstream 建立合作关系

Blockstream 在 2016 年 1 月底宣布，和 PwC 建立战略合作伙伴关系，为全球企业提供区块链技术和服务。

Blockstream 是由比特币生态圈内一些重要的贡献者成立的，目前正在通过一种称为"侧链"的机制来扩展比特币协议的能力。随着侧链的开

第六章
传统金融行业的区块链战略

发,该企业开始寻求将比特币的区块链技术应用到更多的资产类型,包括数字货币、开放资产和智能合约。

Blockstream 的商务高级副总裁亚历克斯·弗勒(Alex Flowler),阐述了这次 Blockstream 与 PwC 合作伙伴关系之间的契合点:Blockstream 为企业提供了非常成熟的且经过完善测试的安全区块链产品——通过可以交互操作的侧链技术来扩展比特币企业用以支持新的应用——因为他们是整个行业中经验最为丰富的团队。PwC 带来了深厚的行业经验、广泛的业务服务和最前沿的客户见解。将其合并在一起,PwC 和 Blockstream 将会帮助企业评估数字货币、区块链技术,以及为比特币协议带来新的用户。

PwC 合作伙伴以及 Fintech 联合负责人哈斯克尔·加芬克尔(Haskell S. Garfinkel)表示,对于 PwC 的客户而言,了解比特币和区块链上技术新的全球应用,接受它的无数种用途,使用它来提升金融安全性、效率和合规性是非常重要的。PwC 正在联合 Blockstream 来为他们的客户提供两个团队的共同知识和能力——让他们有目标,让两支团队能够最大化地利用专业程度、人才和资产。

总之,和 Blockstream 的合作将会通过对现有解决方案来帮助他们客户,以及开发新的产品使公司能够跟上新的步伐,采用这种市场颠覆性力量,并且领导创新。

PwC 首席 Fintech 联合负责人迪恩·尼克劳斯凯奇(Dean Nicolacakis)表示,正如几个月前所表示的,区块链技术在多个行业都具有开放和颠覆性的潜力。从 2016 年揭开序幕,将会与 Blockstream 一起,跨越双方熟悉的领域来提供全方位的专业合作,为市场带来全面的区块链实施方案。

根据 Blockstream 的说法,PwC 已经把该技术介绍给他们在美国、欧洲和亚洲的客户,并且正在探索金融和非金融领域的区块链用例。

弗勒补充说,PwC 已经和比特币交易所共同实施了第一个行业侧链案例，称为 Liquid，这已经提供了一个通过深入开发该项技术，为某个行业提供支持打开了大门。PwC 为 Blockstream 打开了大门，并且为该领域带来全新的能力，许多企业能够探索因为区块链来临而带来的全新机遇。

PwC 还选择了另一家区块链技术初创企业 Eris，作为其区块链技术合作伙伴之一。

(三) 安永

2016 年 3 月，安永会计师事务所发布报告，专门研究作为数字化平台的区块链技术在保险业的应用。保险公司一直以来都不积极采用颠覆性创新技术，其创新战略唯一的目的就是维护客户和最大化企业利益。

目前这些企业纷纷开始探索区块链技术，认为该技术的去信任系统真正可以带来长期的战略性利益。因为它能提供安全去中心化的交易；精准及时的变动通知可以降低风险，增加资本机遇；降低运营成本；提高企业管理水平。

随着技术的进步，保险公司控制的活动应该慢慢转变为全新的数字化模型，其技术基础设施也就要相对升级以适应新的生态环境。新的分布式技术消除了保险公司的技术应用障碍，对现有金融模型构成一些威胁。区块链技术的潜能可以带来前所未有的行业透明度和可靠性。

对保险业而言，区块链主要提供了四大机遇：诈骗探测和风险预防、数字化的投诉管理、新的行业颠覆和资源分配、网络安全责任。

尽管区块链技术在保险业的应用前景很好，可是像所有新技术出现的初期阶段一样，该技术的可扩展性、实施技术以及与企业和政府机构的实际融合都引起了行业的担忧。

监管者担心的是关键基础设施还不完善，给现实技术融合带来隐患；

区块链技术人员专业性不够，难以保障各方利益；损失控制机制标准化还在完善中。保险公司的主要担忧是，该技术的扩展性以及与现有系统的兼容性、风险管理、计划制订和时机把握。市场的主要担忧是，中心化基础设施的减少会带来高额的监管成本和复杂性；技术发展可能使强制性、规范性监管变得低效；市场需要弹性的审慎监管；欧盟委员会计划提高数据和隐私保护标准；消费者数据控制方式会改变。

总体来说，金融服务机构应该继续该技术探索和开发，创造适合行业发展的应用。安永也专门成立了核心团队，为企业家和保险公司挖掘提供机遇。

（四）麦肯锡

根据麦肯锡商务咨询公司的最新一篇报告，报告的标题为：《超越炒作：区块链在资本市场的发展》。该报告认为传统金融行业最终大规模采用区块链技术，将很有可能经过四个阶段。最终，区块链技术将会"深刻改变资本市场的面貌"，影响这个领域的商业模式、成本节省和资金要求。麦肯锡报告声称，一旦社会采用区块链技术，社会将会获得可观的近期利益，加快资本市场的结算清算手续，同时降低金融机构需要保持的账本数量，并且确保审计跟踪更加精确。

但是，麦肯锡最主要的发现是，金融业必须协调一致，才能享受区块链带来的好处，这个结论支持了大银行所做的一些努力，也为分布式 R3 联合账本提供了支持。因为只有所有市场参与者、监管者和技术人员的通力合作，才能挖掘区块链技术的所有潜力，但这需要耗费时间。麦肯锡建议，区块链部署过程中的障碍，包括区块链数据不可逆的特性，可能会要求网络之类的参与者达成一个共识机制，以解决冲突。而且，麦肯锡确实提供了一份详细的路线图，介绍了不管遇到多少挑战，区块链如何完成转变，为金融机构提供了一扇窗，启发他们如何应对分布式金融技术的转变。

鉴于区块链的上述益处，麦肯锡认为这种技术的推出将历经4个阶段，分布式总账将第一次把所有法人实体的金融机构联合在一起。在这种情形下，每个公司的法人实体会成为分布式总账上的"节点和记账人"，之后借助技术的发展，机构将有机会与其既有平台"重新接线"。而随着时间的推移，设计问题可以内部解决或修改。第一步可以是如何把资产移入和移出封闭的区块链系统。从这一点来讲，区块链技术通过在银行中取代手动输入，可以达到扩大规模的目的，然后为技术提供"坚实的测试基础"。

麦肯锡认为，市场参与者的小规模网络，他们可以达成一致，共同遵守预定和转账的协议和标准，而且投资少，具有改良目前操作的潜力。此阶段过后，区块链技术将进入交易商经纪占主导地位的市场，最后被公开市场的购买者和销售者大规模采用。除此之外，区块链技术更有可能扩散的其他领域会是：金融资产证券化、贵金属、回购协议、联合银行债、产权保险和出售证券。而早先进入比特币领域的竞争者，他们当时专注的很多用途，将会需要更长的时间去发展。需要指出的是，包括在支付系统的应用技术，随着时间的推移，以往在比特币市场上，基于经验的货币交易将会向外汇商务发展，因为比特币互换将会获得吸收现金储蓄的执照。此外，区块链技术在支付领域的应用将会超出目前的散户和小规模应用。

（五）埃森哲

1. 亚太投资报告

2015年11月，一份来自埃森哲的报告预测，亚太的金融机构和服务将会增加在云技术、移动钱包和区块链技术的投资。此外，亚太地区的互联网金融投资额将会是 2015 年的 4 倍。根据这份已经在 11 月 3 日公布的公告："整个亚太地区在金融技术（互联网金融）方面的投资在 2015 年直线上升——2014 年整年全部投资额约 8.8 亿美元，而到 2015 年 9 月投资额已经接近 35 亿美元。"

在这个趋势中最主要的是因为来自中国的投资额出现了大幅度的增长。除了有来自阿里巴巴控股集团的投资，来自移动支付和电子商务 Paytm（印度最大的电子支付平台）的投资外，还有来自平安保险集团的 P2P 贷款和金融内容资产交易机构陆金所的投资。

埃森哲金融服务集团在东盟高级董事总经理及互联网金融创新实验室亚太执行官乔恩·奥拉维（Jon Allaway）表示，金融服务机构正在更多地采用云技术、移动钱包和区块链技术来重新定义自己的业务和运营模式。可以看到，来自银行互联网金融风投基金、孵化器和创业公司的投资正在增加。

此外，埃森哲澳大利亚兼新西兰高级董事总经理格雷格·卡罗尔（Greg Carroll）表示，澳大利亚的所有银行正在寻求将区块链技术整合到他们自己系统的方式。这对于创新来说已经打开了大门，互联网金融初创公司也许能够在澳大利亚找到最好的机会。

来自埃森哲的研究显示，6% 的董事会成员和全球最大银行中只有 3% 的首席执行官有技术方面经验。埃森哲最新的报告建议：金融机构和金融应该将重点放在区块链、云和网络安全方面，这是因为，作为一种独立的技术，区块链能够帮助银行、信用卡公司和清算企业进行合作，以创造更加安全、更快速的汇集和通过降低对手风险和交易延迟率来优化资金的使用。

2. 互联网金融创新实验室

2016 年 1 月，埃森哲的 2016 年伦敦互联网金融创新实验室宣布，将会包括15个初创企业。在这15个企业中，Crowdaura将是唯一一个使用区块链技术的初创企业。Crowdaura能够使用区块链机制，通过众筹的方式来发行证券。

这些被选出的公司将会在未来12周内和埃森哲的员工一起工作，还有来自主流金融机构的管理人员也将会一起参与，其中包括美国银行、德意志银行和汇丰银行。

埃森哲金融服务部门主管理查德·伦波（Richard Lumb）说，公司"极其高兴"并迎接这些初创企业加入孵化器。他们提供一些非常令人振奋的创新，在超过30多个国家中已经获得了极其良好的记录，伦敦也是正在蓬勃发展的欧洲互联网金融社区的中心。

Crowdaura是第二个在埃森哲孵化器中工作，基于区块链技术的初创企业。在2015年夏天，在香港的汇款初创企业Bitspark也参与过埃森哲2015年亚太互联网金融创新实验室。

（六）兰德公司

兰德（RAND）公司是一家具有全球政策影响力的智库公司，它与国防和国土安全部门有着紧密联系，2016年1月，该公司发表了一篇名为《数字货币对国家安全之影响》的报告。该报告研究了非国家成员，包括恐怖分子和叛乱集团在正常的经济交易中通过使用数字货币，从而增强他们的政治和经济能力的可能性。

这篇报告由美国国防部部长办公室资助，整个研究过程是由兰德国防研究部门所辖的数字货币国防政策中心所主导，研究数字货币对国际和国内安全的影响。兰德国防研究部门是一家联邦政府资助的研究和发展中心，资助单位包括美国国防部部长、参谋长联席会议，统一作战指挥部、海军、海军陆战队、国防部门和国防情报局。

该报告认为，经过巴黎和圣博娜迪诺的一波恐怖袭击之后，可以预测数字货币将会成为恐怖分子策划犯罪活动的工具。就在巴黎恐怖袭击之后，有人就要求增加数字货币交易的控制，以防止恐怖分子借助数字货币绕过法币交易的监管和控制——或者完全禁止使用数字货币。

兰德更进一步建议，政府应使用先进的技术手段去主动破坏数字货币。这包括恐怖组织，也有其他和平利用数字货币的非政府机构，是对隐私和加密的全面战争。

根据兰德的分析，数字货币表现出数据存储的强大适应性，数据以高度分布的方式存储，而且很难被破坏。这可能会导致信息泄露（博客，社交平台、论坛、新闻网站），使国家干涉失灵。

报告中这样说道："数字货币代表了去中心化网络服务的最后一步。特别是，历史趋势表明，发展一种适应性很强的公共网络密钥，报告将此定义为，不管国家机构拥有多么复杂的系统，都不能阻止简单的网络行动者获得持续的、稳定的网络服务。"

报告建议美国国防部门应摧毁去中心化数字货币，以防止全球任何人都史无前例地获取任何信息和交流服务。

兰德的研究者分析了基于区块链系统的去中心化特征，包括但不限于数字货币，其中比特币是一个为大众熟知的例子。但是不含货币应用的区块链技术，例如复杂的加密存储系统和去中心化网站的格式，以及交流服务，兰德认为它们也是威胁之一。事实上，比特币追捧度的增长带来了大众对复杂加密技术认知的提高。

报告这样认为，大众对区块链技术的认知提高了，人们就会提高对分布式共识和计算的复杂加密技术的认知，连风险资本家现在都在谈论计算机科学概念了，而之前这些概念仅限于学术圈子。

一个重要的考量就是，相对来说，公众对数字货币还是认识有限，也不太信任。但是当更多的人了解到去中心化，基于区块链系统的P2P等的长处时，包括价值存储、交易等，人们就会改变看法。事实上，数字货币变得越来越受大众欢迎，它不仅在发达国家被人追捧，在发展中国家也受人喜爱，那里恶劣的经济条件和低效的金融系统可能促使人们去接受一种非国家发行的数字货币，作为一种可靠的替代品。

因此，兰德的报告似乎在建议一次先发制人的打击，阻挠数字货币的发展，也许美国和其盟友最好的战略就是：瞄准数字货币增加接受度的特性，即匿名交易、安全和全球可用性。报告中同样给出了一些例子，说明如何对数字货币和基于区块链系统的其他应用实行打击。

与此同时，美国总统候选人希拉里·克林顿近期呼吁发起"类似曼哈顿计划"，加强加密通信的执法。全球其他国家政客也呼吁向加密技术开战，包括英国首相卡梅隆，他计划在英国推行强力加密技术禁止措施，该计划被一些高端网络活跃家嗤之以鼻。希拉里和兰德的建议区别在于，一家倾向于技术措施，另一家着重监管和禁令。

四、证券交易所的区块链案例分析

（一）纳斯达克证券交易所

1. 代理投票系统

2015年10月，纳斯达克首席执行官鲍勃·格雷菲尔德（Bob Greifeld）宣布，交易所将会使用区块链技术管理代理投票系统。

第六章
传统金融行业的区块链战略

简而言之,代理投票对于交易所而言,是一件非常重要且费事的工作,它需要由一系列在交易所上市的公司来处理。而通过这个全新方式,可以让股东在每年的股东大会上用手机进行投票,而不需要一定出席在周年大会上。这一举措首先将会在爱沙尼亚的纳斯达克市场进行测试。

格雷菲尔德说,纳斯达克打算把代理投票放在区块链提供的永不更改的公开账本上,这样人们就能够使用手机来操作(投票),并且记录可以永久保存。值得注意的是,纳斯达克一直非常支持这种区块链技术,因为这种技术看起来能够在更短的时间内让交易变得更加透明。

这个行动虽然出人意料但也是情理之中,因为早些时候,纳斯达克的首席信息官布拉德·彼得森(Brad Peterson)已经在这个主题上分享了他的观点,区块链技术在改变股票市场上具有非常大的潜力。这些语言来自全球资本市场上,仅次于纽约证券交易所的全球第二大交易所的纳斯达克高管,这对区块链技术而言算是一个极大的赞赏。

2. 首个基于区块链的证券交易

2015年12月30日,纳斯达克宣布通过其基于区块链的平台完成了首个证券交易。在被称为Linq的基于区块链技术的平台上,完成了首个记录——这对于主流金融系统中将会是使用区块链技术的里程碑。

纳斯达克表示,Linq区块链账本已经把股票发行给一位不愿意透露姓名的私人投资者,通过去中心化账本证明了股份交易的可行性,而不再需要任何第三方中介或者清算。

2015年5月,纳斯达克宣布计划使用区块链技术大规模在企业内进行应用。纳斯达克表示不需要使用比特币,但是将会使用数字货币技术背后的技术。集团也决定使用区块链来改变交易完成的方式,而这将彻底改变市场运行的速度。

格雷菲尔德表示，相信这一交易的成功，标志着全球金融领域的一大进展，代表了区块链技术应用进入了一个开创性的时刻。

格雷菲尔德在 12 月初就表示，利用区块链技术，让管理传统实体证券转变成纯粹数字的方式。一旦不再需要传统世界中的繁文缛节，那么从区块链技术中受益的将不仅仅是我们的客户，而是更加广阔的全球资本市场……这个最初的区块链应用将会让传统烦琐的管理功能变得更加现代化、有序和安全。相对于传统人工保存台账的方式，将会具有压倒性的优势。

他指出，区块链网络将可以改变美国证券市场的交易时间，甚至可以改变整个金融行业处理交易事务的方式。这不仅有助于减少交易结算时间，还能够确保交易网络之间资金传输变得更快。

Linq 是专门让私人企业发行债券和证券交易的平台。纳斯达克在 2015 年秋季参加了区块链公司 Chain 的 3000 万美元投资轮，其他主要投资者还包括 Visa、花旗风投和第一资本。

纳斯达克的区块链平台已经正式上线，并且可以让私人企业使用，目前参与股权交易的企业包括区块链企业 ChangeTip 和 PeerNova。

3. 区块链发展还需要时间

2016 年 4 月，纳斯达克主席和首席运营官阿德纳·弗里德曼（Adena Friedman）告诉媒体，区块链技术可以带来更快捷和更高效的交易结算。她解释说，区块链技术可以使纳斯达克等金融机构追踪任何资产的最终所有人。

纳斯达克为全球 100 多家交易所和清算所提供技术支持，与此同时，也在与客户谈论区块链技术及其潜在应用。在这个领域里，区块链技术的焦点主要是缩短结算时间、释放银行和清算所占用资本以及管理风险。假以时日，区块链技术一定会有发展的机遇，只是还需要些时间。

第六章
传统金融行业的区块链战略

（二）纽约证券交易所

纽约证券交易所（New York Stock Exchange，NYSE）是最早表示对区块链技术感兴趣的公司之一，在2015年公布了两项声明，并且都与比特币有关。

2016年1月，NYSE投资比特币服务公司Coinbase。同时NYSE主席杰弗里·斯宾塞指出，这次投资，他们表示相信年轻人会积极使用数字货币会，他们对价值交换有更进步的见解。

NYSE还会继续发布比特币价格指数，与Coindesk的比特币价格指数（Bitcoin Price Index，BPI）形成竞争之势。5月就会从Coinbase交易所平台的交易中获取相关数据。

（三）伦敦证券交易所

伦敦证券交易所（London Stock Exchange，LSE）也是交易后分布式总账工作组（Post-Trade Distributed Ledger Working Group）的创立者之一，在区块链技术试验中是最积极也最安静的。

这个工作组是继R3之后第一个出现的，它的成立表明，大型金融公司可以通过合作进行超越R3合作框架的区块链测试。此后一大批大型金融公司开始探索私人概念证明机制，同时进行的更大规模测试涉及了资本市场运营的参与方。而且LSE与Kouvola Innovation和日本交易所集团一样都是IBM区块链即服务平台的首批客户。

（四）澳洲证券交易所

1. 升级CHESS系统

澳大利亚最主要证券交易所——澳洲证券交易所（Australian Securities

Exchange，ASX）正在计划使用一套能够值得信赖的系统，来升级自己的证券清算系统，不排除会探索在新兴的区块链技术上来进行证券资金转移操作。

ASX 已经和纳斯达克达成了协议，这家美国运营商将会负责升级悉尼集团的证券清算平台。纳斯达克将会参与项目的主要内容是，尝试创建一个可以运行的全新结算系统。

纳斯达克首席执行官鲍勃·格雷菲尔德在 2016 年 2 月告诉分析师，这个目前尚未宣布的协议将会让公司"季度订单总额有出色的表现"。这个消息是在 ASX 宣布它将会和 DAH 进行合作之后披露的，DAH 是一家美国区块链技术服务提供商，将会为澳大利亚证券市场设计清算和结算系统。

ASX 有一个长期的计划，即准备在未来的三年里升级它的交易和交易后平台。纳斯达克和瑞典的 Cinnober Financial Technology 将会提供该系统的一部分组件。

DAH 有可能会为 ASX 现有的结算系统升级 CHESS（Clearing House Electronic Subregister System，结算所电子附属登记系统），这是一个证券结算服务，用于在对手方和法定股份持有者之间传输资金。

此举反映了全球交易、清算和结算运营者对于区块链技术潜力持续增长的兴趣，该技术能够为许多金融市场带来庞大的低成本计算能力。它能够让数字资产在交易的对手方之间进行移动而不需要任何中央机构来负责记录交易。一个共享的数字公开账本能够持续被维护，确认所有参与链上的交易，防止被欺诈。

该技术的支持者称，该技术可以能够提高原有缓慢和低效的后端运作进度，并重塑交易和结算流程。然而，咨询机构 Oliver Wyman 和欧洲结算所 Euroclear 发布的一份报告争辩说，"目前需要克服的障碍是巨大的，而且最终的效果并不是很明朗"。这份报告称，建立市场运营者需要开发标准，要能实现现有支付手段及结算系统的所有能力，并且要满足现有的法规。它指出，许多区块链所鼓吹的优势，其实可以通过扩大类似于 ASX 的 CHESS 这种中央政权存管机构在市场中所扮演的角色来实现。

目前，ASX 并没有承诺一定会使用区块链技术，用它来和现有系统内进行协同工作。ASX 认为，"这需要能够让所有利益相关方都能受益，将会在 2017 年前对使用澳洲交易后技术做出最终决定"。

2. 区块链技术的先驱者

澳大利亚连续多年的经济正增长，使国内缺乏创新动力和新的经济增长点，并且澳大利亚国民将国内经济增长的希望寄托于总理的更迭。这种复杂的国内形势，给创新企业带来机遇和挑战兼有的发展环境。显然，目前只有区块链技术拥有给澳大利亚注入新的发展动力的潜力。而国内对该技术的依赖，使得 ASX 首席执行官埃尔默·马克·库珀自信澳大利亚会成为区块链技术发展先驱。他表示区块链技术比以前任何技术更透明、更高效，他预言澳大利亚会成为使用区块链技术的先驱者。

2016 年 1 月，ASX 投资马斯特斯女士的公司数字资产控股有限公司支付了 1490 万美元，并获得了 5% 的股权。

埃尔默·马克·库珀在 2016 年 3 月被迫从 ASX 辞职，他曾经在澳洲金融评论商业峰会上表示，这项新技术每年能减少 40 亿~50 亿美元运行股票市场开支。他认为，当今的股票市场，是一个非常顺序的流程。即使非常简单的交易也需要复杂的顺序流程。这些流程也有 20 多年了，如果能让每个人都踏上区块链的旅程，原来 40 亿~50 亿美元也能缩小到很低的成本。在这个价值链中，ASX 能开发创新、竞争和更好的服务。

ASX 说它决定在埃尔默·马克·库珀继承人的领导下与数字资产公司合作此项目，并且 2017 年决定是否会采取这项技术。

ASX 副董事长彼德·希奥姆（Peter Hiom）说 ASX 是"首个表明我们要进行大规模的市场运作的交易所"，但是交易所不想"冒风险或与其他交易所不一样"，并且希望朝着共同协作的标准努力。

（五）韩国证券期货交易所

2016 年 3 月，韩国唯一证券交易所 Korea Exchange（KRX）宣布，它正用区块链技术开发一个柜面交易系统（OTC）。目前该研发项目正处于初期阶段，该平台可以帮助柜面交易客户减少交易费用。

虽然该平台正式发行之前还有很多准备工作，但这个平台有望可以简化场外经销商交易程序，降低交易成本，并协助寻找交易伙伴。这项举措使韩国证券交易所成为探索证券交易中区块链技术应用的公司之一。

2005 年，韩国三大主流证券交易所合并，成立了韩国证券交易所。2015 年，该交易所日股票交易量达到 71 亿美元。

（六）东京证券交易所

东京证券交易所（Tokyo Stock Exchange）是全球四大证券交易所之一，也是日本最重要的经济中枢。野村综合研究所是日本智库的代表，其影响力在日本甚至全球都很突出。野村综合研究所先后与野村证券和 SBI Sumishin 网络银行、东京证券交易所合作探索证券业区块链技术，下个阶段，SBI 证券和三菱 UFJ 金融集团也会参与进来。

2016 年 4 月，东京证券交易所运营商在为期一个月的区块链技术探索中与日本顶尖的智囊团合作。

这个试验项目由野村综合研究所（Nomura Research Institute，NRI）公布，该机构还透露日本交易所集团（Exchange Group）将该项目作为其区块链研究的一部分。作为 IBM "区块链即服务"平台的早期用户，日本交易所集团一直在进行区块链应用试验。

NRI 宣布在测试阶段，会在将区块链应用于证券市场之前，评估区块链的挑战和可用性。该项目尤其关注商业应用案例，其宗旨是开发证券市场应用专业区块链原型。NRI 高级执行董事横手实（MinoruYokote）说，随着行业越来越关注区块链改善技术和行业运行的潜能，会致力于判定区块链技术应用于证券业未来应用程序的挑战和潜在利益。

2015 年 10 月，NRI 就已经开始区块链应用相关合作，当时该研究所宣布与野村证券和 SBI Sumishin 网上银行的合作关系。

（七）日本瑞穗金融集团

日本瑞穗金融集团（Mizuho）在 2016 年 3 月初，开始尝试基于区块链的试验项目，主要是聚焦跨境证券结算业务。该试验采用了开放资产协议，这项人们常用的彩色币协议增加了比特币没有的新功能。比特币可以通过该协议添加特殊标志，代表区块链中其他的资产。

日本 IT 巨头富士通及其研发部门富士通实验室参加了此次试验。试验时间为 2015 年 12 月至 2016 年 2 月，参与者说，区块链应用可以缩短交易后流程时间。

Mizuho 公司表示，该系统中不断生成的包含贸易信息的区块按时间顺序组成区块链。这样，所有的信息就不能被篡改了。公司合作伙伴也承认，信息在公司间共享能缩短交易后流程时间。

Mizuho 此次试验的目的是寻找缩短交易后流程时间和防止数据篡改的方法。目标是利用区块链技术建立一个低成本、低风险跨境证券结算系统。这个系统可以实时分享交易后流程中的交易信息数据并防止数据篡改，并且可以避免从头建立一个庞大的系统。

公司为该项目提供证券结算程序专业知识，富士通则负责开发相关的测试系统，富士通公司实验室部门负责进行试验。Mizuho 还透露与 IT 咨询公司 Cognizant 合作开发区块链内部记录保存系统。

Mizuho 和富士通不是唯一尝试利用区块链技术推动交易后结算流程的企业。2015 年，伦敦交易所、法国兴业银行和瑞银集团已经开始探索区块链在该领域的应用。

Mt. Gox 破产之前，Mizuho 曾与该公司合作。Mizuho 的区块链项目还包括与微软日本、区块链初创企业 Currency Port 及 ISID（Information Services International-Dentsu）合作的银团贷款系统开发。

瑞穗的区块链项目还包括与微软日本、区块链初创企业 Currency Port 及 ISID 合作的银团贷款系统开发。该银行也是区块链财团 R3 的 42 家成员公司之一。

（八）多伦多证券交易所

多伦多证券交易所（Toronto Stock Exchange，TSX）是加拿大最大、北美洲第三大、世界第六大的证券交易所，由多伦多证券交易所集团（TSX Group，TSX: X）拥有及管理。在该交易所上市的公司种类繁多，主要来自加拿大和美国。交易所的总部设于多伦多，在加拿大其他主要城市如温哥华、蒙特利尔、温尼伯及卡尔加里均设有办事处。

TMX 集团（TMX Group）是多伦多证券交易所的运营商，它也不曾透露其对区块链的兴趣。

然而该集团在 2016 年 3 月第一次公开表示，希望进行区块链技术探索，并且之前还雇用了以太坊项目联合创始人安东尼·约里奥（Anthony

Di Iorio）作为项目首席数字官。下一代网络在 3 月发布生产模型以来，公众都把它看作最前沿的区块链应用。

安东尼·约里奥是加拿大比特币联盟执行董事、以太坊创始人，曾经组织了多伦多首个比特币峰会，可以称得上是北美数字货币业内非常知名的人物，并且多次来过中国参加过数字货币的峰会。多伦多证券交易所选择这样一位专家为公司在区块链技术领域开疆拓土，可见交易所对开发区块链应用的决心。

尽管多伦多证券交易所具体做法还不清楚，但能确定的是，它已经招募了一个区块链初创公司来搭建基于分布式总账的全新贸易结算系统。然而 TMX 集团仍表示其区块链技术战略还处于成型初期，可能很快就会进行技术测试。

（九）芝加哥商业交易所

芝加哥商业交易所（Chicago Mercantile Exchange，CME）是美国最大的期货交易所，也是世界上第二大买卖期货和期货期权合约的交易所。GME 向投资者提供多项金融和农产品交易。自 1898 年成立以来，GME 持续提供了一个拥有风险管理工具的市场，以保护投资者避免金融产品和有形商品价格变化所带来的风险，并使他们有机会从交易中获利。

CME 是交易后分布式总账工作组（Post-Trade Distributed Ledger Working Group）的创立者之一，通过其投资公司 CME Ventures 积极地在该技术领域活动。

与其同行不同的是，CME 采取了多元化的投资战略，投资的对象包括分布式总账初创企业 Ripple、区块链投资集团 Digital Currency Group 和数字资产控股。这种投资组合使其具有跨领域行业活动的显著特征。

然而除此之外，CME 没有公布更多的区块链技术研究方向和更大的行业战略。

（十）德意志证券交易所

德意志证券交易所（Deutsche Boerse）成立于1993年，总部设在德国的法兰克福，在欧洲、亚洲和美国一些城市均设有代表处，是欧洲最活跃的证券交易市场之一。德意志证券交易所具备综合性一体化交易所职能，其使用的 Xetra 系统，是世界上流通性最强的现货市场全电子化交易平台。截至2010年12月，共有超过765家公司在德国证券交易所上市交易，总市值为1.4万亿美元。

德意志证券交易所是德国法兰克福证券交易所（Frankfurt Stock Exchange）的运营商，参加了2016年1月数字资产控股的6000万美元融资。

不同于 ASX 的是，它极少提及自己对该技术的支持。

2016年2月，该交易所少见的会见媒体，指出在进行多个区块链技术概念证明机制研究，只是还没有公布研究结果或发现。

（十一）迪拜多种商品中心

迪拜多种商品中心（Dubai Multi Commodities Centre，DMCC），是迪拜政府的战略倡导计划，目标是在迪拜建立全球商品交易市场。除了建立强大的有色宝石交易平台外，DMCC 还承担了复兴阿拉伯珍珠文化的责任。为了满足这方面的需求，2007年，DMCC 成立了专门的有色宝石和珍珠部门，不仅为买卖双方提供增加市场份额的服务，还搭建了国际贸易和业内服务的平台。

中东地区对区块链技术的探索极少，直至最近全球区块链委员会

(Global Blockchain Council）透露，32个初创公司、金融公司、技术巨头组成的联盟开始探索区块链技术及其影响。

该联盟成员之一是迪拜多种商品交易中心，监管贵金属和其他有形商品的经济特区和商品中心。

2016年2月，DMCC宣布与比特币初创企业BitOasis合作进行区块链试验，探索怎样改善客户获取流程。

（十二）上海证券交易所

上海证券交易所（Shanghai Stock Exchange）创立于1990年11月26日，是中国大陆两所证券交易所之一，位于上海浦东新区。上海证券交易所总经理助理兼总工程师白硕在2016年3月接受媒体采访时，探讨了区块链技术在证券行业的应用。他认为区块链主要表现在以下几个层面：

首先，在业务层面，针对场外的、离散的、交易性能要求不高，或结算和支付效率要求相对要高的新业务来说，区块链技术是很有其存在和使用的必要的。但从场内的核心业务来看，区块链技术现在远远达不到其应用要求，也不适合区块链这类没有信任基础的场景。

其次，在组织治理层面，对这一层面的最大冲击，实际上是技术在引领业务，而不是技术成为业务的附庸。不管是传统的金融机构，还是新的金融机构，都要认识到这个问题。我们必须改变自身的态度，即使是传统金融机构也要考虑改变一下阵形。从"技术是业务的一种从属的关系，或者是服从的关系，我怎么说你怎么做的关系"，改变为"可不可以让技术在一定程度上冲在前面；让它们去发挥自己的想象力，发挥自己的创造性，看看哪些东西可以真正引领业务冲出来"，这与业务的推进没有关系。从组织治理层面上看，信息技术将成为组织变化的强大驱动因素，能够带领业务改变，促进业务发展。

最后，在技术层面，区块链技术应用到金融行业，其最核心的内容就是去中心化的一个防伪记录。如果无所谓是否去中心化，譬如某个机构运行得好好的，也没有受到任何的威胁，那区块链技术的应用显然就不那么重要了。如果确实是有多方参与，且多方之间没有信任基础，但大家相信数学，相信算法，这种情况就比较好办。所以我们讲最核心的，对技术的关键就在这里，这个关键决定了它适用的场景。不管是效率问题还是安全问题，说到底就是一个去中心化，如果说去中心化不是十分必要的，没有这么大动力，那么大家也就不会对它过于在意。但从目前来看，大家应该是已经看到是有需求存在的，那么，区块链技术就是有其存在的必要的。

现在证券行业大量的场外业务、新业务，均具有一定的分散性和区域性。比如股权转让市场，每个地区自己的股权交易市场都不大。如果自己建区块链或私有链，并不是一个特别经济的做法，所以在这样的场景使用区块链，是特别值得关注的。

在分散性、区域性的业务特点下无可避免地会存在分散运营、分散建设的问题，即使不使用区块链的技术而使用云端，也会存在各自建设、各自运营、成本相对较高的问题，也会涉及各地区域性业务的协调问题。如果使用区块链，有一个统一的区块链面向所有市场，或者说是有几个市场联盟性质的，大家就像使用一个公共设施一样，这样既能保证更好的加密性和安全属性，也比一般意义上云托管或者云迁移更让人放心。

希望区块链能给资源的集中，至少是IT技术设施集约化的使用能带来一些新的契机。

从实践进展来看，区块链技术在商业银行的应用大部分仍在构想和测试之中，距离在生活和生产中的运用还有很长的路，而要获得监管部门和市场的认可也面临不少困难。

第六章
传统金融行业的区块链战略

通过区块链技术带动证券行业是一个契机，但并不是唯一的，至少是一个契机，因为大家都有各种不放心，有各种一个本位的考虑。如果使用传统的IT技术，并不能让他们放心，打消顾虑，但是如果我们使用区块链，如果宣传到位，从技术上讲，其实应该是可以打消顾虑的。

目前对区块链技术是以研究、跟踪为主。经过评估，目前场内的核心业务不适合使用区块链技术。至于其他的业务，目前是一边做评估，一边跟踪，以评估为主。

当前，面临的问题还很多。第一，区块链自身的效率问题。基于我们的业务情况，我们很重视效率问题。作为全国性机构，自身影响大，使用的人多了，交易也多，效率上如果支持不了，肯定是一个问题。第二，如果是私有链，是采用工作量证明，还是采用又耗能且不一定有很大必要的事情，重点考虑。技术本身也需要改造，改造成适合我们的相对封闭的用户群，而不是像公有链那样敞开的用户群，场景是不一样的。这一点也会特别关注。

像上海证券交易所这样有影响力的单位，开展一些推广面比较大的业务，到底适不适合也存在一定的问题。如果说有一定的采用价值，可能要评估需要进行什么样的改造，而不是简单地照搬。如果在公有链基础上看肯定是不行的，从各个方面看也还不是特别令人放心；如果是私有链上，则要看做什么样的改造可以使它的效率更高，这也是要有一些功课要做的。

目前能看到的是核心业务及高流动性的业务采用区块链是没有什么必要的。但是一些离散化的场外业务，甚至是国际业务，采用区块链是有一定可能性的，当然这里有不同的做法。简单地做一个登记，就是记账，这是一种做法，如果里边真的有数字货币或者跟法币挂钩的货币，这就涉及另一个问题，即央行的问题。

大家都面临着国家的货币政策方向的问题，所以区块链有两种用法，一种是不涉及货币，只做登记和结算，这种虚拟资产的搬家还是可以的。有合适的应用场景，可以尝试着做起来，前景还是光明的。另一种是凡涉及货币的，那可能最后就是取决于央行。

如果不涉及货币的问题，5年或者10年以后，是否可以看到区块链技术在证券行业的应用，这个是有变数的。目前的这种做法，无论是公有链证明还是权益证明，用一个私链，比如像我们这个登记公司的私链，它到底能怎么用，目前还不是很确定，这是第一点。它是不是能够原封不动地拿到我们这样的一个场景来，还是说要进行什么样的改造？如果是根本性的改造，安全性是不是经过了足够时间的考验？是不是可以马上进入生产？5年肯定是不乐观的。大家现在都很积极地在探讨，在研究、调研、评估。核心的交易和结算的生产机构，要是有区块链进来，5年之内肯定是不乐观的。但是区域性的、离散化的、低流动性的、场外的，有合适的场景，肯定是可以，5年之内应该是可以见到的。

区块链技术的发展在全球范围内尚处于早期阶段，各种技术方案、应用场景和商业模式等还需要进一步的探索和完善，特别是在我国，区块链作为一个全新的概念和理论，人们的认知、研究和实践刚刚起步，要想在这一领域弯道超车，赶超先进，引领世界，还需要足够的重视、更多的投入，需要理论研究者、网络技术者、金融从业者，以及政府监管部门的积极投入、勇于探索和不断创新。

第七章

全球区块链投融资分析

  由于区块链技术正在经历快速发展，数十亿美元正在快速注入区块链相关企业中，于是在行业中发生了大量的投资和市场活动——自从 2009 年以来，大约有 13 亿美元已经投入到该行业中。这 13 亿美元的投资，主要还是集中在与比特币相关的企业，特别是和挖矿相关的企业，如 21 Inc 或是 BitFury，抑或是基础设施相关的企业，如 Blockchain、Blockstream、Ripple 和以太坊等，很明显这是行业初期发展的特征，而大量的资本投入必然可以促进行业快速成长。而由于比特币相关企业发展最早，所以相对而言更容易获得投资。但随着资本市场将注意力放到区块链技术上，有更多的小型区块链初创企业有待于发掘。

  计算机硬件公司 21 Inc 目前似乎处于领先位置，自从 2013 年以来已经收到 1.21 亿美元的投资，紧接着就是 Coinbase，它获得了 1.05 亿美元的投资。

  在过去的几年时间里，区块链行业中的投资金额一直在成倍增加，目前获得资金最多的 20 个企业，大多数都是在 2011 年之后成立的。但是，目前只有 BitFury、Circle 和 Coinbase 完成了第三轮融资，其中大部分公司还处于早期几轮融资阶段，表明未来投资的机会才刚刚开始。

一、主要的投资领域

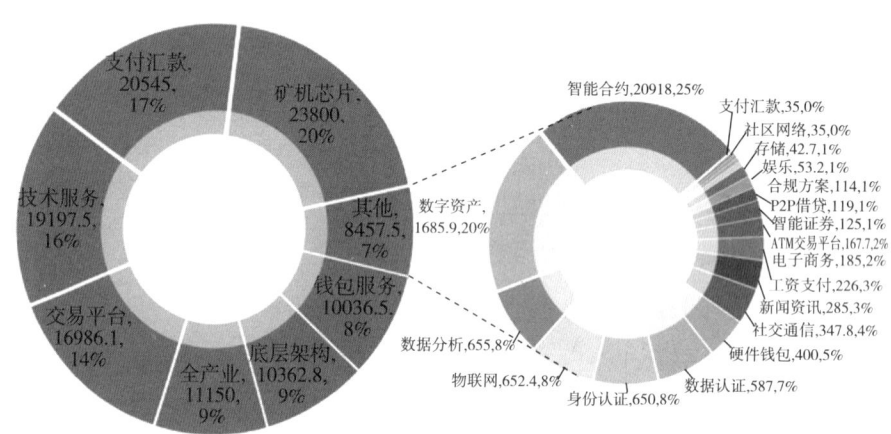

图 7.1　2013 年至 2016 年 4 月全球区块链行业投融资项目类型分析

从图 7.1 可以看出，目前最主要的投资还是集中在和比特币相关的领域，比如矿机芯片、交易平台、支付汇款、钱包服务领域。相对而言，这些领域更加成熟，参与的企业更多，创立的时间也更久。

其中，挖矿领域是一个投资相对最多的行业，图 7.1 主要都是统计在欧美矿机行业的投资行为。但是，根据实际情况来看，考虑到在中国大陆地区有更多的矿机厂商和矿场投入，应该有更加集中的资金投入。但是中国地区的这些投资信息大多数都没有公布出来，因此无法知道真实的投资情况。不仅国内如此，大多数矿机和矿场的资金投入，主要都是来自自筹资金，而目前大陆地区比特币算力占有全球总算力的 70%，所以也可以推断出矿机和芯片之类的总投资额，至少是在目前统计数据的 2 倍到 5 倍。

除了这些之外，其他领域有着更多的细分情况，其中包括智能合约、

第七章
全球区块链投融资分析

数字自资产、数据分析、物联网、身份认证、数据认证、硬件钱包、社交通信等。这些细分领域，许多都是基于比特币区块链，或者包括以太坊在内的其他区块链之上的应用，所以相对来说都是一些早期项目，更多的是在种子轮或者天使轮的投资。

二、不同地区/国家的投资差异

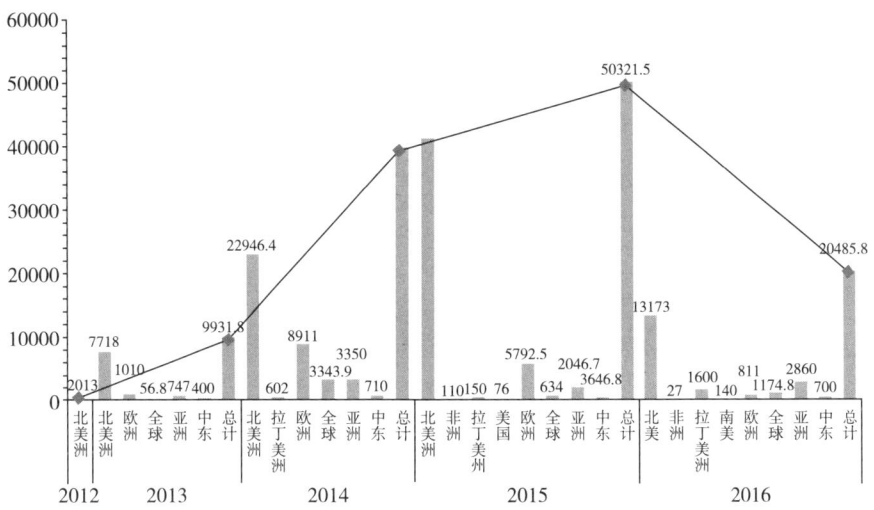

图 7.2　2013 年至 2016 年 4 月全球区块链行业投融资项目类型分析

在图 7.2 我们可以看出，目前统计的投资数据呈现一个线性增长的趋势。在 2012 年，几乎没有太多的公开投资情况出现，到 2015 年，已经出现了众多的投资事件，而且覆盖在区块链行业的多个领域。

同时能够发现，在每年的投资中，北美洲占据了主要的份额，有大量的投资都是集中在北美洲，而欧洲紧随其后，然后才是亚洲。造成这样比例的原因，主要还是因为区块链作为 IT 技术和互联网行业的一部分，北美洲在这方面有着较丰富的技术和人才积累。主要的理论建立和技术方案基本都是北美地区的技术人员提出，并且着手实施的。在这方面，其他地区要远远落后于北美地区。

从比特币到区块链，目前其实还处于一个初级的发展阶段，主要还是集中在技术的基础架构建设中。而纵观整个IT技术的发展史，在基础架构领域，基本都是以欧美为主的。无论是UNIX、DOS、Windows、Linux还是Android，这些基础操作系统或者数据库系统，都需要有对IT技术有着深刻的远见和庞大的资金投入，以及大规模技术基础才能够进行开发。而亚洲地区在这一领域始终没有太多的话语权。到了比特币和区块链阶段，无论是基础理论还是最早原型设计，也都是在欧美开始的，因此，似乎也没有理由认为亚洲能够突然在这方面有机会全面超越欧美地区。

但是，必须要指出一点的是，在早期阶段，亚洲大多数国家对于比特币并不持有友好的态度。中国曾明文规定，禁止所有金融机构和支付机构开展比特币等数字货币相关业务。而早期全球最大的比特币交易所Mt. Gox在日本因为遭受黑客攻击而倒闭，并因此产生了一系列诉讼行为，所以日本政府对于数字货币的态度也一直非常冷淡，而且希望对此进行严格的监管。在未来政策上的态度不明确，必然会造成投资事件和金额远远低于正常的情况，或者也造成有许多投资事件不愿意公开披露。

正如前面所指出的中国大陆地区，在比特币矿机和芯片方面的投资情况，如果把这些从未披露的投资数据都计算在内，也许也不会低于欧洲方面的投资数据。

截至2016年5月，2016年的投资数额已经超过了2015年整年投资数额的一半，因此2016年整年的投资数额超过2015年应该是大概率事件。有理由相信，区块链行业相关的投资将在未来变得越来越频繁。

但是有个有趣的现象是，尽管从2015年下半年开始，"区块链"概念被视为在未来会获得越来越多的重视，许多相关会议和金融媒体都在密集地讨论其可能带来的颠覆式影响，甚至认为"区块链"技术已经被炒作过度，甚至可能有泡沫产生。但是从投资数据来看，并没有出现极大幅度的增长，完全是呈现出一个线性增长方式。从这一点来看，无论"区块链"这个概念被如何热炒，投资数据完全表现的是一种行业初级发展的特征，没有任何出现指数级增长的"泡沫"现象。

考虑到区块链技术在未来多个行业的发展可能性还具有极大的不确定性，而目前更多集中在底层架构的探索中，许多投资机构抱着观望的态度，希望能够等待局势更加明朗后再大举进入。

不同于在互联网发展早期，许多新的技术和创新都是初创公司开始，许多大型公司都是扮演投资者和并购者的角色。由于区块链要获得大规模应用，最容易的方式不是推翻目前所有的金融场景，而是帮助现有金融场景降低成本或者提高效率。因此许多参与区块链的研究和开发，都是在大型金融机构内部进行的。因为只有他们有更加合适的应用场景，并且明白自己的需求和痛点所在，但也因为这个原因，他们的具体进展和投入都没有对外公开，所以这方面的许多数据无法从公开渠道中获得。

所以，根据目前的线性增长趋势来判断，类似于 1995～1996 年的互联网投资情况，距离 2000 年的全球互联网泡沫的高峰形态相去甚远。完全可以认为区块链行业投资在未来还有巨大的上升空间。

三、不同年度的投资重点差异

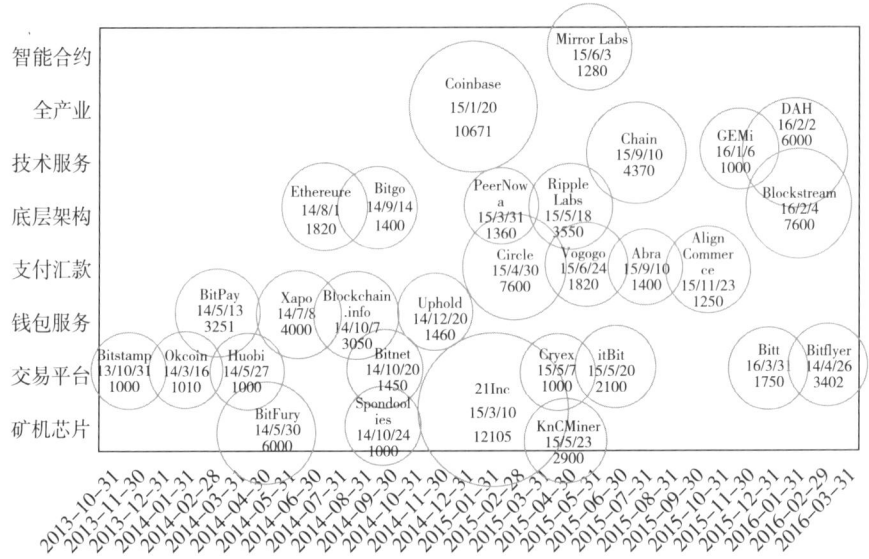

图 7.3　2013 年至 2016 年 4 月融资额超过 1000 万美元项目一览表

图 7.3 是全球融资额超过 1000 万美元的区块链项目，分别在行业类型和融资的时间节点上的分布图。从图中可以看到，投资机构对于区块链在不同时间和不同领域的兴趣点。

可以发现投资者在早期更多的关注矿机芯片和钱包服务，显然这都是和比特币密切相关的，而从 2015 年之后，开始把关注点开始转移到支付汇款、底层架构和技术服务上。这本身说明，投资者开始不再把所有的投资重点放在比特币上，而是开始重点建设整个生态环境。

有趣的是，对于交易平台的投资始终比较持续，可能不论未来区块链

第七章
全球区块链投融资分析

是何种走向，哪些区块链项目将会崛起，交易所始终会是打通数字货币和法币之间的桥梁。区块链行业本身在快速发展中，体量也变得越来越大，必然会需要更多类似于桥梁这样的配套措施。所以，相信在未来还会出现更多的数字货币交易所。

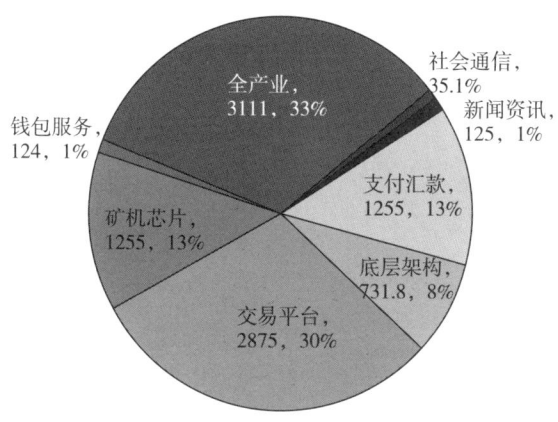

图 7.4　2013 年度区块链项目投资类型分析

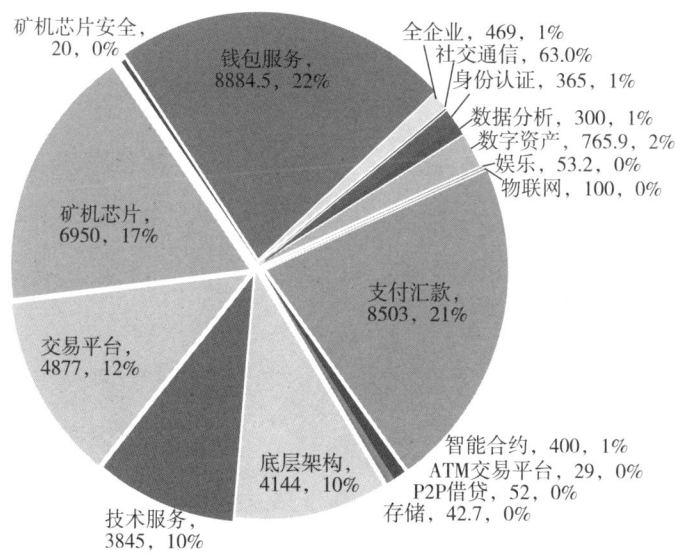

图 7.5　2014 年度区块链项目投资类型分析

区块链社会
解码区块链全球应用与投资案例

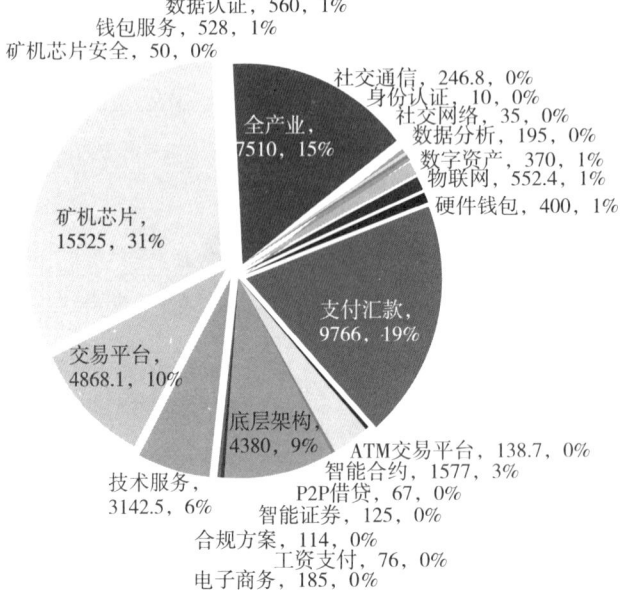

图 7.6　2015 年度区块链项目投资类型分析

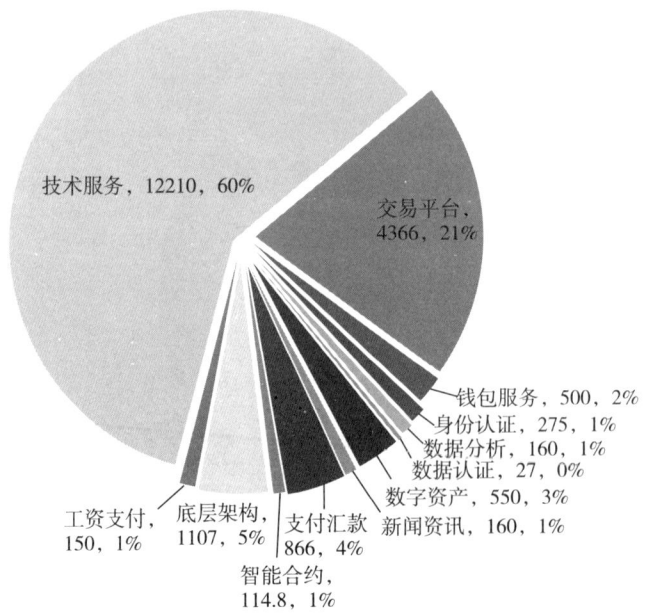

图 7.7　2016 年 5 月前区块链项目投资类型分析

第七章
全球区块链投融资分析

通过对不同年度的投资类型的分析，我们也可以看出随着时间的推移，投资重点的确发生了不小的变化。很显然，从比特币时期的投资矿机和钱包之类，开始更多地形成以区块链技术为核心的完整生态系统。

另外一个比较明显的特征是，行业细分类型开始越来越多，会有很多围绕着核心生态系统的衍生产也开始逐渐诞生。尽管这些细分行业还十分弱小，但是能够看出，区块链已经在更多的细分行业获得了资本市场的认可。

四、ICO 方式的崛起

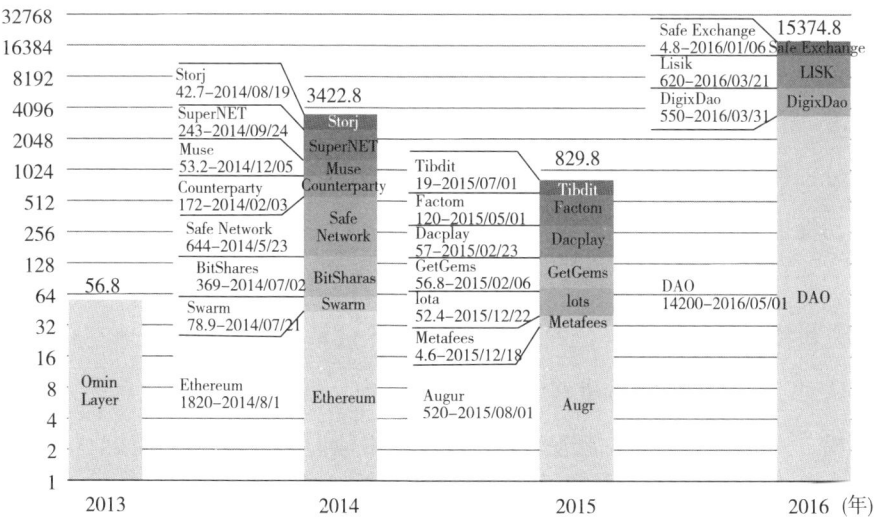

图 7.8　2013 年至 2016 年 4 月区块链项目 ICO（Initial Coin Offering）融资情况

图 7.8 是专门分析区块链 ICO 融资情况。ICO 融资是区块链行业的一个独有的融资方式，并且很有可能会改变整个区块链甚至是其他行业的融

资情况。因此，是值得进行深入研究和探索的。

所谓 ICO 是指通过发行代币（Coin 或者 Token）的方式来进行融资的。有许多区块链项目是以 DAO 的形式来展现（关于 DAO 的定义和运作方式，请参见 DAO 章节），所以它们可以发行代币来代表该项目的一些收益权或者股份。每个项目根据投资者投资金额比例来发行相应的代币给投资者，而这些代币往往可以在一些数字货币的交易所里进行交易。

无论是从其名称还是其实际运作方式，都很容易让大家联想到 IPO。事实上，这非常类似于初次股票的发行，投资者支付一定的费用认购自己相应的份额，而这部分份额以某种凭证的方式，可以在交易市场进行自由交易。可能主要也是考虑法律方面的原因，这些区块链项目不愿意称相应的份额为股份（Shares），而是称为代币（Coin），也刻意回避了 IPO 的说法。

尽管在过去的几年中，众筹（Crowdfunding）也曾经非常热闹，但是众筹的方式很难让投资者随意退出。而 ICO，能够让那些投资者几乎在每一分钟都可以进行交易，这让投资者持有的份额具有极好的流动性，这些流动性也会使项目估值产生更高的溢价。

此外，类似于像传统 VC（风险投资）和 PE（私募股权投资）这样的投资机构，他们往往对于投资项目具有很大的话语权，会极大地左右创始团队对于项目的 ICO 推进路线，而在 ICO 中，创始团队似乎具有更大的话语权，大多数投资者只能选择买入或者卖出他们的份额，而无法直接干涉创始团队的工作。当然，这也可能造成创始团队有可能对资金的滥用和欺诈行为，但是创始团队如果想要以更高的价格来抛售自己所持有的份额，就必须更加努力地工作，让整个市场认为该项目在未来有着更高的价值。

我们在前文指出，区块链行业投资的年度总额是以线性的方式在增长，而从图 7.8 中的纵坐标可以看出，这里使用了对数坐标，这说明 ICO

第七章
全球区块链投融资分析

的总金额在快速增加，有越来越多的区块链项目开始使用 ICO 的方式来进行筹资，这也是区块链行业和其他新兴行业最大的区别。传统的新兴行业往往通过 VC 和 PE 来进行筹资，而区块链行业却增加了 ICO 这种方式。这可以算作是区块链行业一种非常独特的现象，让区块链行业融资形成了一种全新的生态环境。在不接触传统投资机构的情况下，完全以自给自足的方式进行融资，并且能够完成整个行业技术的快速迭代。

类似于以太坊这样的区块链项目，往往都是通过 ICO 的方式进行融资的。不仅可以在短期内募集到大量的资金，而且可以避开许多的法律问题。特别是 ICO 的方式是可以不需要法律主体的，而很多区块链项目本身就处于法律的灰色地带，因此越来越多的区块链项目开始采用了 ICO 方式来筹集资金。

ICO 另外一个不同于传统融资方式的特点是，初创团队往往并不会留下很多的权益份额，而是把大部分权益份额全部让给参与众筹的投资者。这和传统 VC，或者 PE 有非常大的区别。熟悉传统融资过程的专业人士肯定知道，专业的 VC、PE 进行投资时，往往不会占有大部分股份，而只是获得少量股份。他们还是希望初创团队占有大部分股份，这样初创团队才有足够的动力来开创全新的事业。但是在 ICO 中，我们会发现初创团队更愿意把大部分权益份额让给投资者。这是一个非常值得探讨的现象。

这在一定程度上不排除受到比特币的影响，因为比特币本身是由一个匿名的开发者创立的，这个自称为"中本聪"的匿名开发者并没有为自己谋求许多的权益，也从未要求自己在比特币的全部份额中占有一定的比例。尽管在开始阶段，"中本聪"自己也"挖"了不少比特币，但是他从未动用过自己的比特币，也就没有从中获得任何的私利，甚至在盛传他将被推举提名诺贝尔经济学奖的时候，他也没有表明过自己的身份，看来也没有贪图过"虚名"，就是这样一个完全不为名利的人，激励了许多人希望能够效仿"中本聪"无私的精神。

当然，精神激励并不是一个主要的因素，更多的原因可能来自市场机制。由于区块链本身是一个大规模协作工具，这注定区块链项目必须有大量的用户参与才能够让项目蓬勃发展起来。而只有项目得到发展，那些开发者手中持有的权益才能够变现。而参与 ICO 的投资者如果发现初创团队本身并没有持有太多的筹码，也许会更加愿意参与众筹，因为这样也许不会让投资者感觉是纯粹在为初创团队打工。

所以，从经济学角度来看，那些初创团队能够意识到，如果项目发展不起来，手上持有再多的筹码也没有意义。只要项目能够发展起来，即使很少的一部分，也能获得不菲的回报。因此，他们通过持有较少的权益份额，而出让更多的权益份额，能够让更多的人有意愿参与到项目中。而那些早期有参与项目的投资者，在后来为了让自己所持有的代币能够增值，也会自动成为项目的义务推广者，这对于项目未来是否成功有着巨大的推动作用。所以也让更多的项目创始人选择这种共赢的方式来进行 ICO。

2016 年 5 月，ICO 的方式达到一个全新的阶段。一个基于区块链，项目名称为 DAO 的去中心化自治基金在公开众筹中募集了约 1.5 亿美元的资金，打破了全球所有的众筹纪录。这个去中心化自治基金是没有中心化的管理机构，也没有传统的企业实体，每个人投资的人集体参与决策。尽管整个项目在众筹阶段饱受争议，有很多人质疑这种集体决策的方式来进行投资，其结果是否能够带来足够的回报。同时，全球主要的金融媒体，连篇累牍地发表文章探讨 DAO 可能带来的法律问题，以及未来对于全球融资业态的影响。但必须承认，这是一种非常大胆的尝试，并且 DAO 项目的成功记录，吸引了更多的人开始了解 ICO 这种方式。

从目前透露的消息来看，未来还会有大量的全新区块链项目会采用 ICO 的方式来募集资金，而募集资金的数量也会急剧增长。总体来说，项目增长的速度可能会低于关注人群增长的速度，而所有的 ICO 基本都是面向全球投资者的。所以未来可能 ICO 的众筹资金数量还会屡创新高。并且，不排除区块链之外的其他行业也会开始逐渐关注这个奇特的方式。不过，并不是所有的项目都适合使用 ICO 方式。顾名思义，采用 ICO 方式的前提是，该项目应该会内置代币，而这个代币必须能够代表该项目的部分权益。所以，未来 ICO 能否在更多的领域获得应用，是一个非常值得观察的现象。

五、总结

需要指出的是，我们数据统计资料都是来自互联网公开的信息，可以明确的是还有许多尚未公开的投资事件已经或者正在发生。比特币和区块链行业有一个有别于其他行业的特点，就是在 2015 年之前，比特币在许多国家都是一个相对敏感的领域，所以有许多的投资事件从未披露过。很多个人或者投资机构并不希望别人知道自己和这方面有关的企业有投资关系。

截至 2016 年 5 月，比特币总市值已经达到 80 多亿美元，而主要的区块链项目总市值达到 100 多亿美元，因此有理由相信，在这方面的实际投资可能会远远超过我们能统计到的数额。

关于全球主要区块链投资项目的详细数据请参见表 7.1。

表7.1　全球主要区块链投资项目

项目	类型	国家	时间	资金	融资类型	情况
21 Inc（21e6）	矿机芯片	美国	2015/03/10	11600	C轮	Andreessen Horowitz、RRE Ventures、来自中国的私募股权公司 Yuan Capital、芯片制造商高通公司（Qualcomm），其他投资者包括 Khosla Ventures、Data Collective、PayPal 联合创始人 Peter Thiel、Max Levchin、eBay 公司联合创始人 Jeff Skoll、Dropbox 公司首席执行官 Drew Houston、Expedia 首席执行官 Dara Khosrowshahi、Zynga 公司联合创始人 Mark Pincus
Abra	支付汇款	美国	2013/11/17	505	A轮	Individual Investors
			2014/08/01	200	种子轮	Scott and Cyan Banister
			2015/09/10	1200	A轮	Arbor Ventures、RRE Ventures 和 First Round Capital，还包括美国运通和印度塔塔集团名誉主席 Ratan Tata
Airbitz	钱包服务	美国	2015/01/12	3	种子轮	Plug and Play Tech Center
			2015/05/06	45	种子轮	Block26
Align Commerce	支付汇款	美国	2015/11/23	1250	A轮	领投方为硅谷传奇投资公司 KPCB，跟投方包括 Digital Currency Group、FS Venture Capital、Pantera Capital、Recruit Ventures Partners 以及硅谷银行的投资部门 SVB Ventures
AlphaPoint	技术服务	美国	2014/10/17	135	种子轮	Ben Franklin Technology Partners、Robin Hood Ventures、Scott Becker、Gabriel Weinberg
Anycoin Direct	交易平台	荷兰	2015/01/21	56	种子轮	未知

第七章
全球区块链投融资分析

续表

项目	类型	国家	时间	资金	融资类型	情况
Armory Technologies	钱包服务	美国	2013/09/01	60	种子轮	Trace Mayer、Jim Smith、Kevin Bombino、Individual Investors
Ascribe	数据认证	德国	2015/06/24	200	种子轮	Earlybird Venture Capital、Digital Currency Group、Freelands Ventures、angel investors
Augur	智能合约	全球	2015/08/01	520	众筹	
Avalon Clones	挖矿	美国	2013/07/22	300	A轮	N/A
Bex.io / Spawngrid	交易平台	加拿大	2013/12/01	50	种子轮	Cross Pacific Capital Partners, Individual Investors
Bitbond	P2P借贷	德国	2015/05/20	67	种子轮	Point Nine Capital, Christian Vollmann
			2014/08/13	27	种子轮	Point Nine Capital, Nelson Holzner
Bitex.la	交易平台	阿根廷	2014/05/30	200	A轮	未知 UK-based investor
			2014/01/15	200	种子轮	未知
Bitflyer	交易平台	日本	2014/07/22	160	种子轮	Unnamed Japan-based venture capital firm
			2014/10/10	24	种子轮	Bitcoin Opportunity Corp.
			2015/01/28	110	A轮	Bitcoin Opportunity Corp、RSP Fund No.5、GMO Venture Partners

续表

项目	类型	国家	时间	资金	融资类型	情况
Bitflyer	交易平台	日本	2015/08/12	408	B轮	三菱UFJ金融集团旗下的三菱UFJ资本有限公司（Mitsubishi UFJ Capital Co., Ltd.）、日本电通集团旗下的风投公司电通数码控股公司（Dentsu Digital Holdings, Inc.）、日经集团旗下的财经信息提供商QUICK公司（QUICK Corp.）、三井住友保险公司旗下的风投公司（MITSUI SUMITOMO INSURANCE Venture Capital Co., Ltd.）、创业投资有限公司（Venture Labo Investment Co., Ltd.）等
			2016/04/26	2700	C轮	Venture Labo Investment, SBI Investment
BitFury	挖矿	荷兰	2015/07/09	2000	C轮	The Georgian Co-Investment Fund、DRW Venture Capital、iTech Capital
			2014/10/09	2000	B轮	Bill Tai, Bob Dykes, Georgian Co-Investment Fund, Lars Rasmussen
			2014/05/30	2000	A轮	Binary Financial、Crypto Currency Partners、Georgian Co-Investment Fund、Queensbridge Venture Partners and ZAD Investment Company、Jonathan Teo、Bill Tai

第七章 全球区块链投融资分析

续表

项目	类型	国家	时间	资金	融资类型	情况
BitGo	底层架构	美国	2014/09/04	N/A	N/A	BitFury Capital
			2014/06/16	1200	A轮	Redpoint Ventures、Bitcoin Opportunity Corporation、Radar Partners、Liberty City Ventures、Crypto Currency Partners、A-Grade Investments、Jeffrey S. Skoll、Bill Lee、Founders Fund、Eric Hahn、Bridgescale Partners
			2013/03/01	200	种子轮	Bridgescale Partners、Eric Hahn、Jeff Skoll、Bill Lee、Others 未知
BitGold	数字资产	加拿大	2014/07/14	100	种子轮	Massimo Agostinelli
			2014/12/05	80	种子轮	未知
			2014/12/25	350	A轮	PowerOne Capital、Soros Brothers Investments、Sandstorm Gold、Port Vesta Holdings
Bitinstant	支付汇款	美国	2012/10/31	150	A轮	Winklevoss Capital, David Azar
BitKan	新闻资讯	中国	2016/04/12	160	A轮	Bitmain Technology
BitLending Club	P2P借贷	美国	2014/10/24	25	种子轮	LAUNCHub
Bitnet	支付汇款	美国	2014/10/20	1450	A轮	Highland Capital Partners、Rakuten、James Pallotta、Stuart Peterson、Bill McKiernan、Stephens Investment Management、Bitcoin Opportunity Fund、Commerce Ventures、Webb Investment Network、Buchanan Investment
			2014/01/01	N/A	种子轮	Commerce Ventures

续表

项目	类型	国家	时间	资金	融资类型	情况
BitPagos	支付汇款	美国	2014/06/17	60	种子轮	Pantera Capital、Boost Bitcoin Fund、8capita、South Ventures、NXTP Labs、Tim Draper、Barry Silbert、Individual Investors
			2013/09/01	3	种子轮	NXTP Labs
BitPay	支付汇款	美国	2014/05/13	3000	A轮	Index Ventures、AME Cloud Ventures、Felicis Ventures、Founders Fund、Horizons Ventures、RRE Ventures、Sir Richard Branson、TTV Capital、Jerry Yang、Richard Branson
			2013/05/16	200	种子轮	A-Grade Investments、Founders Fund、Heisenberg Capital
			2013/01/07	51	种子轮	Individual Investors：Shakil Khan、Barry Silbert、Roger Ver、Ashton Kutcher、Matt Mullenweg、Ben Davenport、Trace Mayer、Jimmy Furland
BitPesa	支付汇款	肯尼亚	2015/02/09	110	A轮	对冲基金Pantera Capital领投，其他参与者包括风险投资公司Bitcoin Opportunity Corp、Crypto Currency Partners、Future/Perfect Ventures以及Stephens Investment Management
BitShares	交易平台	全球	2014/07/20	369	众筹	5904个BTC
BitSim	全产业	中国	2014/02/04	50	种子轮	Seedcoin, Individual Investors
Bitstamp	交易平台	英国	2013/10/31	1000	A轮	Pantera Capital Management

续表

项目	类型	国家	时间	资金	融资类型	情况
Bitt	交易平台	巴巴多斯	2016/03/31	1600	A轮	Overstock
			2015/03/30	150	种子轮	Avatar Capital
Bitwage	工资支付		2015/11/20	76	种子轮	Cloud Money Ventures、Saeed Amidi、法国电信集团 Orange、Draper Associates、Bitcoin Capital fund 等
Bitwala	支付汇款	荷兰	2016/04/04	91	种子轮	KfW Banking Group、Digital Currency Group
BitX	交易平台	新加坡	2014/08/19	82	种子轮	Naspers 集团领投，Digital Currency Group 参投
			2015/07/21	400	A轮	Digital Currency Group、Carol Realini
Blockchain.info	钱包服务	英国	2014/10/07	3050	A轮	Lightspeed Ventures、Wicklow Capital、Mosaic Ventures、Prudence Holdings、Future Perfect Ventures、Rafael Corrales、Amit Jhawar、Nat Brown、Individual Investors
BlockCypher	底层架构	美国	2015/01/14	310	种子轮	Tim Draper、AME Cloud Ventures、Boost VC、500 Startups、Crypto Currency Partners、New Enterprise Associates（NEA）、Nasir Jones、Jesse Draper、Shawn Byers、Fenox Venture Capital、Streamlined Ventures、Upside Partnership、Foundation Capital

续表

项目	类型	国家	时间	资金	融资类型	情况
Blockscore	身份认证	美国	202014/6/1	3		Lightspeed Venture Partners
			2014/06/26	200	天使轮	Battery Ventures、Lightspeed Venture Partners、Boost VC、New Atlantic Ventures、Khosla Ventures、Y Combinator
Blockstream	技术服务	美国	2014/11/18	2100	天使轮	领投人分别是 LinkedIn 联合创始人兼 Airbnb 董事会成员 Reid Hoffman、Khosla Ventures（之前投资了 Chain.com）、加拿大种子基金 Real Ventures，其他投资公司也促成了这一轮融资，包括 Crypto Currency Partners、谷歌董事长埃里克·施密特的 Innovation Endeavors、Future/Perfect Ventures、Mosaic Ventures、Ribbit Capital 以及雅虎联合创始人杰里杨的 AME 云创投
			2016/02/04	5500	A 轮	领投方分别是安盛战略风险投资公司（AXA Strategic Ventures，法国跨国保险公司安盛集团的风险投资部门）、Digital Garage（由伊藤穰一联合创立的东京在线支付公司）以及香港风险投资公司 Horizons Ventures，其他参投方还包括 AME 云创投、区块链资本（Blockchain Capital）以及未来/完美风投（Future/Perfect Ventures）
BlockTrail	底层架构	荷兰	2014/08/18	65	种子轮	Lev Leviev

第七章
全球区块链投融资分析

续表

项目	类型	国家	时间	资金	融资类型	情况
Bonafide (Bonifide.io)	数据分析	美国	2015/02/02	85	种子轮	Quest Venture Partners, Crypto Currency Partners, AngelList Bitcoin Syndicate
			2014/10/01	N/A	种子轮	Quest Venture Partners
			2014/04/21	10	种子轮	500 Startups
BTC China (Shanghai Satuxi Network)	交易平台	中国	2013/11/18	500	A轮	Lightspeed China Partners,
BTC.sx	交易平台	新加坡	2014/04/01	30	种子轮	Seedcoin, Joe Lee
BTCS	挖矿	美国	2015/12/22	145	N/A	Cavalry Fund I LP
			2015/04/27	230	N/A	未知
			2015/01/01	50	N/A	未知
Buttercoin	底层架构	美国	2013/09/01	125	A轮	Alexis Ohanian、Centralway、FLOODGATE、Google Ventures、Initialized Capital、Rothenberg Ventures、Y Combinator
Case	硬件钱包	美国	2015/06/18	150	种子轮	Future/Perfect Ventures 领投, RRE Ventures、Third Kind Venture Capital、Rochester Institute of Technology
			2015/09/11	100	种子轮	Future/Perfect Ventures 领投

283

续表

项目	类型	国家	时间	资金	融资类型	情况
Chain	技术服务	美国	2014/01/01	420	天使轮	Betaworks、RRE Ventures、Thrive Capital 和 SV Angel
			2014/08/21	950	A 轮	由 Khosla Ventures 领衔，由计算机巨头 Sun Microsystems 公司的联合创始人 Vinod Khosla 发起，投资者包括 Kevin Ryan、Barry Silbert、Scott Banister、Homebrew、500 初创公司以及 Pantera Capital
			2015/09/10	3000	B 轮	Visa 公司、纳斯达克、花旗风投、RRE Ventures、第一资本金融公司、Fiserv 公司、Orange SA 等金融巨头
Chainalysis	数据分析	美国	2016/02/22	160	天使轮	Point Nine Capital、TechStars、Digital Currency Group（数字货币集团）、FundersClub、Converge Venture Partners
Challenger Deep	底层架构	英国	2015/07/23	186	种子轮	Pascal Gauthier
ChangeTip	支付汇款	美国	2014/12/02	350	A 轮	Pantera Capital、500 Startups、Boldstart Ventures、CryptoCurrency Partners、Idealab
			2014/05/05	75	种子轮	CryptoCurrency Partners
			2014/04/04	N/A	种子轮	BOLDstart Ventures
Chronicled	底层架构	美国	16/03/09	342	种子轮	Mandra Capital、Pantera Capital、Colbeck Capital Management

第七章
全球区块链投融资分析

续表

项目	类型	国家	时间	资金	融资类型	情况
Ciphrex	钱包服务	美国	2015/01/15	50	A轮	未知
			2014/10/07	30	N/A	未知
Circle	支付汇款	美国	2013/10/31	900	A轮	Accel Partners、General Catalyst Partners
			2014/05/26	1700	B轮	Breyer Capital、General Catalyst Partners、Oak Investment Partners 以及 Accel Partners
			2015/04/30	5000	C轮	高盛以及IDG资本（中国）领投，Breyer Capital、General Catalyst Partners、Oak Investment Partners 以及 Accel Partners 跟投
Civic	身份认证	美国	2016/01/29	275	天使轮	领投方为Social Leverage风投公司，其他参与方包括Founder Collective、Pantera Capital、Blockchain Capital 以及 Digital Currency Group
Coinalytics	数据分析	美国	2014/04/21	10	种子轮	500 Startups
			2015/09/11	110	种子轮	The Hive领投、SeanPercival、Dave McClure、500Fintech，500 Startups
Coinapult	钱包服务	巴拿马	2014/09/30	78	种子轮	Bitcoin Opportunity Corp、Roger Ver、FirstMark Capital、Erik Voorhees、Ira Miller

续表

项目	类型	国家	时间	资金	融资类型	情况
Coinbase	全产业	美国	2015/01/20	7500	C轮	领投方包括 DFJ Growth、Andreessen Horowitz、Union Square Ventures，以及 Ribbit Capital；此外还有纽约证券交易平台（NYSE）、财富500强金融服务集团 USAA、西班牙外换银行 BBVA 以及日本电信巨头 DoCoMo 也参与了融资
			2013/12/12	2500	B轮	Andreessen Horowitz, Ribbit Capital, Union Square Ventures, QueensBridge Venture Partners, Anthony Saleh, Nasir "Nas" Jones
			2013/04/26	611	A轮	Ribbit Capital、Union Square Ventures、Red Swan Ventures、SV Angel, Interplay Ventures、FundersClub
			2012/09/01	60	种子轮	Alexis Ohanian、Y Combinator、Greg Kidd、Garry Tan、FundersClub
coinfirma	挖矿	美国	2013/12/31	50	种子轮	未知 Venture Investor(s)
Coinfloor	交易平台	英国	2014/06/06	20	N/A	Passion Capital、Taavet Hinrikus、Adam Knight
			2013/09/08	10	种子轮	Passion Capital、Taavet Hinrikus、Individual Investors
Coinify*	全产业	丹麦	2014/09/25	34	种子轮	SEED Capital
Coinigy	交易平台	美国	2015/03/19	10	种子轮	未知

第七章 全球区块链投融资分析

续表

项目	类型	国家	时间	资金	融资类型	情况
CoinJar Pty	钱包服务	澳洲	2013/12/02	50	A轮	Blackbird Ventures、Individual Investors
			2013/05/01	2	种子轮	AngelCube
CoinOutlet	ATM交易平台	美国	2015/01/01	10	种子轮	BTCS
			2014/11/01	5	种子轮	BitcoinShop
Coinplug	支付汇款	韩国	2013/11/25	40	种子轮	Silverblue
			2014/04/03	40	种子轮	Draper Fisher Jurvetson Partners、Key Initiatives Technical Entrepreneur、Individual Investors
			2014/10/08	250	A轮	Mirae Asset Venture Investment、Bokwang Investment Corp、Capstone Partners、DSC Investment、Tim Draper
			2015/10/03	500	B轮	SBI Investment
CoinPlus	支付汇款	卢森堡	2014/09/18	22	种子轮	未知
Coinsetter	交易平台	美国	2014/10/16	140	B轮	Unknown
			2014/02/18	50	A轮	Crypto Currency Partners
CoinSimple	支付汇款	中国	2014/03/07	18	种子轮	Seedcoin, Individual Investors
Colu	数字资产	以色列	2015/01/27	250	A轮	Aleph Capital、Spark Capital、BoxGroup以及Bitcoin Opportunity Fund
Counterparty	底层架构	全球	2014/02/03	172	众筹	2126个BTC

287

续表

项目	类型	国家	时间	资金	融资类型	情况
Cryex	交易平台	瑞典	2015/05/07	1000	A轮	White Star Capital、Northzone Ventures
Cryptopay	支付汇款	英国	2014/02/04	8	种子轮	Seedcoin
Custos Media Technologies	数据认证	南非	2016/04/08	27	种子轮	Digital Currency Group、Innovus Technology Transfer、未知 angel investor
Dacplay	智能合约	全球	2015/02/23	57	众筹	2397个BTC
Devign Lab	全产业	韩国	2014/10/09	20	种子轮	K Cube Ventures
DigiByte	支付汇款	美国	2014/12/02	25	种子轮	未知
Digital Asset Holdings	技术服务	美国	2016/02/02	6000	A轮	高盛、IBM、荷兰银行、埃森哲、澳洲证券交易平台、法国巴黎银行、Broadridge的金融解决方案、花旗银行、CME Ventures、德意志交易平台集团、ICAP、桑坦德风投、证券托管清算公司（DTCC）、PNC金融服务集团
Digital Currencies FinTech	新闻资讯	美国	2013/08/19	125	A轮	Centralway AG、Floodgate、Google Ventures、Individual Investors、Initialized Capital、Y Combinator
DigixDao	数字资产	全球	2016/03/31	550	众筹	13290个BTC
Dogetipbot	支付汇款	美国	2014/11/05	45	种子轮	Blackbird Ventures、Scott and Cyan Banister、Individual Investors

第七章　全球区块链投融资分析

续表

项目	类型	国家	时间	资金	融资类型	情况
Elliptic	钱包服务	英国	2016/03/21	500	A轮	Paladin Capital Group、Santander InnoVentures、KRW Schindler、Digital Currency Group；Octopus Ventures
			2014/07/16	200	种子轮	Octopus Investments
			2014/02/10	N/A	种子轮	Seedcamp
Ethcore	底层架构	英国	2016/04/22	75	Pre-种子轮	Blockchain Capital, Fenbushi Capital
Ethereum	底层架构	全球	2014/08/01	1820	众筹	
Exchange of the Americas (meXBT)	交易平台	墨西哥	2014/03/18	34	种子轮	Seedcoin, Individual Investors
			2014/01/15	15	种子轮	Seedcoin, Individual Investors
Expresscoin	交易平台	美国	2014/07/01	15	种子轮	BTCS
			2014/03/01	N/A	种子轮	Crypto Currency Partners, Demarest
			2014/03/01	N/A	种子轮	Crypto Currency Partners
Factom	数据认证	美国	2015/05/01	120	众筹	
			2015/10/15	180	种子轮	Kuala Innovations
Filament	物联网	美国	2014/08/19	100	种子轮	VTF Capital, Resonant Venture Partners
			2015/08/18	500	A轮	Bullpen Capital、Crosslink Capital、Haystack、Techstars、Verizon、Digital Currency Group、Samsung Ventures、Working Lab Capital

续表

项目	类型	国家	时间	资金	融资类型	情况
Gem	技术服务	美国	2015/01/21	10	天使轮	Amplify. LA
			2014/05/09	190	种子轮	Mesa Ventures、Idealab、James Joaquin、Brock Pierce 的投资公司、Crypto Currency Partners 的投资
			2015/02/15	132.5	种子轮	KEC Ventures 领投，其他跟投方包括 First Round Capital、RRE Ventures（参与了 21 Inc 和 Abra 的投资）、Facebook 的早期投资人 Robert Wolfson 等
			2016/01/06	710	A 轮	领投方为 Pelion 风险投资合伙公司，跟投方包括 KEC 风险投资公司、Blockchain Capital、Digital Currency Group、RRE Ventures、Tamarisk Global、Drummond Road Capital、Tekton Ventures、Amplify. LA、Danmar Capital 以及天使投资人 James Joaquin
GetGems	社交通信	以色列	2015/01/05	40	种子轮	Magma VC
			2014/12/01	60	种子轮	未知
			2015/02/06	56.8	众筹	2633 个 BTC
Gliph	社交通信	美国	2014/01/31	3	种子轮	Semil Shah
			2013/12/18	13	种子轮	Pantera Capital
			2013/09/19	20	种子轮	Boost Fund、Portland Seed Fund、Rogue Venture Partners、Tim Draper、Individual Investors
			2013/05/18	2	种子轮	N/A
			2012/01/03	3	种子轮	Portland Seed Fund

第七章 全球区块链投融资分析

续表

项目	类型	国家	时间	资金	融资类型	情况
GoCoin	支付汇款	新加坡	2014/03/26	150	A轮	BTCS、Crypto Currency Partners、Owen Van Natta、Demarest、Individual Investors
			2013/11/07	55	种子轮	BitAngels、Demarest Ventures、Individual Investors、Ruvento Ventures、Crypto Currency Partners、Gary Stiffelman、Mikael Pawlo、Andrew Frame、Owen Van Natta、David Neuman、Ronnie Wee、Honathan Congdon、Prolific Venture Capital
GogoCoin	钱包服务	美国	2014/04/21	10	种子轮	500 Startups
			2013/10/09	11	种子轮	500 Startups、Draem Ventures
			2013/10/01	1	种子轮	Draem Ventures
HashPlex	挖矿	美国	2014/06/12	40	种子轮	Barry Silbert、Jason Prado、Individual Investors
HashRabbit	挖矿安全	美国	2015/02/04	50	种子轮	Draper Associates、VegasTechFund
			2014/10/01	20	N/A	VegasTechFund
Hedgy	智能合约	美国	2015/04/30	120	种子轮	Draper Fisher Jurvetson、Tim Draper、Marc Benioff（Salesforce的CEO）、Sand Hill Ventures 等
Hive	钱包服务	中国	2014/03/26	19	种子轮	Roger Ver、Seedcoin
Huobi	交易平台	中国	2014/05/27	1000	A轮	Sequoia Capital China

续表

项目	类型	国家	时间	资金	融资类型	情况
itBit	交易平台	美国	2015/05/07	2500	A轮	RRE Ventures、Liberty City Ventures、投资人 Jay W Jordan II.以及 Raptor Capital 管理公司董事长 James Pallotta
			2013/11/11	325	A轮	Canaan Partners、Individual Investors、Liberty City Ventures、RRE Ventures、Jay W. Jordan II、Ben Davenport
Keza	交易平台	美国	2016/03/02	36	Pre-种子轮	Jason Calacanis、Digital Currency Group
KnCMiner	挖矿	瑞典	2015/02/03	1500	B轮	Accel Partners、GP Bullhound、Creandum、Martin Wattin
			2014/09/04	1400	A轮	Creandum
Koinify	数字资产	美国	2014/09/17	100	A轮	IDG Capital Partners、zPark Ventures、Danhua Capital、Brock Pierce、Individual Investors
			2014/03/25	45	种子轮	Zhenfund(Sequoia China Angel)、Ceyuan Ventures、Crypto Currency Partners
Korbit	全产业	韩国	2014/08/25	300	A轮	Pantera Capital、BAM Ventures、Bitcoin Opportunity Corp、Tim Draper、Pietro Dova、Strong Ventures、Softbank Ventures Korea
			2014/01/20	40	种子轮	Strong Ventures、Bitcoin Opportunity Fund、Tim Draper、David Lee、Naval Ravikant、Michael Yang、Jay H. Eum、Pietro Dova

第七章
全球区块链投融资分析

续表

项目	类型	国家	时间	资金	融资类型	情况
Kraken	交易平台	美国	2013/12/31	500	A 轮	Hummingbird Ventures 领投，Digital Currency Group、Blockchain Capital，以及 Roger Ver 等 12 位个人投资者
Ledger	硬件钱包	法国	2015/02/19	150	种子轮	法国风投基金 XAnge Private Equity 领投，其他参与者还有 HiPay（高新传媒集团）、NetAtmo 首席执行官 Fred Potter、Rentabiliweb 集团副总裁 Thibaut Faurès Fustel de Coulanges、Alain Tingaud Innovations 和 Pascal Gauthier、Criteo 的前任首席执行官以及 Challenger Deep 创始人
LibertyX	ATM 交易平台	美国	2015/01/07	40	种子轮	Project 11
Libra	技术服务	美国	2014/10/10	50	种子轮	Liberty City Ventures、James Pallotta、Ben Davenport、CrossCoin Ventures
Lisk	底层架构	全球	2016/03/21	620	众筹	15128 个 BTC
Lota	物联网	全球	2015/12/22	52.4	众筹	1191 个 BTC
Melotic	交易平台	中国	2014/10/10	118	种子轮	Ceyuan Ventures、Lightspeed China、Bitcoin Opportunity Corp、500 Startups、Marc Van Der Chijs
Metafees	交易平台	全球	2015/12/18	4.6	众筹	102 个 BTC

续表

项目	类型	国家	时间	资金	融资类型	情况
Mirror	智能合约	美国	2014/05/07	400	种子轮	Battery Ventures、Tim Draper 以及 AOL 首席执行官 Steve Case
Mirror Labs	智能合约	美国	2015/06/03	880	A 轮	Route 66 Ventures 领投，其他跟投方包括 Battery Ventures、Crosslink Capital、RRE Ventures 以及 Tim Draper
Monetsu	支付汇款	美国	2014/04/21	10	种子轮	500 Startups
Muse	娱乐	全球	2014/12/05	53.2	众筹	1438 个 BTC
NeuCoin	支付汇款	法国	2015/02/03	125	种子轮	Patrik Stymne、Emil Michael、Henrik Kjellberg
Neuroware	钱包服务	美国	2014/04/21	10	种子轮	500 Startups
OKCoin	交易平台	中国	2014/03/16	1000	A 轮	Ceyuan、Mandra Capital、VenturesLab、PreAngel、Individual Investors
			2013/09/04	100	种子轮	Ventures Lab
Omni		全球	2013/09/01	56.8	众筹	4740 个 BTC
OneName	身份认证	美国	2014/11/16	150	种子轮	Union Square Ventures、Naval Ravikant、SV Angel
			2014/07/16	12	种子轮	Y Combinator
OpenBazaar	电子商务	未知	2015/06/11	100	种子轮	Andreessen Horowitz、Union Square Ventures、William Mougayar、天使投资人 William Mougayar

第七章
全球区块链投融资分析

续表

项目	类型	国家	时间	资金	融资类型	情况
Orb	钱包服务	日本	2015/10/06	230	种子轮	Adways Inc、Ceres、Monex Ventures、SBI Investment
Paymium	支付汇款	法国	2011/12/21	40	种子轮	Galitt
Paymium	支付汇款	法国	2015/09/03	112	天使轮	Newfund 以及 Kima Ventures 风投公司
PayStand	支付汇款	美国	2014/04/02	100	种子轮	Cervin Ventures、Serra Ventures、Central Coast Angels、TiE LaunchPad
Payward, Inc.（Kraken）	交易平台	美国	2014/03/25	500	A轮	Hummingbird Ventures、Trace Mayer、Bitcoin Opportunity Fund.
Payward, Inc.（Kraken）	交易平台	美国	2013/12/20	150	种子轮	Crypto Currency Partners
PeerNova	底层架构	美国	2015/03/31	500	A轮	OverStock
PeerNova	挖矿	美国	2014/12/17	860	A轮	Mosaik Partners 领投，前 AOL 首席执行官 Steve Case、Crypto Currency Partners、Atiq Raza, Ashar Aziz 也参与了融资
Pey	底层架构	德国	2015/09/17	34	种子轮	Marc Junker, Frank Biedka, Hartmut A Borchers、Jürgen Pleteit, Olav Vier genannt Strawe, Tobias Jankowiak
Purse	钱包服务	美国	2014/11/27	27.5	种子轮	FundersClub、Roger Ver
Purse	钱包服务	美国	2015/12/07	100	种子轮	Digital Currency Group、Bitcoin by Flight.vc、TA Ventures、Roger Ver

续表

项目	类型	国家	时间	资金	融资类型	情况
Reveal	社交通信	美国	2015/06/16	150	种子轮	Mike Hirshland、Boost VC、Digital Currency Group、the Stanford StartX Fund、Barry Silbert
Ribbit.me	工资支付	美国	2016/02/26	150	种子轮	Hayaat Group
Ripple Labs	底层架构	美国	2013/04/11	未知	种子轮	Andreessen Horowitz、Lightspeed Venture Partners、FF Angel
			2013/05/14	未知	种子轮	GV, IDG Ventures
			2013/11/12	350	种子轮	IDG Ventures
Ripple Labs	底层架构	美国	2015/05/18	3200	A轮	Santander InnoVentures、IDG Capital Partners、CME Group、Seagate Technology、AME Cloud Ventures、ChinaRock Capital Management、China Growth Capital、威克洛资本、Bitcoin Opportunity 公司、核心创新资本、美国 Route 66 Ventures、RRE Ventures、Vast Ventures 以及 Venture 51
Rootstock	智能合约	阿根廷	2016/01/15	10	种子轮	伦敦区块链投资公司 Coinsilium
			2016/03/21	100	种子轮	Bitmain Technology、Coinsilium、Digital Currency Group
Safe Cash	数字资产	美国	2015/09/30	120	种子轮	InfoSpace 创始人 Naveen Jain
Safe Exchange	智能合约	全球	2016/01/06	4.8	众筹	112 个 BTC

第七章
全球区块链投融资分析

续表

项目	类型	国家	时间	资金	融资类型	情况
Safe Network	底层架构	全球	2014/05/23	644	众筹	12200 个 BTC
Safello	交易平台	瑞典	2014/07/10	25	种子轮	Bitcoin Opportunity Corp
Safello	交易平台	瑞典	2014/02/17	60	种子轮	Roger Ver、Nicolas Cary、Eric Voorhees、Individual Investors
Satoshi Citadel Industries Inc.	全产业	菲律宾	2015/05/06	10	种子轮	Joe Maristela
SatoshiPay	支付汇款	英国	2016/09/22	20	种子轮	Kuala Innovations
SatoshiPay	支付汇款	英国	2016/01/25	39	种子轮	Coinsilium，FastForward Innovations
Scorechain	合规方案	卢森堡	2015/10/13	57	天使轮	未知
Scorechain	合规方案	卢森堡	2015/10/12	57	种子轮	未知
ShapeShift	交易平台	瑞士	2015/03/10	52.5	种子轮	Barry Silbert，Roger Ver
ShapeShift	交易平台	瑞士	2015/09/09	160	A 轮	领投方为 Digital Currency Group、Roger Ver、Bitfinex，跟投方包括比特币基金会执行主任 Bruce Fenton、Transform PR 公司创始人兼首席执行官 Michael Terpin 以及教育性电子商务平台 eProf 创始人 Trevor Koverko
ShoCard	底层架构	美国	2015/07/17	150	种子轮	AME Cloud Ventures、Digital Currency Group、Enspire Capital、Morado Venture Partners
Simplex	支付汇款	以色列	2016/02/04	700	A 轮	Bitmain、Cumberland Mining、FundersClub、未知 angel investors

续表

项目	类型	国家	时间	资金	融资类型	情况
SNAPCARD	支付汇款	美国	2014/10/06	150	种子轮	Tim Draper、Crypto Currency Partners、Insikt Ventures、Great Oaks Venture Capital、Boost VC、SeedInvest、Silicon Valley Angels、Fortress Investment Group、Individual Investors
			2013/12/01	6	N/A	Ioannis Giannaros、Michael Dunworth、Boost VC
SolidX	交易平台	美国	2014/10/07	300	A轮	Liberty City Ventures、James Pallotta、Red Sea Ventures and Red Swan Ventures
Spondoolies-Tech	挖矿	以色列	2014/10/24	500	B轮	Agile Wings、BRM Group、Genesis Partners、Olivier Janssens、Eden Shochat、Individual Investors
			2014/02/01	150	Bridge	Genesis Partners、BRM、Individual Investors
			2013/08/01	400	A轮	Genesis Partners、BRM、Individual Investors
Stampery	数据认证	美国	2015/11/18	60	天使轮	Draper & Associates、Blockchain Capital、天使投资人 Di-Ann Eisnor
Storj	存储	全球	2014/08/19	42.7	众筹	910个BTC
Stratumn	底层框架	法国	2016/03/30	70	种子轮	Otium Venture、Eric Larchevêque
Streami	支付汇款	韩国	2015/12/25	200	天使轮	新韩银行领投，其他投资方还包括支付公司ICB、风险投资公司Bluepoint Partners，以及一群天使投资人

第七章
全球区块链投融资分析

续表

项目	类型	国家	时间	资金	融资类型	情况
SuperNET		全球	2014/09/24	243	众筹	5737 个 BTC
SurBTC	交易平台	智利	2016/02/04	30	种子轮	Digital Currency Group、Sauzalito Ventures、智利律师事务所 Barros & Errazuriz 的创始人
Swarm	数字资产	美国	2014/10/10	12	种子轮	Techstars
			2014/07/21	78.9	众筹	1270 个 BTC
Symbiont	智能证券	美国	2015/06/09	125	种子轮	投资者包括 Citadel Derivatives Group 联席首席执行官 Matt Andresen，以及前纽约证券交易平台首席执行官 Duncan Niederauer
TabTrader	交易平台	荷兰	2015/07/16	10	种子轮	IMPACT
			2015/03/20	7	种子轮	Rockstart
Tangible Cryptography (BitSimple)	交易平台	美国	2014/01/21	60	种子轮	未知
Tembusu	ATM 交易平台	新加坡	2014/03/12	24	种子轮	Individual Investors
			2015/01/29	88.7	A 轮	未知
Tibdit	汇款支付	英国	2015/07/01	19	众筹	
			16/04/22	16	种子轮	Private
TradeBlock	数据分析	美国	2014/07/16	280	种子轮	Andreessen Horowitz、Barry Silbert、Devonshire Investors、FinTech Collective、Y Combinator、Data Collective、Bitcoin Opportunity Corp.、Chris Fisher、Hard Yaka
TradeHill	交易平台	美国	2013/03/01	40	种子轮	Individual Investors

续表

项目	类型	国家	时间	资金	融资类型	情况
Trustatom	身份认证	加拿大	2015/01/20	10	种子轮	Brian Cartmell、Vinny Lingham
Unocoin	全产业	印度	2014/08/11	25	种子轮	Bitcoin Opportunity Corp
Uphlod (Bitreserve)	钱包服务	美国	2014/12/30	960	B轮	157位投资人，最大单笔投资达到了776.9
			2014/03/31	500	A轮	未知
Vaurum	交易平台	美国	2014/05/07	400	种子轮	Battery Ventures、Tim Draper、Steve Case、QueensBridge Venture Partners
			2013/09/01	200	A轮	Boost Fund
Vogogo	支付汇款	加拿大	2015/06/24	1250	B轮	Beacon Securities、Clarus Securities、Salmon Partners
			2014/08/05	850	A轮	Beacon Securities、Clarus Securities、Salmon Partners、Canaccord Genuity Corp、Cormark Securities Inc.
Volabit	交易平台	墨西哥	2014/07/23	75	种子轮	Tim Draper、Boost VC、Bitcoin Opportunity Fund, individual investors
Xapo	钱包服务	美国	2014/07/08	2000	A轮	Index Ventures、Greylock Partners、Emergence Capital Partners、Yuri Milner、Max Levchin、Jerry Yang、Winklevoss Capital、David Marcus、Crypto Currency Partners
			2014/03/13	2000	A轮	Benchmark、Fortress Investment Group、Ribbit Capital、Slow Ventures

续表

项目	类型	国家	时间	资金	融资类型	情况
ZapChain	社交网络	美国	2015/11/07	35		德丰杰（DFJ）合伙人 Tim Draper、Boost VC 创始人兼首席执行官 Adam Draper 以及 Boost 比特币基金
Zebpay	钱包服务	印度	2015/01/05	100	A 轮	纺织行业资深人士 Amit Jindal、Claris 生命科学副主任 Arjun Handa、工程师兼开发人员 Nagendra Chaudhary
Ziftr	电子商务	美国	2015/02/03	85	种子轮	10x Venture Partners

第八章

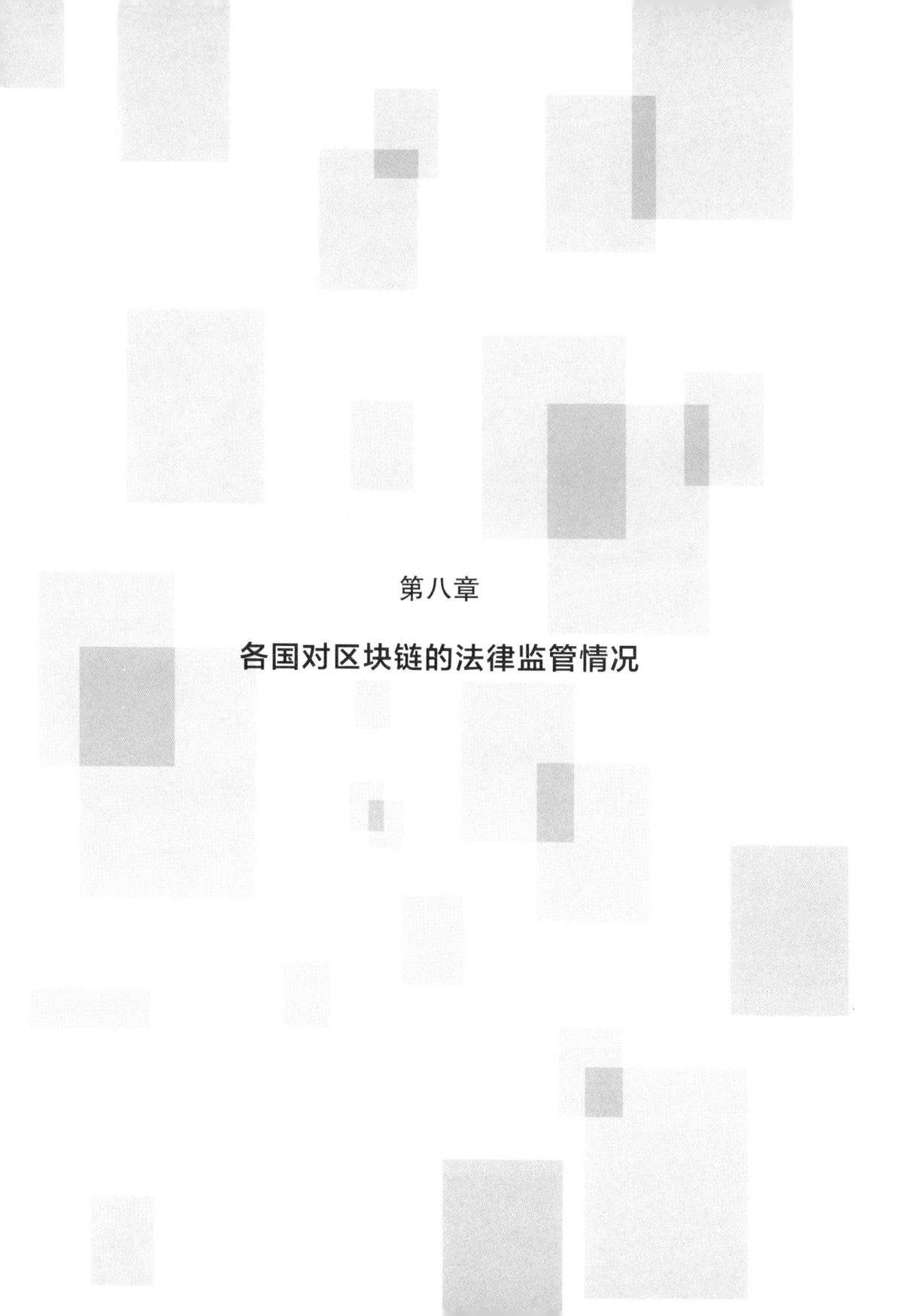

各国对区块链的法律监管情况

一、各国政府或地区如何监管数字货币与区块链

关于比特币，全球各辖区的法规变得越来越清晰。在美国有一些立法或监管进行了更新，判例法也进一步规定了比特币是如何定义的。在美国以外的地区，众多的金融监管机构都在权衡应该如何接受比特币和持有人应该如何纳税这些情况。

（一）美国

1. 证券交易委员会指控比特币的庞氏骗局

美国证券交易委员会控告一名得克萨斯州男子通过比特币进行庞氏骗局，并称为"比特币储蓄和信托"（Bitcoin Savings and Trust，BTCST），以及销售未经注册的金融证券欺诈，这是 SEC 在 2013 年第三季度在美国实施的最明确的行动之一。2011 年和 2012 年，BTCST 通过承诺过高的利率和模糊描述交易方式获得了 700000 个 BTC 的投资。

尽管这个案件显示 SEC 对比特币计价的证券欺诈罪起诉的意愿，更重要的意义在于法官针对被告人辩解的回应。BTCST 的运营商特雷顿·沙弗尔（Tredon Shavers）辩称，因为其所有交易是基于比特币，实际上没有任

何金钱经手和投资 BTCST 的不是真正证券。此案的主审法官宣布,"比特币可以兑换为传统货币……因此,比特币是货币或货币的一种形式"。

2. 比特币基金会与监管机构、立法者

比特币基金会作为规范、保护和促进使用比特币的非营利组织,在 2013 年 8 月的两天时间里,会见了监管机构和立法者,并回答了他们关心的问题。在有 12 个联邦机构参与的第一天会议上,议题主要侧重于国土安全部、司法部、联邦调查局、国税局、特勤局和金融犯罪执法网络(FinCEN)等监管机构所关注的方面,比特币可以用于非法目的,同时也有潜力能增加金融体系的效率。而在第二天的会议上,包括参议院和众议院在内的五个立法机构的国会工作人员,与基金会围绕金融隐私进行了讨论。鉴于有关比特币块链的公开特性,立法者的关注点都集中在如何确保充分保护消费者。

3. 22 个比特币公司被传唤

2013 年 8 月,纽约州金融服务部(DFS)传唤了与比特币行业相关的 22 家公司。这些公司包括了从交易所和支付处理公司到挖矿硬件厂商和对比特币进行投资的风投公司。大多数的公司都位于纽约州之外。

在纽约 DFS 的管理者解释了之所以发传票传唤一些公司,是因为订单处理延迟造成了客户投诉,也说明了进一步了解该行业是一个更好的选择。许多比特币行业内的公司会自愿让监管者对其进行研究,花费私人资源来起草法律以回应非正式的指控,这比用国家资源来调查行业行为要更好。迄今为止,没有因传票而产生的诉讼被提交给州政府。

4. 美参院听证会"承认"比特币合法性

2013 年 11 月 18 日,在美国参议院国土安全及政府事务委员会召开有关比特币的听证会上,多名出席的美国政府官员对外传递出一个信息——

第八章
各国对区块链的法律监管情况

比特币不是非法货币,能够给金融系统带来好处,尽管其也存在被错误使用的案例。这场有史以来首次就数字货币举行的美国国会听证会,总结了比特币的优势和弊端。以往官员们都是强调比特币在洗钱及其他非法活动中所扮演的角色,但这一次却表示,比特币是一项"合法"的金融服务,这是美国政府首次公开承认比特币的合法性,同时也意味着这种数字货币朝主流方向迈进了一大步,这给比特币交易者提振了不少信心。

美国官员的积极表态助推比特币价格再创历史新高。11月19日,比特币价格在 Mt. GOX 交易平台最高攀升至900美元,在比特币中国交易平台(BTC China)最高攀升至6989元人民币。而2012年年底比特币的价格还处于13美元左右,2013年上半年曾出现过266美元的高位,但之后又再次震荡,会议的前一周(11月11日),比特币的交易价格在320美元左右。

5. 伯南克致信"唱多"

在上述名为"数字货币潜在的威胁、风险和前景"的美参议院听证会上,出席人员不仅包括美国司法部刑事部门的代理助理部长密斯里·拉曼(Mythili Raman)、美国财政部金融犯罪执法局局长珍妮弗·夏斯基·卡尔韦里(Jennifer Shasky Calvery)、美国特勤局特工爱德华·朗利(Edward Lowery),还有从事比特币业务的人员和相关学者。不少从事比特币业务的人发现在美国很难说服传统银行与之交易,但比特币的爱好者们坚信,国会对于比特币"风险"和"前景"较为平衡的讨论有利于缓和这种气氛。

值得注意的是,美国联邦储备委员会主席伯南克没有出席听证会,但他在致参议院的信中,援引美联储前副主席艾伦·布林德(Alan Blinder)在1995年时的表态称,美联储一直认为在数字货币带来洗钱和其他风险之时,也可能带来长期效益,特别是如果这种创新催生出一个更快、更安全、更高效的支付系统。伯南克的话使得比特币的狂热者们注意到了比特币价值所在，即作为目前全球资金转移体系的廉价替代品。不过，伯南克也在信中指出，美联储并没有太多权限来监管数字货币，"尽管美联储通常在监控数字货币的发展，以及其他支付方式的创新，但这并不代表我们有权力直接监督或监管这些新的创新"。

6."积极制定"有关税则

无论是伯南克还是其他美国官员，几乎都将比特币与创新相挂钩，认为不应该扼杀创新。

在认定数字货币存在可取之处以外，听证会的参与人员还表示，目前数字货币依然存在问题没有解决答案。参议院国土安全及政府事务委员会主席托马斯·卡珀（Thomas Carper）举例称，数字货币到底是什么，应该如何对待以及其未来到底能够做什么，这些基础问题仍需要解决，并表示国会和联邦机构必须持续关注并参与其中，研究出适合、有效和明智的决策，比特币价格高涨，加之这种货币在网络和实体零售商的使用量大增，都引起了华盛顿的关注。美国监管部门警告说，比特币转账业务必须遵循与现有金融机构同样的规定，包括遵守反洗钱法等。有关部门开始与其他政府机构会谈，追踪最新进展，其中一个由美国联邦调查局牵头的小组在调查与此技术有关的新型威胁。

7. 美国国家税务局开始对比特币交易活动征税

2014年3月26日，美国国家税务局（IRS）发布了一项正式通知，称它们有权对比特币交易活动征税，并将其称为是一种财产，而不是一种货币。这代表来自美国政府的一个信号，标志着当局将严肃对待这一产品。

IRS在通知中明确表示，与比特币有关的交易活动的交易额若是突破了600美元，便应以产权交易的相关规定来收取税金。这包括用比特币支

第八章
各国对区块链的法律监管情况

付购买其他商品，通过对其投资获得的收益以及通过电脑开采比特币——即"挖矿"的所得。如果公司用比特币给员工发薪水，那么应该标记在W-2 收入报税表上，并且应该缴纳联邦所得税。若是从独立契约人那里收取报酬，则需登记在 1099 报税表（Form 1099）上。使用数字货币支付将与其他财产支付手段一样进行必要的记录和登记。

尽管从法律角度上来说，比特币在美国不具有法定货币的地位，但它仍然是一种数字货币。IRS 承认比特币和其他电子代币具有与真实货币一样的功能，但是拒绝对此下明文定义，IRS 表示比特币的"公平市价"按照人们得到它的那一刻计算，但这不是一件容易的事，因为它的价格时时刻刻都在变化。IRS 表示纳税者在纳税时可以按照在线交易所的价格计算。

8. 数字货币公司监管框架 BitLicense 被发布

2015 年 6 月 4 日，纽约金融服务部门（NYDFS）发布了最终版本的数字货币公司监管框架 BitLicense。该版本的 BitLicense 在经过了近两年时间的调查以及争论后正式推出。需要注意的是，在纽约州登记处（New York State Register，纽约州政府每周颁布的规章制定指南）颁布该法案之后，该监管框架才能正式成为法律。

纽约金融服务部门主管本杰明·劳斯基（Benjamin Lawsky）阐明说，最终的法规意味着，该机构不需要为每一个企业的软件更新或者风险投资进行批准。另外，企业还可以"一站式"提交 BitLicense 以及货币汇兑许可证的申请。劳斯基表示，数字货币具有帮助金融服务部门驱动僵化支付系统的潜力。他们只是希望确保落实到护卫栏，在保护消费者和根除非法活动的同时，也不会扼杀创新。

在 2015 年 2 月发布的修订版 BitLicense 中，由数字货币社区提出的若干建议得到了纽约金融服务部门的认可，包括豁免了从事开源协议开发、小额支付，以及两年安全期阶段内的创业公司。劳斯基强调，该法案只适用于"金融中介"公司，而非软件提供商。

但是人们在对最终版本的 BitLicense 的评价上产生了严重的分歧：一方极力赞扬 BitLicense，称其为监管史上的里程碑；另一方则认为这一监管框架根本不够好。的确如此，即使 BitLicense 成功地使数字货币行业"合法化"了，但是很明显，这一行业中的参与者不仅仅认为只要规范数字货币行业就行了。换句话说，他们认为监管者不能用规范现有科学技术的方法来规范数字货币行业，因为这一行业有其特殊情况，否则就会阻碍这一行业的创新。BitLicense 过于针对特定技术，这意味着比特币初创公司面临的门槛比那些传统的金融服务公司更高，所承担的费用也更高。BitLicense 给仍处于初期阶段比特币生态系统强加了很多的限制，阻碍了数字货币和块链技术的创新。因为 BitLicense 相关公司可能会违反隐私规则，增加数据和存储用户信息的泄露风险。

波士顿比特币创业公司 Circle 从纽约州监管机构那里拿到了第一张数字货币许可证 BitLicense，这意味着该公司将可在纽约州持证提供数字货币服务。

9. 比特币被定义为大宗商品

2015 年 9 月，美国商品期货交易委员会（CFTC）发布文件，首次把比特币和其他数字货币合理定义为大宗商品，与原油或小麦的归类一样。这意味着比特币期货和期权要符合 CFTC 的规定并接受监管，交易行为需要遵守所有大宗商品衍生品市场规则。如果发生期货市场操纵等不正当行为，CFTC 将能够对此行为进行惩罚。美国商品期货交易委员会解释说，在该文件中，CFTC 首次把比特币和其他数字货币合理地定义为大宗商品。纽约法学院教授休曼·萨达伯（Houman Shadab）称，这个文件打消了把

第八章
各国对区块链的法律监管情况

数字货币归为证券的想法,否则这份文件就将由证交会提出。

长期以来,投资者都在讨论比特币能否被定义为大宗商品,CFTC 也同样在考虑这种数字货币是否归自己监管。2014 年,CFTC 主席就告诉美国参议院委员会监管比特币衍生品。

如果想运营一个比特币衍生品交易平台,那么企业需要进行登记,就像 CME 集团(芝加哥商品交易所)做的那样。美国监管机构命令 Coinflip 和其首席执行官弗朗西斯科·莱尔顿(Francisco Riordan)关闭未登记的比特币期权交易平台 Derivabit,原因是它们不符合商品交易法案和其他规定。这家交易平台提供"管理比特币波动的金融衍生品"。CFTC 执行主管伊坦·吉尔曼(Aitan Goelman)还称,虽然比特币和其他数字货币交易相比较为活跃,但是创新不是借口,它们同样也要遵守所有大宗商品衍生品市场的规则。

同样是在 9 月,CFTC 对名为 TerraExchange 的一家比特币掉期交易平台进行处罚。CFTC 指控该平台为非法洗钱提供便利,并且通过新闻稿和政府赞助的公开会议误导监管者。TerraExchange 设计了这样一种比特币掉期产品销售过程:价格根据 2014 年 10 月的比特币币值制定。只有两个买家获准从事该产品的交易,他们均购买相同规模和数量的掉期产品。CFTC 认为,这相当于通过非法洗钱交易抵消了彼此的头寸。TerraExchange 之后参加了 CFTC 顾问委员会会议,宣称这一交易是市场正常的买卖兴趣所致,并未经过事先安排。

10. 北卡罗来纳州豁免比特币

2015 年 12 月,美国北卡罗来纳州特别指出,监管条例会豁免比特币和区块链企业,旨在根据行业支持者要求来避免和美国其他州发生冲突。

根据已经大幅度更新的货币传输常见问答页面,北卡罗来纳州的银行专管办公室（the North Carolina Office of the Commissioner of Banks，NC-COB）在该州的货币传输法案（Money Transmitters Act，MTA）中特别免去了数字货币挖矿者，非金融类的区块链服务、多签名和非保管类的钱包服务提供者。

11. 奥巴马政府参与区块链联盟

2015年10月，奥巴马政府已经和私人公司结成伙伴关系，目标是针对数字货币比特币来培训执法机构，对抗将数字货币用于非法用途。这个被称为"区块链联盟"的伙伴关系，其目标包括教育调查员应该使用数字货币及其在技术上如何运作，并且增强数字货币的信誉。

这个联盟的名字来源于该技术名字"区块链"，这是指比特币所应用在公开账本上的一种技术。支持者认为，比特币用一种去中心化的方式来为用户在交易时提供一定程度的隐私，这是一种已经获得监管部门和企业之间合法性，且快速便捷的支付系统。纽约州监管机构也批准了他们第一个获得经营数字货币许可证的企业，而在线零售商Overstock.com于2015年已经在他们位于盐湖城的总部安装了第一台比特币ATM机。

但比特币的声誉依旧被犯罪行为所困扰，它经常被用于庞氏骗局，并且是互联网最大的地下黑市"丝绸之路"的主要应用，丝绸之路的创始人在也已经被判处终身监禁。

杰里·布里托（Jerry Brito）是Coin Center的执行董事，Coin Center是一家参与联盟的比特币维权机构。他表示，越多的执法机构明白该项技术是如何工作的，那么他们就越能理解他们可以要求什么，以及应该如何要求帮助。他说数字货币目前在公众的印象，很容易让人想起互联网初期的时候，很多人都将互联网视为违法犯罪活动的中枢。正如该行业已经随着时间而改变，所以相信公众也会改变对比特币的看法。联盟需要做的是让

第八章
各国对区块链的法律监管情况

公众明白,不应该因为犯罪分子使用比特币就认为比特币不好,而要做到这点首先就是把公众注意力拉回到数字货币的合法用途上。

12. 美国联邦证券法监管机构对比特币或区块链技术发表意见

2015年11月,SEC委员卡拉·斯坦(Kara Stein)已针对围绕区块链技术和分布式总账技术的炒作发出了警告。她指出区块链技术近来受到越来越多的关注。此外,她还提到了区块链技术与比特币之间的关系,并列举了一系列目前正在探索的区块链技术应用,包括清算和结算、支付处理以及借贷交易。可以设想在一个世界中,证券借贷、回购和融资融券都是通过透明和公开的区块链来追踪交易。公共账本可能某一天会为政府监管者服务,能够让他们更好地监控金融市场中的"系统风险"。

虽然斯坦承认,这些应用可能会增加金融系统中的信任,但她同时也提醒到,这些想法目前仍处于"起步阶段"。此外,她相信这项技术也将通过监管机构、学术界以及资本市场参与者们的持续评估。而美国监管机构应紧密关注这项技术的发展,因为如果市场开始向区块链技术移动,监管机构需要处在一个引导的位置,利用它的好处并快速响应其潜在的弱点。

这是该美国联邦证券法监管机构首次对比特币或区块链技术发表意见。迄今为止,SEC参与行业活动,主要是针对倒闭创业公司的执法行动,例如GAW Miners以及Sand Hill交易所等。

13. DHS正在了解区块链技术

2015年12月,美国国土安全部(DHS)正在通过科学和技术部门(S&T)的小企业创新研究(SBIR)项目对区块链技术进行更详细的了解。其科学和技术部门副部长瑞金纳德·布拉德斯(Reginald Brothers)在一份声明中表示,要为国家国土安全面临的挑战广泛撒网,寻找高度创新的解决方案是非常重要的。因为美国小企业是具有创造性的问题解决者，也是创新的引擎，希望能从他们那里听到好消息。

现在，美国政府部门正在接受小企业的研究提案（在13个领域），包括"区块链技术匿名身份的适用性管理"和"区块链在国土安全分析方面的应用"。小企业创新研究（SBIR）项目分为三个阶段，旨在鼓励美国小企业为联邦研究工作提供帮助，首先要评估提案的"技术优点和可行性"。

据透露，已经批准提案的第一阶段限时6个月，授予资金10万美元。而第一阶段通过后，进入第二阶段将有资格获得24个月的时间，以及高达75万美元的奖励。第三阶段是指在之前的SBIR资金资助下产生，扩展或完成的成绩，但这些资金是由发起者资助，而不是SBIR的项目资金。

在其他科学技术创新方面，国土安全部还进行了10个研究项目，其中包括紧急医疗服务的网络防御、实时数据分析研究以及恶意软件预测等。三笔拨款也正由国家核心探测项目办公室进行发放。

（二）欧洲

1. 数字货币监管听证会

2016年1月，欧洲议会委员会在布鲁塞尔召开了一场数字货币听证会，讨论了近期巴黎恐怖袭击之后，监管数字货币的可能性。欧洲经济和货币事务委员会（Committee on Economic and Monetary Affairs，ECON）主持召开的听证会是该委员会随后发表数字货币报告的准备步骤。会议的议题包括：公共交易数字货币带来了风险和挑战，数字货币的基础——区块链和分布式总账技术对社会的影响。公证会的参加成员包括欧洲议会代表、经济合作与发展组织（OECD）代表、学术代表、私人领域的利益相关者。

第八章
各国对区块链的法律监管情况

在开幕式致辞中，德国 MEP（Member of the European Parliament，欧洲议会会员）和委员会委员雅各布（Jakob Von Weiz Sackerm）重申了会议的目的，以及本次会议所做决议的重大潜在影响，因为政府对恐怖主义融资的打击力度越来越大。雅各布表示，经过巴黎恐怖袭击之后，欧洲考虑是否需要对数字货币进行监管。过去就已经考虑过这个问题，但在法国恐怖袭击之后，更需要研究可供选择的方法。

但是，他指出技术正在发展的过程中不应被过度监管，因为新技术有很多潜在的优势。监管顾问兼电子货币联盟 CEO 萨布里（ThaerSabri）建议实行宽松的监管。

2. 区块链将颠覆支付格局

2016 年 1 月，欧洲央行（European Central Bank，ECB）执行董事会董事默施（Yves Mersch）认为诸如区块链的新兴支付技术很有可能破坏基于银行卡的支付系统。默施是在巴黎的一次法国银行会议中做出上述评论的，他当时演讲题目是《欧洲的卡支付——最新的趋势和挑战》。

当讨论到包括分布式总账技术等新兴支付技术的兴起时，这位银行家预测未来几年，新技术可能会对支付行为、卡的使用以及其他的传统支付工具产生影响。创新的卡支付服务取代了现金支付，它具有进一步增加卡支付的使用潜力。但警告卡支付行业将会受到来自创新支付服务的强烈挑战，后者的支付工具基础为非卡支付模式。

他预测分布式总账技术可能会对"整个金融生态系统产生深刻影响"，同时颠覆"传统"支付工具、支付服务和支付处理行业。消费者和企业有更多的选择是件好事，他认同新的支付方式安全、高效，而且所有的服务提供者"都遵循同样的规则"。

但是按照这位欧洲央行董事的看法，只要实现了瞬时支付系统，"并通过标准化，互操作性强和合适的安全措施"建立起一个"和谐的具有竞争力和创新的欧洲卡支付区域"，那么在欧盟区域内，卡支付交易还有"巨大"的增长潜力。不过他提醒银行业，上述创新式支付服务将会对卡支付行业带来挑战。竞争将会来自基于 SEPA（单一欧元支付区）的信用转账瞬时支付服务，来自电子商务领域的支付服务，以及来自分布式总账技术。

3. 欧洲数字货币监管草案

在 2016 年 2 月，欧洲议会发布了数字货币监管草案，该报告由经济和货币事务委员会成员雅各布撰写。建议成立由自己预算和人员组成的专案小组，从事数字货币研究及为欧盟和成员国提供政策咨询。

欧盟委员会及其执行机构正在商讨这个提案。同时，欧洲理事会也在考量数字货币监管方案。在 1 月下旬的听证会上，议会成员们在恐怖主义融资和洗钱框架下讨论了比特币和区块链技术。之后，雅各布就发布了以上报告内容。

尽管呼吁加强数字货币活动监管，该报告认为，这项技术有推动经济发展和提高消费者利益的潜能。欧洲议会呼吁制定适当的监管条例，防止把技术创新扼杀在摇篮里，同时严肃对待数字货币和分布式总账技术潜在的政策风险。该报告力求获得对"迅速有力的监管措施"提议的认可，基于精确分析和权衡的这个监管政策不应与宽松的监管混为一谈。迅速有力的监管措施应成为政府工具的一部分，并能适时地阻止潜在风险的扩大。

经济和货币事务委员会会在 4 月对该报告内容进行投票，如果通过的话，最早 5 月就可以提请欧洲议会审核。

4. 欧洲央行报告

欧洲央行已经公开宣布，正在探索如何将区块链技术为己所用。该声

第八章
各国对区块链的法律监管情况

明是在 2016 年 2 月发布的一份名为《欧元体系的愿景：欧洲金融市场基础设施的未来》咨询报告中提到的。其中谈到如果将区块链技术应用于该地区的证券和支付结算系统，他们将能够如何被改善。这份报告来自 Target 2-Securities 的出版物，Target2-Securities 是一个在欧盟中整合结算和证券的全新平台，这表明联盟已经开始在研究这些技术问题。

欧洲央行负责欧盟欧元区的金融及货币政策，是为了适应欧元发行流通而设立的金融机构，同时也是欧洲经济一体化的产物。欧洲央行具有法人资格，可在各成员国以独立的法人资格处理其动产和不动产，并参与有关的法律事务活动。

5. 新提议可重塑欧洲数字货币政策

在 2016 年 2 月，欧盟委员会（EC）宣布了欧盟反洗钱和反恐金融监管规划（反洗钱第四政令或 4AMLD），该规划主要针对数字货币交易和可能的虚拟钱包供货商，属于欧盟委员会打击恐怖主义融资多项措施中的一部分。

欧盟机构曾经多次公开表述，要将数字货币纳入到反洗钱/打击恐怖主义融资（AML/CTF）的监管中——例如，欧洲银行业管理局在 2014 年发表过这样的言论，其他机构则在 2015 年 2 月和 11 月巴黎恐怖袭击后发言。似乎发生在巴黎的恐袭事件最终促使欧洲委员会采取监管措施。

虽然大家对这部规划的出台未感到任何意外，但欧盟委员会的另外一份提议，虽然宣传力度远远小于此规划，从某种程度上说是被人们忽视，但是它很有可能改变欧盟数字货币监管的现状。

除了扩展 4AMLD 范围，以覆盖数字货币交易的规划，欧盟委员会还粗略地介绍了另外一个监管理念，但媒体甚至都没有提及这个理念。如果执行该理念，其影响似乎更为深远。

欧盟委员会宣布他们将考虑使用支付服务指令的执照颁发和监督规章（PSD，2015年已经实行了新版本，2PSD）来监管数字货币交易，以"更好地理解和控制市场"。

PSD是欧盟单一支付市场的奠基石之一。该规章为支付服务建立了规则，并包含支付服务的目录。提供支付服务的公司必须满足众多监管要求，包括执照颁发的监督规则，欧盟委员会打算将后者用于监管数字货币交易。

这种方案似乎比较合乎情理。很明显，欧盟中有两个法案非常适合监管数字货币：PSD和另外一个相关指令，E-Money指令（EMD）。目前欧盟正在制定新的"3EMD"，很有可能会对这部指令进行一些修改。

真正重要的问题是，目前的PSD监管方法是如何操作的。

PSD的一项关键部分是对"资金"的定义，目前已经将现金、银行活期存款和（受EMD监管的）电子货币纳入"资金"定义之中。数字货币不属于上述任何一项归类之中，欧洲央行和其他机构已经确认了此观点。

由于目前欧盟委员会的方案非常宽泛，所以很难对该方案做出评估，但是欧盟很有可能在欧盟支付服务监管中，准许数字货币进入。之后可能会涌现许多提议，从谨慎克制的提议到全面概括的监管提议。

（三）英国

1. 金融创新峰会

2013年9月4日在唐宁街10号，讨论监管比特币公司方案的会议召开。这次由第十政策组主办的金融创新峰会，出席的包括有来自众筹公司的支付服务行业、财政部、金融市场行为管理局（FCA）、第十政策组、创新和技能部，还有一些规模较小的银行。FCA说，他们正在积极了解数

第八章
各国对区块链的法律监管情况

字货币和研究如何对它进行监管。然而,会议并没有对如何采取决定设立一个时间框架。

FCA 发言人表示,需要综合各方面考虑,虽然 FCA 并没有监管比特币,包括提供和比特币相关的商业模式,或者其他数字货币等,但应该考虑他们是否正在被监管的范围内。正如大家所期盼的,FCA 正在密切关注这个市场中的新进展。

目前面临的主要一个问题是,不仅仅是数字货币企业,所有金融服务公司都很难找到合作的银行。监管机构目前的观点是这都取决于银行——他们有权利基于商业考虑做出不与公司合作的决定。但是,参与的公司都认为让银行做出这些"基于商业考虑"的决定就是因为他们被施加的监管框架。这个框架应该被改变了。

英国比特币基金分会目前已经到位,会根据比特币基金会的主要目标,专注于保护、促进和规范化在英国的比特币活动,也会代表比特币企业和用户来面对监管者和政府。目前正在等待比特币基金会说明在他们之间应该如何开展工作。

2. 税务海关总署

2013 年 11 月,英国皇家税务海关总署似乎将要把比特币作为一种分类的凭证,这也就意味着增值税不久就会应用在所有交易上。英国皇家税务海关总署提出比特币应有纳税凭证,可以有一个增值税外汇免税交易,但问题是货币必须是法定货币。

3. 黄金比特币

从 2013 年夏季开始,英属奥尔得尼岛就一直在制订计划,与英国皇家铸币局合作发行实物比特币。这个仅有三英里长的小岛希望推出一系列符合反洗钱法规定的服务,包括汇兑、付款和比特币存储金库,进而成为比特币的首个国际交易中心。这些特殊的比特币将成为该铸币局发行的一部分纪念币,其中包括限量版的硬币和邮品。这类比特币铸造时会加入黄金成分,预计每一枚价值 500 英镑。所以,如果这些比特币的兑换价值暴跌,持有者可以熔化它们,出售其中的黄金。这样看来,奥尔得尼岛筹划的或许可以视为一种得到黄金价值支持的比特币。

若消息属实,这可以算是一场革命,因为它是首次由一个国家的财政部/央行暗示愿意将比特币变为法币,并且是将象征性的比特币用作商品。这项计划还没有最终确定,英国皇家铸币局自然也不急于披露计划的全部细节。英国皇家铸币局的新业务负责人戴维·简泽威斯基（David Janczewski）确认,奥尔得尼财务部部长曾与他商讨,探索有无可能制造一种比特币题材的实物纪念币。但讨论还没有更深入地进展,这个阶段依然只是概念而已。

实物比特币发行机制是这样:一家独立的公司 A 提供比特币。如果比特币价格暴跌,奥尔得尼和英国皇家铸币局都不会受到任何损失。A 公司会以协议价格将比特币存于一个第三方保管的账户。同时,英国皇家铸币局会根据客户的订单得到铸造的比特币,利用发售硬币获得收入。支持实物硬币的虚拟比特币将以数字形式存在奥尔得尼的设备中。英国皇家铸币局会发行纪念币形式的比特币,出资购买这类比特币内含有的黄金。奥尔得尼出售这些硬币就可以收取使用费。上述硬币比特币可以任何时间在奥尔得尼兑换为英镑,价格以兑换日的比特币汇价为准。

4. 放弃征税

2014 年 3 月,英国税务局表示准备放弃对比特币交易征税的计划。英国税务海关总署（HM Revenue & Customs）表示,它不会对相关交易征收 20% 的增值税（VAT）。此前创业家抱怨称,增值税使他们的业务在全球缺乏竞争力。英国税务海关总署进一步表示，也不会对他们的保证金征收该税。这一裁定回避了是否把比特币界定为一种货币的问题，但实际上是把它当作一种货币；裁定的依据是欧盟有关对"可转让票据"的支付和转让免予征税的法律。

相信2015年最为重要的司法监管制定来自英国。在回答征求意见时，英国财政部在2015年3月宣布，计划要求英国的数字货币交易所和其他受监管的金融中介机构一样，开始实施反洗钱标准。然而，这一更严格的要求（如最低资本要求等）仅仅适用于某些提供保管业务的金融服务企业，并且也是一个可选项。托管人将不会被法律强制要求满足这些条件，但是那些能做到的将会获得一个类似于鼓舞信心的"审核印章"，由英国标准协会（British Standards Institute）进行颁发。

5. 英国政府报告

2016年1月19日，英国政府发布了一份关于区块链技术的重要报告。这份名为《分布式总账技术：超越区块链》的报告指出，英国联邦政府和政府首席科学家马克·沃尔彼特（Mark Walport）将会投资区块链技术来分析区块链应用于传统金融行业的潜力。

该报告认为，去中心化账本技术在改变公共和私人服务方面有着巨大的潜力。它重新定义了政府和公民之间数据共享、透明度和信任，将会主导政府数字改造规划方案。任何新技术肯定都会带来挑战，但是如果能够很好地处理领导、协作和治理之间的关系，分布式总账能为英国带来很多好处。

除了创建一个基于区块链的公共平台来为全民和社会提供服务外，英国政府还计划开发一个能够在政府和公共机构之间使用的应用系统。沃尔波特和他的研究小组，将会协作将分布式总账技术集成到政府管理中，保证政府的隐私和安全。

不过，英国政府现在试图建立的分布式总账系统，将会在他们区块链网络中实施他们自己的"规则"。英国政府强调，使用数学方式来保护区块链网络的思想是一种"误解"，政府应该参与数字货币和区块链网络的立法是非常重要的。

6. 英国央行的新蓝图

主管金融市场与银行业的英国央行副行长米南克·沙菲克（Minouche Shafik），在2016年1月有关支付行业的演讲中表示，近年来支付方式已经发生了巨大的变化。沙菲克指出这些变化主要由新进入的支付供给商数量激增与对支付基础设施的需求变化两个因素所驱动。她指出无现金实时移动支付方式的可选范围将持续增加，以及分布式总账技术实现了支付验证的去中心化。在她看来，成立于2015年的支付系统监管部（PSR）对于支付行业的监管正在从有针对性的干预措施向更加动态关注竞争和创新方向转变。

英镑结算的未来发展与每个英国人都息息相关。实体经济中的绝大多数支付——无论是从工资到发票，从购买汽车到售卖咖啡，从养老金到投资——最终都要依靠已经"20岁"的银行实时全额结算系统（Real-Time Gross Settlement，RTGS）服务来解决。根据银行业数据，RTGS的每日结算规模为5000亿英镑，几乎是英国每年国内生产总值的1/3。"所以毫不夸张地说，实时全额结算系统是英国支付系统的核心。"

2014年10月20日，实时全额结算系统崩溃，中断服务9小时，数百亿美元的支付交易被推迟。银行需要额外4个小时的时间来应付所有未完成的交易。2015年3月25日，英国央行公布了德勤有关2014年10月20日实时全额结算系统中断服务9小时问题的独立审查结果。银行接受了所

第八章
各国对区块链的法律监管情况

有的审查建议并表示将进一步考虑该系统的应急方案以及其未来的发展。

回到现实,考虑到实时全额结算系统的重要性,沙菲克指出在追求金融稳定过程中系统的修复能力再怎么强调都不为过。对于人们付款和收款能力的持续性破坏将对英国经济造成巨大的损害。因此,英国央行正在寻求支付系统的创新支持。

沙菲克提出了有关英国支付系统新蓝图需要解决的四个首要问题。第一,在涉及央行货币结算中英国央行的政策目标;第二,英国高性能的支付系统的具体功能;第三,支付系统的具体参与者与参与方式;第四,在支付系统服务中英国央行的作用。

沙菲克强调,当央行对于未来10年或者更长时间的支付系统进行投资决策时,应要求其能够应对用户需求变化,需要有一定的"选择权",其能够使我们应对世界的不同状态。

英国央行表示,其将设计一个有关英镑结算系统的新蓝图来适应未来需求。在进行小规模的专业咨询之前,英国央行将在前期进行涵盖各方的更广泛的讨论。而且在2016年年底,将对有关高性能英镑结算系统新蓝图达成一致,同时2017年也将提出有关技术进步的新蓝图方案。

创新和稳定能够携手前行。英国央行面临的挑战将是寻求重新设计RTGS的最优路径,该路径能够在实现系统弹性提升的同时又能促进技术创新有益于公众利益。期待分布式总账技术等创新,能够解决银行结算业务形态的基本问题。

7. 发行数字货币

2016年1月2日,英国央行总出纳维多利亚·克莱兰(Victoria Cleland)对BBC(英国广播公司)表示,英国央行正在研究是否应当发行数字货币。克莱兰说,央行正在考虑,可否使用数字货币,为人们带来与纸币同样的安全和保障，但研究工作正处在相当初级的阶段。克莱兰还补充说，公众对现金有非常旺盛的需求。英国零售商协会过去进行的研究显示，使用现金的成本很低，因此零售商在考虑消费者的需求之外，也会考虑成本的问题，部分零售商会非常青睐现金。

2016年3月，英国央行与伦敦大学学院研究员合作，开发央行控制的数字货币。最新的RSCoin用密码学技术打击造假。与比特币底层区块链技术不同的是，RSCoin由中央机构控制。英国央行宣布发布数字货币RSCoin代码并进行测试。

2015年的一份文件显示，伦敦大学学院研究员莎拉·米克尔约翰（Sarah Meiklejohn）和乔治·达纳齐（George Danezis）预测，RSCoin的货币政策会由央行控制。该技术将依赖于一系列权威机构，如商业银行防止货币重复消费。央行完全控制货币供应，同时依赖于一些机构来防止货币重复消费。不过，尽管RSCoin的货币政策由中央监控，其仍然有很高的透明度和可审计性保证。

开发RSCoin的目的，不仅是寻求受央行控制的可扩展数字货币，也是给更多的央行提供数字货币部署的框架。比特币及其他现有数字货币的缺点是缺乏扩展性，研究员认为这是个亟待解决的问题。比特币每秒最多处理7次交易，并且面临"提高速度的巨大挑战"，因为无法达到计算机算力要求。

2016年4月，英国内阁大臣马特·汉考克（Matt Hancock）说，政府在研究区块链技术管理和追踪公共资金的途径，例如学生贷款和补助等；认为区块链可以"培养新的信任文化"。他认为政府不能逃避现实并忽略新兴科技的发展，过去政府也曾这样对待互联网，这次我们不能旁观这种事情再次发生。

英国政府IT系统曾经出现过漏洞，影响了护照机构、税收信用体系，

第八章
各国对区块链的法律监管情况

并且最重要的是 2011 年英国国民健康服务体系（National Health Service，NHS）曾被迫宣布放弃几十亿英镑的病历电脑化存储项目。同时汉考克也警告不能陷入区块链炒作的陷阱，他认同区块链不能解决所有问题，也并不适合所有应用场景。

（四）俄罗斯

1. 意欲严惩比特币活动

俄罗斯联邦财政部作为国家经济法律制度部门，已经在 2015 年中反复强调反对允许比特币代替国家发行的货币。在 2015 年 10 月，俄罗斯财政部副部长阿列克谢·莫伊谢耶夫（Alexey Moiseev）曾经公开表示，财政部正在着手拟订法律草案来处罚将数字货币转换成卢比的行为，最高可获 4 年的刑期。除了这些主张外，财政部对比特币作为金融技术的态度并不很明确。

俄罗斯政府已经意识到了区块链技术对虚拟经济发展的潜在关系，因此觉得它应该被允许和发展，但比特币本身特别是比特币交易在实体经济和银行系统的实施会十分危险。但在俄罗斯可能正在关注比特币转化入罪的同时，莫伊谢耶夫表示不认为比特币是对俄罗斯国家货币的威胁。

虽然没有成功预示这个技术在俄罗斯会怎么被监管。俄罗斯央行已经表示反对比特币的使用为不合法的措施，在 2015 年 7 月第一次讨论数字货币的时候，普京已给予支持。当时，普京支持俄罗斯银行对这个技术的提议，但暗示比特币没有任何实体支持，因此可能要求特别的监督。

虽然比特币的未来在俄罗斯仍然不明朗，但可能安全的说法是密码学热爱者至少现在可以放松。财政部意欲使比特币转换入罪的法律草案正在被内阁审议，这个进程可能会持续几个月，然后会被提交到国会得到最终的通过。

2. 俄罗斯央行研究区块链

2016年2月,2014年被任命俄罗斯央行副主席奥尔加·斯罗博格国娃（Olga Skorobogatova）告诉俄罗斯银行业代表,俄罗斯央行认为,当全球越来越多金融机构都开始采用区块链技术时,区块链应用会在未来金融领域中扮演一个非常重要的角色。

斯罗博格国娃认为,2017~2018年将会看到该系统的实际案例被使用。作为一个自成体系的系统,（区块链）就是未来,需要为此做好准备。俄罗斯已经打算开始立法规范所谓的"货币代理",特别是指某种非政府发行的货币,包括比特币和其他数字货币。

然而,目前真正的问题是俄罗斯打算如何去真正禁止任何涉及数字货币的活动。与此同时,俄罗斯的一些私人企业已经开始探索该项技术的应用,该国支付公司Qiwi已经宣布它打算发行自己的某种数字货币。

尽管俄罗斯此前对数字货币持消极态度,但现在开始支持"对比特币保持谨慎态度并看到它的经济潜能"。另外,尽管俄罗斯财政部承认了区块链技术在金融业的潜在作用,但它的一系列声明却都是在谴责比特币本身。

（五）德国

2013年8月,德国政府认可了比特币的法律和税收地位,成为全球第一个正式认可比特币合法身份的国家。

德国财政部是在回应该国议会金融委员会成员弗兰克·舍弗勒（Frank Schaeffler）的询问时认可比特币身份的。其在声明中表示,比特币没有被归类为电子货币或者外汇,但它是一种在德国银行业条例下的金融工具。

它与"私人货币"更为接近，可以用来进行多边结算。这意味着比特币在德国已被视为合法货币，并且可以用来缴税和从事贸易活动。此前，德国议会曾决定持有比特币一年以上将予以免税。如今德国财政部认可比特币为一种"货币单位"和"私有资产"，这也就意味着与比特币相关的商业活动盈利将被征收税款。不过，个人使用比特币仍享受免税。

（六）瑞典

2013年9月4日，某瑞典比特币用户在LocalBitcoins网站售出5个比特币以后，钱已经存到用户的银行账户，几天后，当用户查看银行账户的时候，已经被冻结，不能进行任何操作。银行在冻结用户的银行账户15天以后才解冻。一位瑞典银行发言人说，目前用户不禁止用户进行比特币交易，然而，特殊的境况需要特殊对待。瑞典银行的监管部门认可并接受比特币。

瑞典比特币交易网站Safello CEO 弗兰克·斯古伊尔（Frank Schuil）指出，目前瑞典本地人很少在LocalBitcoins上进行比特币交易。但他认为，在瑞典"创新是接受而不是拒绝"，相信比特币在瑞典能够蓬勃发展。

（七）瑞士

2013年9月，瑞士联邦议会一名瑞士社会党成员向该国的国民议会提交了一份申请，要求写一份关于比特币的报告。他认为通过比特币的洗钱和其他犯罪活动将会对瑞士产生危害。但是，他承认，数字货币对国家也有益。他说比特币的出现引起了他的注意，因为自己对互联网政策、数据保护和新的网络趋势有着浓厚的兴趣。他作为银行工会会员工作时还遇到过比特币——他现在在瑞银雇员协会执行委员会工作。

这位瑞士工会会员还认为，90%的瑞士议会成员根本不知道什么是比特币，大多数政府也不知道，因为它太新了。但是瑞士记者可以从丝绸之路使用比特币购买到药物，所以国家需要进行干预。虽然并不确定什么样的干预是必要的，但他说，第一步是为政府做一些研究和评估它可能会造成的危险性，以及其优势和机会。在那之后，就可以决定哪些措施是必要的——比特币是否应该被禁止或监管，如果这样的话，瑞士可以单独订立规则，或与其他国家合作建立监管。

2014年6月，瑞士联邦委员会出版报告阐明，暂时不会对比特币或其他数字货币进行立法限制。政府报告声称目前数字货币在经济体系里是毫无意义的，理事会不希望改变其未来。

政府报告的一个要点是并不存在数字货币的法律真空，意指现行法律体系适用于数字货币。报告认为，"现行的针对货币的合同在原则上也可用于处罚虚拟货币的犯罪行为。基于虚拟货币的商业模式也受制于金融市场法律，需要服从金融市场监督……虚拟货币贸易及交易平台在瑞士一般要受反洗钱法案监管，包括遵照法律识别缔约方的身份和收益人的身份。"

适用于数字货币的其他法律和可受制机构还包括瑞士债务码条约，管理恐怖主义财务的联邦法院，以及联邦银行和储蓄银行法庭。报告列举了比特币有关的风险案例，但对国家财政没有构成威胁，消费者要注意其安全性，并劝告使用比特币的用户建立消费者权益保护组织。

2015年6月，瑞士联邦税务局（ESTV）决定，在瑞士使用比特币不需要缴纳增值税。税务局意识到比特币就像瑞士法郎那样，是一种支付方式，但没有保值功能。因此，数字货币的转换并不构成货物的传送，也没有所谓的增值税的征收。同时，把电子货币转换成瑞士法郎就像是把法郎兑换成欧元。而且在瑞士增值税法案的第二十一条第二节中可以看到，比特币公司所需缴纳的交易费用被免除。所以，比特币是不需要缴纳增值

第八章
各国对区块链的法律监管情况

税的。

考虑到瑞士良好的发展环境及法律法规，包括钱包服务供应商，交易及咨询公司在内的许多比特币初创公司在过去几个月中开始迁往瑞士。著名的区块链项目——以太坊的基金会也把总部设在了瑞士。

（八）中国

1. 首谈比特币

2013年11月，中国人民银行副行长易纲在某论坛上首谈比特币。易纲表示，从人民银行角度来看，近期不可能承认比特币的合法性。但他同时认为，比特币交易作为一种互联网上的买卖行为，普通民众拥有参与的自由。此外，易纲还指出比特币"很有特点"，具有"启发性"，个人会保持长期关注。有经验的观察家则总结认为这是一个积极的信号，因为易副行长的话中暗示出中国政府不会将比特币判定为非法。此外，易副行长也承认购买和出售比特币是公民的权利。基于上述评论和新闻，我们也许可以对比特币在中国的未来做出乐观的推测。

2013年11月19日，《人民日报》发文《比特币虽火，冲击力有限》，对目前比特币的火热现象进行评论，分析人士认为这一定程度上反映了目前中国官方对于比特币耐人寻味的态度。

比特币虽是迄今为止最为高级的形态，但正如美国一名联邦法官所表示的，比特币只是"一种货币或一种形式的资金"，目前其金融属性或许要高于货币属性，因此对于整个货币体系的冲击还非常有限……以现代货币的标准来看，比特币尚未充分满足货币的定义……数字货币的出现，是一种草根服务创新，适应了互联网时代的货币需求。不过，如果数字货币规模达到一定程度，并积累了系统性风险，那么自然会受到监管部门的关注。

2. 五部委通知

2013 年 12 月 5 日，中国人民银行、工业和信息化部、中国银行业监督管理委员会、中国证券监督管理委员会、中国保险监督管理委员会日前联合印发了《中国人民银行、工业和信息化部、中国银行业监督管理委员会、中国证券监督管理委员会、中国保险监督管理委员会关于防范比特币风险的通知》。

中国人民银行并非全世界第一个注意到比特币的政府监管机构，但却是第一个以发"公文"的形式对比特币的发展提出规范的。该《通知》发出后，各大交易网站上的比特币价格瞬间跳水：Mt. Gox 价格从当日最高 1240 美元最低跌至 870 美元；BTCC（比特币中国）价格从当日最高 7050 元人民币最低跌至 4521 元人民币。不过随后两大交易网站的价格都有所回升，分别为 1080 美元和 6106 元人民币。

3. 数字货币研讨会

2016 年 1 月 20 日，中国人民银行数字货币研讨会在北京召开。来自人民银行、花旗银行和德勤公司的数字货币研究专家分别就数字货币发行的总体框架、货币演进中的国家数字货币、国家发行的加密电子货币等专题进行了研讨和交流。

会议指出，随着信息科技的发展以及移动互联网、可信可控云计算、终端安全存储、区块链等技术的演进，全球范围内支付方式发生了巨大的变化，数字货币的发展正在对中国人民银行的货币的发行和货币政策带来新的机遇和挑战。中国人民银行对此高度重视，从 2014 年起就成立了专门的研究团队，并于 2015 年年初进一步充实力量，对数字货币发行和业务运行框架、关键技术、发行流通环境、面临的法律问题、对经济金融体系的

第八章
各国对区块链的法律监管情况

影响，法定数字货币与私人发行数字货币的关系，以及国际上数字货币的发行经验等进行了深入研究，并已取得阶段性成果。

在中国当前经济新常态下，探索央行发行数字货币具有积极的现实意义和深远的历史意义。发行数字货币可以降低传统纸币发行、流通的高昂成本，提升经济交易活动的便利性和透明度，减少洗钱、逃漏税等违法犯罪行为，提升央行对货币供给和货币流通的控制力，更好地支持经济和社会发展，助力普惠金融的全面实现。未来，数字货币发行、流通体系的建立还有助于我国建设全新的金融基础设施，进一步完善我国支付体系，提升支付清算效率，推动经济提质增效升级。

中国人民银行数字货币研究团队将会积极吸收国内外数字货币研究的重要成果和实践经验，在前期工作基础上继续推进，建立更为有效的组织保障机制，进一步明确央行发行数字货币的战略目标，做好关键技术攻关，研究数字货币的多场景应用，争取早日推出央行发行的数字货币。数字货币的设计应立足经济、便民和安全原则，切实保证数字货币应用的低成本、广覆盖，实现数字货币与其他支付工具的无缝衔接，提升数字货币的适用性和生命力。

中国人民银行在推进数字货币研究工作中，与有关国际机构、互联网企业建立了沟通联系，与国内外有关金融机构、传统卡基支付机构进行了广泛探讨。参与研究的国内外人士高度重视此项工作，并就相关的理论研究、实践探索及发展路径与人民银行系统的专家进行了深入交流。

4. 再谈数字货币

2016年2月，央行行长周小川在接受媒体采访时畅谈了数字货币的未来。周小川表示，从历史发展的趋势来看，货币从来都是伴随着技术进步、经济活动发展而演化的，从早期的实物货币、商品货币到后来的信用货币，都是适应人类商业社会发展的自然选择。作为上一代的货币，纸币技术含量低，从安全、成本等角度来看，被新技术、新产品取代是大势所趋。

周小川还介绍说，数字货币作为法定货币必须由央行来发行。数字货币的发行、流通和交易，都应当遵循传统货币与数字货币一体化的思路，实施同样原则的管理。央行发行的数字货币目前主要是替代实物现金，降低传统纸币发行、流通的成本，提高便利性。

央行将运用包括密码算法在内的多种信息技术手段，来保障数字货币的不可伪造性。未来的技术也会有升级换代，央行会提前将技术升级考虑在内，从最初就引入长期演进的发展理念。对于央行掌控的数字货币，会采用一系列的技术手段、机制设计和法律法规，来确保数字货币运行体系的安全，一开始就与比特币的设计思想有区别。

周小川的讲话还传递出一个明确信号：推出数字货币没有时间表。中国人口多、体量大，像换一版人民币，小的国家几个月可以完成，中国则需要约十年。所以数字货币和现金在相当长时间内都会是并行、逐步替代的关系。

周小川介绍说，数字货币的技术路线可分为基于账户和不基于账户两种，也可分层并用而设法共存。区块链技术是一项可选的技术，其特点是分布式簿记、不基于账户，而且无法篡改。如果数字货币重点强调保护个人隐私，可选用区块链技术，中国人民银行部署了重要力量研究探讨区块链应用技术，但截至目前区块链占用资源还是太多，不管是计算资源还是存储资源，应对不了现在的交易规模，未来能不能解决有待观察。

实际上，要实现数字货币化并非易事。如何在安全性、便利性等各个方面都能够解决所谓价值交换需要的功能载体，这有很多技术问题需要解决；技术问题解决后，未来如何运用数字货币替代纸币的流通和发行，需要一个循序渐进的过程。

除了应对现有数字货币的挑战之外，更有央行人士提出了推动 SDR（特别提款权）基于分布式规则的数字化，也应该成为改革现有货币体系的尝试。

中国人民银行金融研究所所长姚余栋撰文认为，或许可以跳出陷入困局的现有发行机制，在 IMF 和成员国的共同努力下，探索建立"全球央行"的机制雏形，并尝试基于数字货币规则的创新，即 eSDR。

2016 年 6 月 15 日，中国互联网金融协会（NIFA，NATIONAL INTERNET FINANCE ASSOCIATION OF CHINA）决定成立区块链研究工作组，由全国人大财经委委员、原中国银行行长李礼辉任组长，深入研究区块链技术在金融领域的应用及其影响。

中国互联网金融协会（national internet finance association of china，英文缩写 NIFA）是按照 2015 年 7 月 18 日经党中央、国务院同意，由中国人民银行会同银监会、证监会、保监会等国家有关部委组织建立的国家级互联网金融行业自律组织。

区块链工作组为中国互联网金融协会领导下的专项研究组织，将重点对区块链在金融领域应用的技术难点、业务场景、风险管理、行业标准等方面开展研究，跟进国内外区块链技术发展及在金融领域应用创新，密切关注创新带来的金融风险和监管问题。

研究工作组的主要工作目标包括：构建区块链研究网络，规划建设区块链基础实验平台，形成高水平的研究成果，培育高层次、复合型专业人才。研究工作组将积极借鉴国际经验，开展学术交流，注重研究成果转化应用。

（九）中国香港地区

1. 不监管比特币

香港地区金融管理局（金管局）首席长官陈德霖发布公告称，将不会监管比特币。不过也表示，金管局有责任"促进金融体系的稳定性和完整性，包括银行体系"，但不适用于比特币的监管。按陈德霖的说法，以钱的形式来描述比特币此类数字货币并不恰当，由于比特币受价格波动影响太大，虽然有人投资比特币，但比特币作为支付媒介并不稳定。

金管局相信比特币在香港的使用并不广泛，但当局一直在监视人们如何使用它，关注它的价值。虽然做出了不监管的表态，但当局仍会密切关注其他国家对其的监管要求与其他相关发展。被提及的还有最近发生的比特币期货交易平台 GBL 卷钱跑路事件，呼吁香港监管机构必须采取措施，避免类似事件的雪球效应的发生。

香港财政司司长曾俊华在 2013 年 12 月 1 日表示，比特币仍不算上是电子货币，只是可以进行私人或网上交易的"数字货币"。虽然有公司愿意收取比特币，以交换货物或服务，但规模仍然微不足道，而且由于比特币的价格波幅非常大，这些公司愿意收取比特币，似乎很大程度是憧憬比特币会继续升值，多于节省交易成本等实际经济考虑。现在比特币的投机成分很高，市民考虑投资比特币、商店考虑收取比特币进行交易时，必须加倍小心，必须了解相关的风险。他同时鼓励年轻科技人才开发比特币应用程序。

2015 年 3 月，香港政府曾经表示过一定程度的担忧，认为严厉的监管将会严重打击数字货币。随后公布的官方态度表明，比特币"对于金融体系尚不构成显著威胁"。金融服务和财政部部长得出结论："没有必要通过立法来监管虚拟商品交易，或者禁止人们参与这样的活动。"香港是数字货币活动的中枢地区，这个确定的监管说明为企业运营提供了一个迫切需求的稳定环境。

2. 政府财政预算案涉及区块链

2016~2017财政年度香港特区政府的政府财政预算案的"新经济秩序"一章里，专门在金融科技这一部分中提到了区块链技术。

香港特区政府财政预算案的言辞指出："政府会鼓励业界和相关机构，探讨区块链技术在金融业的应用，发展其减少可疑交易和降低交易成本的潜力。香港会通过培育计划，向业界提供培训，推广有关技术，发展更多服务和产品。"

香港特区政府是世界上首个在财政预算案中明确提到区块链技术的政府部门。作为亚洲乃至全球最重要的金融中心之一，香港在金融科技上对区块链一直保持着高度的关注。区块链技术作为一种有潜力重塑下一代金融体系的重要技术之一，已经受到了不少重量级机构的关注。除此之外，该预算案中还提到以下内容："金融科技通过运用流动通信技术、人工智能等科技，为消费者带来全新的理财体验，提升金融机构的营运效率。金融服务提供者不再局限于银行和保险公司等传统金融机构。电信公司、电子商贸企业和初创企业都能借着互联网和移动科技，为个人和企业提供金融服务"。

3. 努力追赶区块链技术

2016年4月，香港应用科技研究院（ASTRI）表示，特别行政区的许多金融机构不了解比特币的底层技术。该组织机构将会通过使用基于区块链技术的应用程序加强参与度，这些应用程序包括为移动电话和近场通信（NFC）行业提供不同的解决方案。

ASTRI 由香港特区政府于 2000 年成立，其使命是要通过应用研究协助发展以科技为基础的产业，借此提升香港的竞争力。2006 年 4 月，ASTRI 获创新科技署委托，承办"香港资讯及通信技术研发中心"，肩负进行高质素研发使命，把科技成果转移给业界；培育优秀科技人才；整合业界和学术界的研发资源等任务。ASTRI 锐意创造世界级顶尖科技，实践以顾客为导向的应用研究，以配合业界的真正需要。研究范畴横跨五个相关领域，并于最近成立"信息研究室"，针对新兴和跨领域技术进行研究。

ASTRI 表示，区块链技术已经证明了自己能够给银行和金融业带来改变。如果中国香港想和伦敦、纽约这样的金融巨头并驾齐驱，就必须尽快改革。比特币技术除了用于执行和记录比特币交易，还用于许多其他目的。虽然香港有许多比特币公司，但是比特币技术还没有完全被开发。ASTRI 科学数据与信息安全总监表示，比特币区块链技术能保证交易的及时性。比特币区块链的透明性能让每个人都能看到，这可以有效防止洗钱和其他非法交易。人们绝对想不到能够在这样的平台做交易，这是平台让每个人也能访问，有些人也会在平台中指出交易信息的偏差。

（十）日本

1. 数字货币监管

2015 年 11 月，日本国内金融服务中心的成员——日本最高金融监管者——正在为比特币相关企业起草监管大纲。日本政府在之前就已经暗示，要加强对比特币企业监管的力度，以应对 Mt. Gox 公司的倒台。

2016 年 2 月 25 日，日本监管机构提议将比特币等数字货币作为一种支付方式。这样数字货币在法律上将等同于日本传统货币。而日本金融厅（Financial Services Agency，FSA）正考虑是否修改相关法律条文，将数字

第八章
各国对区块链的法律监管情况

货币划入"具有货币功能"的类别。

按照日本金融厅的解释，数字货币应作为交换媒介，也就是用于购买物品和服务。数字货币应当可以在贸易和商品交易活动中兑换成法定货币。在这种环境下，金融机构应当在日本金融厅注册。相关监管机构认为，这样可以避免出现类似 Mt. Gox 公司的情况。2014 年，这家日本比特币交易公司损失了几百万美元，并破产倒闭。但日本监管机构也的确面临一个两难的抉择，如果不把数字货币等同于货币进行管理，则数字货币可以完成许多货币所不允许完成的功能，这会让资金监管出现一个很明显的漏洞。但是如果把数字货币看作货币，也会面对许多法规上的问题，特别是等于给予了数字货币法定货币的待遇，也有可能会造成金融市场上的混乱，并且还会需要对许多目前的金融法规进行修改。日本又是几乎唯一一个出现过大型数字货币交易所倒闭事件的国家，这让监管机构不得不抱着极其谨慎的态度。

日本经济产业省（Ministry of Economy Trade and Industry，METI）一直在讨论区块链技术对于国内金融业的潜在影响。根据 METI 2015 年 10 月 16 日互联网金融研究小组会议记录，政府机构已经意识到，美国已经把区块链技术和分布式总账视为金融技术的一部分，并且引起了很广泛的兴趣。METI 最新的会议纪要显示，与会者普遍认为，区块链技术有可能会对"整个金融行业产生影响"，且它的影响是巨大的，且它的重要程度类似于互联网和谷歌的出现。该文件还指出，在会议上建议区块链技术可以为金融机构显著降低成本。尽管如此，会议上 METI 围绕着技术进行了多方的沟通，与会者还在会议中讨论了比特币交易中存在的信誉和洗钱等潜在安全问题。

2. 谋求亚洲技术领导者

FSA 代表认为亚洲应该作为区块链技术的领导者。

2016年3月，在东京OECD-ADBI（经济合作与发展组织—亚洲开发银行研究院）圆桌会议上，关于资本市场和金融改革的专题报告中，国际事务副部长马莎米奇·科诺（Masamichi Kono）认为在讨论区块链技术之前亚洲需要借助新型科技。他表示，亚洲的优势之一就是可以充分利用科技创新。特别是对于这些"颠覆性"科技，如分布式总账和区块链技术，亚洲有很强的竞争优势，并且可以为亚洲配置一些新工具，用更便宜且安全的方式来促进经济增长。

科诺表明FSA相信会把增加市场信息当作首要任务，但是也会支持可以提高透明度和责任的技术，同时加强会计创新和公司治理。对于2008~2009年的金融危机，亚洲金融系统就如何转变的问题进行了广泛的讨论。科诺表示市场正在从"过度依赖少数银行"转变。

最新的一些声明表明了日本最高金融管理者不仅担当了行业领导者的角色，还发布一系列声明表明准备在现存的法律和框架中引入比特币和数字货币。例如，FSA最近提交了议案，关于国内经济管理条例对日本国家立法机关带来的改变。这个定义能让比特币变成一种资产，由此给交易所引进了反洗钱（AML）和了解客户（KYC）的规则。

3. 首个区块链行业组织

2016年4月，日本已经成立了首个区块链行业组织——区块链合作联盟（BCCC）。该组织由三十几家对研究开发区块链技术感兴趣的日本公司组成，其目的是要增加区块链技术在日本的关注度。

BCCC主席柿谷平野（Yoichiro Hirano，Infoteria有限公司首席执行官）4月25日在日本新闻发布会上宣布该联盟正式成立。柿谷平野表示，区块链技术不仅仅因为是互联网金融核心而受到大众欢迎，同时还因为其推动了每个行业信息系统的改革。在该联盟形成之前，区块链相关的成就和信息在日本是不会共享的,所以应用程序的应用范围是受到限制的。因此,这些相信区块链未来潜力的人,想通过共享信息、公平竞争、推广区块链技术、积极扩展区块链应用程序的应用范围、提供资金支持区块链研究的方法,来保持日本竞争力以及促进区块链技术的发展。BCCC 将和世界上其他区块链组织进行合作,会把从海外学到的知识应用到本国中,作为区块链技术的先驱国家,也会把专业知识和经验分享到全球。

联盟成员公司会成立以下小组委员会,同时会在合适的时候参加活动来推广巩固区块链技术。

·大众化小组委员会:促进区块链技术的推广,举办如会议和研讨会的推广活动。

·实践应用小组委员会:加速区块链应用于其系统和服务,公布实际应用案例。

·技术小组委员会:加强对区块链技术的了解,培养对区块链技术感兴趣的工程师。

·管理小组委员会:管理整个联盟及审查政策。

(十一) 新加坡

2014 年 1 月,新加坡国内税务局(IRAS)表示,在新加坡注册的公司进行比特币买卖或用数字货币换取商品和服务的交易须纳税,比特币交易须征收 7% 的增值税。

当比特币用于支付商品和服务时,这些交易被视为实物交易,因为比特币不是由政府认可的货币。因此,可以对所有比特币及产品和服务的交易征收增值税。如果数字货币在虚拟的游戏中使用是不征收增值税的。增值税征收数额取决于公司是否充当代理人或交易的主体。因此,如果代理他人公司进行比特币交易——这种比特币交易是把货币转移到用户钱包里——这种情况只对佣金征收增值税。

但是，如果一家公司作为委托方，如果给用户提供比特币的买卖服务，那么需要对所有的款项征收增值税，包括佣金。IRAS 强调未在新加坡注册的公司进行比特币的相关服务不在增值说的征收范围。

2015 年 11 月，新加坡总理李显龙督促该国银行和监管机构跟上技术的发展，特别提到区块链技术。在新加坡大华银行成立 80 周年的晚宴上，李显龙总理提到了金融行业目前所面临的挑战，并强调跟上技术发展的步伐，用以保持竞争力。他说："展望未来，银行业正在进入一个全新的挑战……经营环境变得更具挑战性，但最重要的是，技术推动层出不穷的全新商业模式来破坏银行的原有业务。例如，越来越多的人通过智能手机进行支付。"

李显龙总理还特别强调："……还有一些其他新技术，就如区块链技术，它目前被用于比特币，但是也能够应用在其他领域，比如实时全额结算，或者是金融交易确认。所以我们的银行和监管机构必须要能够跟上，能够赶上发展的脚步。"尽管行业目前面临着许多挑战，李显龙总理也说银行过去一直处于强势地位，但是不要自满，要持续地关注变革机会。"我们处于亚洲崛起的心脏地带，银行有强大的资产负债表，并且有很强的区域存在，在周围有许多机会可以利用，但是也需要明白这是一个充满竞争的业务，并且始终在快速发展。因此他们必须提升自己的技术、服务和商业模式。"尽管他极大地褒奖了新加坡的银行业，但是他也特别指出，某些海外银行及其推广各自数字银行的模式非常"杰出"。

2015 年 12 月底，新加坡资讯通信发展局（Infocomm Development Authority of Singapore），宣布联手新加坡星展银行和渣打银行共同开发首个发票金融（Invoice Financing）的区块链应用，将用于让发票金融贸易变得更加安全和简单,包括对企业和放贷银行。尽管这个用于加强发票融资贸易安全性的首个应用程序还处于概念阶段,而且使用范围也很有限,但是新加坡政府正在努力将自己打造为"智能国家"(Smart Country),这肯定是其中重要的一步。

(十二)澳大利亚

澳大利亚标准局——澳大利亚标准协会(Standards Australia)呼吁国际标准组织 ISO 制定有关区块链技术的国际标准。澳大利亚标准协会是全球 160 家 ISO 公认的国家标准组织成员国之一。

总部设于日内瓦的国际标准化组织,是全球公认的最权威的标准组织。近日,其会员国澳大利亚呼吁制定区块链技术国际标准,该技术为比特币提供支持。

澳大利亚标准协会首席执行官阿德里安奥康(Adrian O'Connell)于 2016 年 4 月提出观点,认为该分布式分类账技术需要 ISO 标准认证。他指出,全球区块链交易者之间的互操作性将是解锁区块链技术潜能的关键。这需要国际化标准来帮助它解锁潜力,最佳选择就是通过 ISO 组织。

值得注意的是,ISO 组织规定,提议只要获得五个成员国的一致同意便可通过。因此,该提议极有可能通过 ISO 组织。

通过寻求 ISO 组织设立区块链技术委员会,能够越来越清楚地表明澳大利亚对该领域抱有极大兴趣。尽管全球银行都在 R3 财团、股票交易所、服务机构和医疗保健公司这些不同的领域研究和发展的分布式分类账应用,但是阿德里安奥康指出,仍然缺乏互操作性国际标准促进创新。

尽管目前有许多组织在开发区块链技术项目,但是却没有人致力于建立技术标准,这就是 ISO 存在的原因。它能够在成员国的努力之下制定标准发展程序，同时还能与其他行业接轨。

（十三）各国对于数字货币不同态度对照

全球多个司法管辖区对于减少虚拟货币的潜在风险，以及监管数字货币相关的活动采取了不同的做法。根据表8.1中所列出监管和政策，通过各个司法管辖区的不同态度，能够大致看出大家的分歧。

表8.1 各国对数字货币的不同态度

国家	反洗钱/反恐：警告和监管（现有或建立）	税务处理	对消费者警告和建议	数字货币中介的牌照/注册	在金融领域进行警告和禁止	禁止发行和使用
阿根廷	警告		警告消费者		发布报告警告	
玻利维亚						是
加拿大	修订现有监管	明确税务处理	建议消费者			
中国					禁止	
法国	使用现有监管框架	明确税务处理	警告消费者			
德国	使用现有监管框架					
意大利			警告消费者		警告	
日本	计划建立新的监管方案		警告消费者	计划建立新的监管方案		
俄罗斯	使用现有监管框架		警告消费者			起草方案
新加坡	计划建立新的监管方案	明确税务处理	警告消费者			
南非			警告消费者			

续表

国家	反洗钱/反恐：警告和监管（现有或建立）	税务处理	对消费者警告和建议	数字货币中介的牌照/注册	在金融领域进行警告和禁止	禁止发行和使用
英国	使用现有监管框架	明确税务处理				
美国	使用现有监管框架（联邦）	明确税务处理（联邦）	警告消费者	州许可制度（例如，纽约州的BitLicense）		

二、全球证券监管

（一）美国证券交易委员会

2016年4月2日，美国证券交易委员会主席玛丽·乔·怀特（Mary Jo White）发表关于联邦管理机构对于控制区块链的目前和未来计划的讲话。这是2016年来SEC首次公开谈论区块链的潜力，并且明确表态正在研究基于区块链技术的证券发行方式可能会带来的影响。

简单概括就是，在SEC的过去和未来与区块链交易中，怀特号召寻找像区块链这样技术的公司和个人，来加速证券转变。怀特在其公开讲话中谈到，最重要的是在委员会监管制度下区块链的应用程序是否需要注册，如过户代理人或清算代理处。SEC正积极研究这些问题及其影响。

2015 年 12 月 16 日，SEC 批准了 Overstock.com 的计划，为使用比特币区块链技术的发行证券行提供补助。12 月 22 日，SEC 秘书长布伦特·菲尔德（Brent Fields）发表提前声明，发布过户代理人的试行条例，并询问公众对于联邦证券条例下使用区块链技术的想法。

怀特在演讲最后指出，演讲的主题是在急剧变化的金融市场中保护投资者。她担忧新出现的融资渠道对上市之前的创业公司来说并不是好事，新的立法条例目的在于让公司把股权奖励作为众筹动力的一部分。包括对于区块链在证券行业潜在影响的评论在内，怀特同样强调了其他"互联网金融的挑战"，包括机器人顾问（或者机器驱动的投资顾问）和市场借贷，用软件直接把借款人和非银行放款人联系在一起。在怀特的演讲中，也谈论了新金融科技"有潜力在任何方面转变市场运作方式"，这样创新也许对于保护投资者也会有诸多的益处，所以有信心在市场中推动发展。

（二）德国最高证券监管机构

2016 年 2 月，德国顶级证券监管机构——德国联邦金融监管局（BaFin）最新发布的一篇内部刊物文章中，对分布式总账的潜在运用展开研究，包含跨境支付、跨行转账以及贸易数据的存储。虽然对监管细节轻描淡写，但该篇新闻的出炉表明 BaFin 已看到该技术重塑金融系统中一部分因素功能的可能性，尽管结果可能依然遥远。

2002 年 5 月 1 日，德国把德意志联邦银行和保险监管、证券监管机构合并，成立统一监管组织——BaFin。BaFin 的成立，标志着德国金融监管体系改革的又一次重大变化。联邦金融监管局最高管理层为理事会，由财政部、司法部、内政部和银行、保险公司等机构的人员组成。理事会一年召开三次会议，主要讨论监管局的财务收支问题。联邦金融监管局目前拥有员工 1400 多名，办公地点分设在波恩和法兰克福，除此之外无任何分支机构。

该机构指出，尽管目前金融业加大甚至全面运用区块链技术的影响尚无定论，但该技术有潜力在金融市场建立一个新标准。BaFin 认为承认使用该技术所存在的潜在风险"比以往任何时候都大"，应该继续呼吁全球其他监管机构加强监管。

坚守反洗钱、治理与依从及结算与精算的监管必须得以保障。该机构指出，在这些方面，缺乏中央机构对操作与规范的监管会带来诸多问题。此前，BaFin 曾发布有关比特币与数字货币的指导文章，将它们称为"以记账单位为形式的金融工具，却并无法定货币地位"。

（三）国际证监会组织

一个由世界顶级证券交易监管机构组成的组织——国际证监会组织将开始对区块链科技的研究。国际证监会组织也称证券委员会国际组织，是由国际各证券暨期货管理机构所组成的国际合作组织。这个 20 世纪 80 年代成立的国际证监会组织致力于加速国际证券监管机构的合作，尤其是信息分享和标准制定方面的合作。中国证监会于 1995 年加入该组织，成为其正式会员。

在 2016 年 2 月 16 日至 18 日在马德里举行的 IOSCO 会议中，区块链技术尤其引起人们的注意。该组织表示，会议讨论研究了如何识别和应对正出现的危机状况。讨论了最近的市场发展状况和世界资本市场的动荡，其实讨论的是互联网金融，尤其分布式网络数据库或区块链带来的挑战和机遇。与会者一致同意对与证券监管有关的金融科技分支机构进行深入研究,其中就包括区块链技术。

证监会秘书长大卫·莱特(David Wright)在 2015 年 12 月的采访中,表示区块链技术的透明性给证券监管机构带来了新的机遇。

(四)欧盟最高证券监管机构

欧洲证券及市场管理局(European Securities and Markets Authority,ESMA)是欧盟的最高证券监管机构。ESMA 执行董事说,区块链技术可以改进交易后流程。ESMA 花了一年多时间,研究比特币等数字货币对欧盟投资环境的影响,并呼吁获取更多技术信息,以便评估其对证券交易周期的影响。

2016 年 3 月初,ESMA 执行董事维蕾娜·罗斯(Verena Ross)在英格兰银行和伦敦商学院组织的活动中发表讲话。她指出,尽管相关技术还处于发展阶段,但 ESMA 相信分布式总账会广泛应用于交易后环境。ESMA 认为区块链技术最可能给这些领域带来好处,包括结算、抵押品管理、所有权记录和证券服务。而实现这个目标需要特殊的参考数据库、所有参与者之间瞬时统一、不可更改的记录共享和透明的实时数据。

当然 ESMA 也看到这些应用潜在的风险,尤其是在扩展性和安全性方面,以及与现有金融系统之间的互操作性。ESMA 尤其关注分布式总账技术大体量操作的能力,管理隐私问题的能力以及保证高安全性的能力。并且,预期逐步采用分布式总账技术,所以它需要展示与其他系统互动的能力。因为这些系统必须与分布式总账共存,比如交易平台。

该董事表示,如果出现垄断的情况,该技术的使用可能引起竞争问题。ESMA 相信这可能导致私人区块链系统失去监管透明性。尽管这个系统是为了提高透明度,但是复杂加密技术的使用可能潜在影响透明性

第八章
各国对区块链的法律监管情况

和监管。不过，如果区块链技术成功克服了这个障碍，利益将会是非常明显的。比如降低成本、减少去中心化引起的网络犯罪、提高市场整体效率。

不过，该技术的评估还在进行中，ESMA 表示会继续研究分布式区块链技术，最终确定是否需要采取监管措施。

（五）澳洲证券投资委员会

澳大利亚最高证券监管机构——澳大利亚证券和投资委员会（Australia Securities and Investments Commission，ASIC）主席格雷格·梅德哥拉夫特（Greg Medcraft）在 2016 年 2 月初表示，区块链技术将在政府市场活动监管中产生深远影响。澳大利亚证券投资委员会的基本职能体现在维护市场诚信和保护消费者权益方面。

梅德哥拉夫特从 2011 年开始任职澳大利亚证券和投资委员会主席。他在 2016 年 2 月 15 日伦敦的一次会议上发表讲话。讲话中，他讨论了资本市场即将来临的数字化技术颠覆性变革，其中特别强调了区块链技术并就监管机构该如何看待和应对这个变革发表了自己的看法。"鉴于变革的速度，我们需要考虑使用那个工具了。"梅德哥拉夫特这样说道。

资本市场运用区块链技术可能提高市场效率，降低交易成本，提高市场透明度，并给希望进入融资市场的投资者和公司提供途径。区块链技术可能会重塑 ASIC 等监管机构的运作方式，同时提醒注意适当的监管力度。作为对世界监管机构和自己此前讲话的回应。区块链技术对政府监管行为会产生很大的影响。监管机构需要找到监管力度和企业管理之间的平衡点。作为监管机构和政策制定者，需要确保抓住经济更快发展的机遇，而不是阻碍创新和发展。

ASIC 希望帮助企业抓住发展机遇，不管是区块链技术还是其他创新科技，其前提都是要保障经济利益。

ASIC 主席讲述了澳大利亚证券监管机构的一些应对措施，包括监控公司和产品市场以及区块链监管方法的制定。ASIC 正试图找到监控区块链记录的国内外交易的方法。监管机构需要找到恰当的平衡点。

从一系列事件来看，澳洲在区块链上的投入已经远远领先于其他国家，特别是澳洲证券交易所已经投资区块链初创公司 DAH 超过千万美元，并且正在寻求基于区块链的证券交易解决方案，希望全面升级自己的证券交易系统。而从 ASIC 的态度来看，他们对于区块链技术持有相当开明的态度，也许能极大地加快区块链技术在澳洲证券交易系统领域和监管领域的发展。

（六）数字货币证券监管框架

在 2016 年 1 月，Coin Center 发布全球首个《数字货币证券监管框架》。

Coin Center 是在美国的数字货币非营利研究和宣传中心，其发布了一份关于对于将数字货币作为证券情况下的报告，提供相应监管的指导框架。本报告的作者彼德·范·瓦尔肯伯（Peter Van Valkenburgh）是 Coin Center 的研究中心主任。报告提出了一种基于豪威检测（Howey Test）的投资合同框架，以及关于证券管理的基本政策目标。

瓦尔肯伯描述说，Coin Center 的工作是发现基于数字货币的几个"关键变量"，并且通过运行和维护相关软件的社区，显示出投资者或者用户的风险。该报告考察了这些变量，并且解释了它们的深度。更进一步映射到豪威检测的"四要素"，来确定数字货币是否类似于一种证券，并因此

第八章
各国对区块链的法律监管情况

是否需要被监管。

1946年,美国证券交易委员会在豪威公司(W. J. Howey Co.)一案确立了判定"投资合同"的标准。被告豪威公司是佛罗里达州的一个公司,每年大约种植500亩橘子,将其中一半卖给各地的投资人。豪威公司与投资人签订了土地销售合同和服务合同。联邦最高法院认为,判断证券是否存在,不需要找到正式的股票证书,只要存在有形资产的正式收益,例如对橘园的实际拥有就可以了。同时认为应该放弃形式而注重实质,把判断的焦点放在经济实况上(Economic Reality Test)。

法院提出了一个包括四个要素在内的检验方法,即所谓的"Howey Test":"证券法律中所谓的投资合同是指在一宗合同、交易或计划中,某人(1)利用钱财进行投资;(2)投资于一个普通企业;(3)仅仅由于发起人或第三方的努力;(4)期望使自己获得利润。"将此标准适用于本案,最高法院支持SEC的主张,认为三者构成了《证券法》下定义的"投资合同"进而是"证券",应按照有关规定登记发行。

在这个案件之后,投资合同被视为确定"证券"定义的灵丹妙药,那些在"是否属于证券法律管辖"问题上存在争议的交易被原告以"投资合同"的名义诉诸证券法律来解决。根据司法实践,被认定为"投资合同"的,有威士忌酒存库单据、金银投资计划以及会所会籍等。

Coin Center报告主要的观点是,类似于比特币这样的更大、更去中心化的数字货币,被类似于侧链这样的数字货币锚定,以及类似于以太坊这样的分布式计算平台,并不能轻易符合证券的定义,以及并不代表需要通过证券监管来解决会给消费者带来某种风险的可能性。

瓦尔肯伯补充说,可以发现,一些小规模的、比较可疑的,或者某些特定设计的数字货币可能确实是符合证券定义的。本报告的目的是,帮助证券监管者将那些"打着创新名义的骗局"识别出来。报告充满了注释和参考文献，提供了关于数字货币和相关技术的概述，并且对它们的功能、优势和劣势进行了细致的讨论，还分别提供了相关监管指导意见。报告还覆盖了可能会影响用户和投资者风险的变量，以及软件和社区的变量，包括透明度、去中心化和开发利益等。

第九章
区块链重塑世界

一、快速变化的开始

全球正在发生快速的变化——包括好的和不好的变化都在快速发生，通过互联网驱动的全球化、社会的期望，以及正在加剧的资源竞争。不同于发展中国家，发达国家和其公民所具有的消费主义倾向和隐私保护，与传统社会价值观以及个人行为准则发生了冲突。这已经不仅仅存在于国家和社区中，负责帮助那些处于困境和艰难时刻的人们。各国政府都在努力满足那些不断增长的消费预期和看似深不见底的社会救助需求。美国前总统肯尼迪曾经发出呼吁"不要问我你的国家能够为你做什么，要问你能为你的国家做什么"——这句话在今天会变得越来越重要：许多公民非常希望能够帮助自己的国家，但在这个数字时代，他们目前还是缺乏社会参与的手段。他们希望成为其中的一部分，而不是一个无助的旁观者。

由于缺乏整个社会参与的手段，将会导致一个结果，即出现两极分化的态度，把不同的期望和看法合并在一起，就会出现把复杂问题简单化的粗暴倾向，从而导致一系列完全割裂的话题的出现。然而，全球的现实是复杂的和混乱的，现实世界、虚拟世界、法律、历史、地理、社会、行为、经济、信息和技术因素交织在一起。而变化还在时刻进行中，不断有新的颠覆性的技术出现,更增加了情况的复杂度。

规模、速度、复杂性都必须综合考虑,这让那些行业领导者、各国政府在理解这种混乱的局面,或是在规划、使用传统的、非协作的组织架构时,变得尤其困难。这特别体现在那些更加灵活的领域,例如在面对金融市场和有组织犯罪的情形下尤其如此。而越来越多的发展中国家,如肯尼亚和卢旺达,他们没有那么多的包袱,所以可以借助新技术实现跨越式发展。

而在发达国家,一些更小的、更同源的国家正在获得巨大的优势,他们通过提供跨国的国际服务来获利,特别是在欧洲。

这些数字国家的特点包括以下五个方面:

(1) 有数字信息获取能力的领导部门;

(2) 一个足够强大且能够集中力量对全国政府部门进行数字改造的政府,需要具有国际视野,并且能够和所有行业紧密协作;

(3) 一个实时、能协作的国家规划,通过国家投资并且由行业主导;

(4) 每个政府机构需要有对技术了解、合格且经验丰富的政府官员;

(5) 有工程师和 IT 企业领导经验的政治家。

如果中国希望成为最为先进的数字国家之一,那么在这些领域中,还有许多工作要做。然而世界越来越依赖于数字经济。这就需要我们在现有的经济模型中使用更多的计算机技术。并且我们必须重新评估我们对于数字经济的理解正在如何变化,以及它的组成部分和相关活动。这就使有些类似从以现金为基础的审计方式转变为以资产为基础的审计方式,不仅需要每个组织有更广阔的视野,能够理解供应链、服务和市场的复杂性,还需要有不同的方式来进行协作方式管理、决策制定、获取分享和责任分担机制。

要在网络空间开展实现数字业务,一个组织必须能够信任和值得被信任，这都需要让大型和发展的各类社区与其他组织能够进行协作。信任和协作将会是网络空间中最重要的因素，远远超过在物理世界中的需求。而区块链在这两方面都能够起到巨大作用，但只取决于人们以何种态度来面对它。

区块链技术的出现并不是来自空中楼阁，其今后发展也不可能脱离互联网和技术原来的脉络，作为一种数据存储机制，其必然也会承接数据结构发展的既定规律。在进行深入分析之后，可以发现这些发展其实从来都是和人类整体思想的发展一脉相承的。随着计算机技术以惊人的速度向前推进，也许我们接近人工智能的奇点也越来越近。有些人拥抱发展，推动发展，也有些人害怕发展，拒绝发展，认为任何的变化都是洪水猛兽，但技术发展的步伐是谁也不能阻止的。我们也许只有遵循这些规律，成为发展的推动者，而不是阻碍者。

二、程序设计理念的变化

比特币哈希算力的存在，意味着它毫无疑问地成了全球最大的算力网络，也意味着即使全球 Top（顶级）500 的超级计算机的算力加在一起对它来说也可以忽略不计。面对有史以来人类建造的最强大的计算网络，很多传统的系统架构会发生巨大的改变。随着算力的空前发展，"大数据"时代正在向"大计算"时代跨越。

应该说，比特币的计算力加上区块链技术已经处于互联网下一阶段的门槛，所以可以从许多去中心化网络的系统架构上，发现很多设计思路和用户需求都已经发生了质的改变，而这些改变可能在未来将对整个 IT 产生重大而深远的影响。

随着计算能力的充分增加，人们对信息的需求已经不仅是速度快，而是更好、更安全。但是在过去，绝大部分的系统设计都是按照越快实现功能越好的要求来设计的。因为对于过去大多数应用而言，先要实现信息交互的功能才是最重要的。而当人们在互联网上已经有了足够的应用时，就会提出更高的需求。而区块链技术就是顺应这样的要求而出现的。

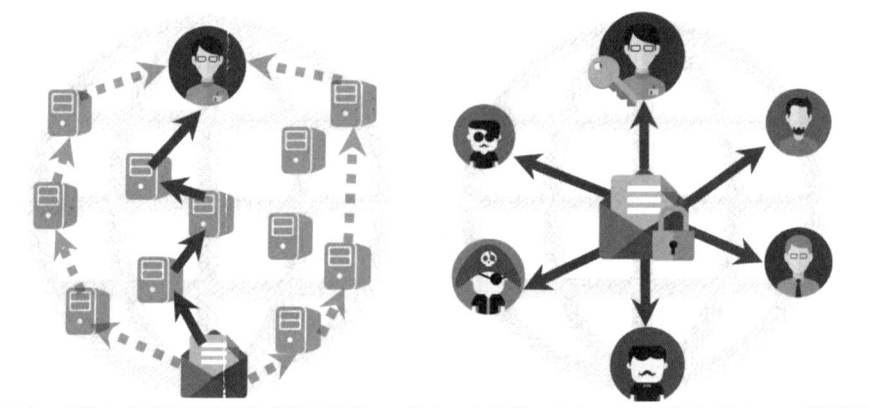

过去，网络中寻找最短路径以求最快发送　　现在，发给每一个人，只有密钥的那个人才可以解开

图 9.1　过去与现在网络系统架构不同

举一个典型的例子，BitMessage——一个实现类似于电子邮件系统的区块链应用。对于过去传统模型，无论是电子邮件还是其他信息传输系统，总是以快捷为最主要的需求，要求点对点的发送，在点和点之间寻求最短的路径。但是这也很容易让别人追查是谁发给谁，从美国斯诺登事件中披露的信息来看，无论你如何加密信件内容，其实国安局更感兴趣的是发送给谁，而不一定是内容。

但 BitMessage 的设计思路和传统电子邮件的系统就完全不一样，它在发送一份邮件时，会发送给网络系统中每一个人，每个人都会尝试解密内容，但只有真正有私钥的人才能解开。

这对于过去的软件工程师来说是不可想象的方式，如此浪费计算力和带宽，如此"奢侈"的方式是不是太浪费了？不，因为现在的网络和计算力已经允许这种"浪费"了，因为我们的需求已经从温饱上升至"小康"阶段了。

在充沛的计算力之前，我们愿意并且也能够通过"浪费"一些来换取更多的安全，这仅仅是一个简单的例子。目前已经有很多试图以区块链技术为基础的应用开始发展，在基于强大安全和算力的基础上开始建立全新的模型，这也许是一个目前还很少有人涉足的金矿。但相信随着区块链技术的发展，会有越来越多和过去截然不同的网络模型和架构出现。

三、数据库进入全新阶段

在互联网诞生初期，数据库主要的类型是关系型数据库，这是一种采用了关系模型来组织数据的数据库。这是在1970年由IBM研究员埃德加·弗兰克·科德（E. F. Codd）博士首先提出的，在之后的几十年中，关系模型的概念得到了充分的发展并逐渐成为主流数据库结构的主流模型。简单来说，关系模型指的就是二维表格模型，而一个关系型数据库就是由二维表及其之间的联系所组成的一个数据组织。

随着互联网Web2.0网站的兴起，传统的关系数据库在应对Web2.0网站，特别是超大规模和高并发的SNS类型的Web2.0纯动态网站已经显得力不从心，暴露了很多难以克服的问题，而NoSQL的数据库则由于其本身的特点得到了非常迅速的发展。NoSQL泛指非关系型的数据库，它的产生就是为了解决大规模数据集合多重数据种类带来的挑战，尤其是大数据应用难题。

以谷歌为例，谷歌公司大数据三篇著名论文（GFS，Bigtable，MapReduce）奠定了谷歌大数据的基础，而谷歌的 Pagerank 算法实现了当时几乎最先进的数据搜索算法。PageRank 通过网络浩瀚的超链接关系来确定一个页面的等级。谷歌把从 A 页面到 B 页面的链接解释为 A 页面给 B 页面投票，谷歌根据投票来源（甚至来源的来源，即链接到 A 页面的页面）和投票目标的等级来决定新的等级。简单地说，一个高等级的页面可以使其他低等级页面的等级得到提升。而这个技术正是本章所指的数据第二阶段，通过复杂的设计网络和算法进行重新整理和归纳，将原本看似并无关联的数据变为可以分级分类的高质量数据，让大数据和复杂网络模型成为可能。

但是构建在这之上的大数据，最大的问题就是无法解决信任问题。因为互联网使得全球之间的互动越来越紧密，与之相伴而来的就是巨大的信任鸿沟。现有的主流数据库技术架构都是私密且中心化的，在这个架构上是永远无法解决价值转移和互信的问题。所以区块链技术将成为下一代数据库架构，通过去中心化技术，将能够在大数据的基础上完成全球互信这个巨大的进步。

区块链技术作为一种特定分布式存取数据技术，通过网络中多个参与计算的节点展开共同参与数据的计算和记录，并且互相验证其信息的有效性（防伪）。从这一点来看，区块链技术也是一种特定的数据库技术。这种数据库将会实现梅兰妮·斯旺（Melanie Swan）所说的第三种数据类型，即能够获得基于全网共识为基础的数据可信性。目前，互联网刚刚进入大数据时代，还处于初期阶段。但是当进入到区块链数据库阶段，将进入到真正的强信任背书的大数据时代。这里面的所有数据都可以获得坚不可摧的质量，任何人都没有能力也没有必要去质疑。

第九章
区块链重塑世界

图9.2 区块链数据库的优势

从前面的发展我们可以注意到，数据的发展和马斯洛需求层次理论有些接近，在实现了生存和使用的需求后，自然会朝着更高的需求进行发展。当然，安全仅仅是数据发展中的一个阶段，而最终会朝着人工智能这个数据自我实现的需求发展。尽管我们还不能确定当数据能够实现人工智能，甚至是数据自我智能时，数据库会是怎样的形态，也许未来的人工智能数据库会变成像电影《复仇者联盟》中的贾维斯和奥创这样的形态吧。

四、金融互联网的出现

我们现在可以展望，这个以区块链技术为基础的全球性支付系统之上，也许将会诞生出一个全新的"金融互联网"。在"金融互联网"中传输的将不是信息，而是资金。这些资金将不仅包括数字货币，也将可以容纳几乎所有各国的法币。而这个网络中,必然是其中使用极低的手续费来让摩擦系数减到最小。

这对于传统金融的冲击将会是巨大的,这在余额宝的发展中已经能够少许了解其中的威力。一个仅仅依靠支付宝系统中的闲散资金来进行的投资基金,一跃成为中国最大的基金公司,彻底改变了中国的基金行业格局。那么如果出现一个全球性支付系统,那中间诞生的商业模式绝对不仅仅会颠覆全球的基金产业了,这其中的破坏性和创造性可能超越所有传统金融人士的想象。

"金融互联网"虽然是依托互联网,但是其一旦成熟,其资金体量可能会远远超越互联网的估值。因为它改变的将会是整个世界中最"昂贵"的部分,它很可能会彻底改变目前的证券、基金、信托、银行和保险等超级巨无霸的模式。任何一个人只要稍微放纵一下自己的想象力就能够领悟到,一个跨越国家法币限制的系统,将会诞生如何空前庞大和全新的证券、基金、信托、银行和保险模式。

金融服务实体经济的最基本功能是融通资金,资金供需双方的匹配(包括融资金额、期限和风险收益匹配)。传统的金融模式可通过两类中介进行:一类是商业银行,对应着间接融资模式;另一类是股票和债券市场,对应着资本市场直接融资模式。这两类融资模式对资源配置和经济增长有重要作用,但交易成本极高,主要包括金融机构的利润、税收和薪酬。

当资产配置全球化的大背景之下,如果能实现全球性支付系统,并且将中间的流通成本降到近乎互联网信息传输的程度,那么作为金融最核心和最本质的作用,融通资金将会获得全新的定义。几乎无缝式的资金对接和资本快速配置会成为所有资本共同追逐的目标,在这个基础上,真正全球意义上的证券、基金、银行和保险都将会诞生。而这将不再是金融寡头们的"自留地",金融互联网会让这一切变得前所未有的平等和碎片化。就像谷歌重新定义的广告业,余额宝重新定义的基金业。在"金融互联网"的大背景之下,传统的金融模式如果还保持一种抗拒的心态,那么就像邮政业一样,将会被摧枯拉朽般地推倒,成为历史进程中的活化石。

毫无疑问,同互联网一样,"金融互联网"的出现不会由于某些人或某些势力的干预而消失。尽管这对于传统金融体系会造成一系列破坏,就像电子邮件对传统邮政系统的巨大破坏力一样,但是我们相信这其中所孕育的巨大创造力必然会像互联网一样,让我们的社会进入一个全新的阶段。而谁能更早地预见其发展道路和投入其中,也许会成为下一个马云,创造出下一代的阿里巴巴。

我们非常有信心认为我们现在正处在一个重大的转折点之上——和工业革命所带来的深刻变革几乎相同的重大转折的早期阶段。不仅仅是新技术指数级、数字化和组合式的进步与变革,更多的惊喜也许还会出现在我们面前。在未来的24个月里,这个星球所增长的计算机算力和记录的数据将会超过所有历史阶段的总和。在过去的24个月里,这个增值可能已经超过了1000倍。这些数字化的数据信息还在以比摩尔定律更快的速度增长。

我们这一代人将很可能会幸运地经历人类历史上两个最让人吃惊的事件,首先是地球上的所有人和所有机器通过区块链技术以前所未有的互信展开空前的大规模协作,其次就是基于此真正的人工智能将被创造出来。这两个事件将会深深地改变这个世界的经济发展模式。创业者、企业家、科学家以及各种各样的极客将利用这个充裕的世界去创造能让我们震惊和快乐。

五、资产证券化的加速

Slock.it 是一个基于以太坊平台的物联网项目。该项目成员目前主要在德国，希望能够构建一个点对点的智能门锁系统。他们相信在未来所有的门锁都可以通过物联网链接起来，而通过以太坊这样的区块链平台，能够让门禁系统变得具有极高的安全性，并且完全是通过程序和加密算法来自动运作，不依赖任何中心化的机构和管理者进行运营，可以避免任何人为因素造成的损失，也不必担心管理者的道德风险。

该项目目前备受关注，不仅因为它是目前搭建在以太坊上最早的物联网应用之一，并且认为相比其他的区块链项目而言，在目前似乎更容易找到合适的应用场景，此外有一部分投资者认为，该项目很可能会通过物联网，加速全球资产证券化的进程。

Slock.it 所打造的智能门锁，让每个人可以用自己的智能设备来进行控制，并且很容易地"制造"出来数量无限的"钥匙"。由于在区块链上能够设计各种复杂的智能合约，从而能够设定复杂的钥匙行为。比如设定任意一把钥匙什么时候可以打开这把锁，也可以设定什么时候不能打开或者直接作废，还可以控制一些更加复杂的行为，比如设定钥匙可以转手的次数，或者是多把钥匙同时在场才能够打开某把门锁。

尽管这种复杂的用途，相比我们目前正在使用的物理钥匙并无太大的实际意义，但其实 Slock.it 所开发的智能门锁，能够和 Airbnb 进行完美的结合。

Airbnb 是目前全球最大的旅行房屋租赁社区，用户可通过网络或手机

第九章
区块链重塑世界

应用程序发布、搜索度假房屋租赁信息并完成在线预定程序。Airbnb 的用户遍布 190 个国家近 34000 个城市，发布的房屋租赁信息达到 5 万条，被时代周刊称为"住房中的 eBay"。

如果有个外国人在网上通过 Airbnb 进行订房，如果房东的房屋使用了 Slock.it 提供的智能门锁系统，房东就能够直接通过手机把房屋的"钥匙"通过互联网发送到对方的手机上，并且可以设定该把"钥匙"能够使用的时间段，以及设定当对方租约到期后，"钥匙"就自动作废了。而在传统钥匙的情况下，就很难以这样简便的方式来进行操作。首先无法在网络上把钥匙进行任意的传输，其次很难确保对方不会复制物理钥匙，因此就可能要面对换锁的问题。而通过 Slock.it，能够以最便捷和优雅的方式来解决这些问题。

有些人可能会有一些质疑，觉得为什么一定需要在区块链，而不是通过中心化的方式来实现。比如 Airbnb 为什么不开发这样的系统来进行管理。事实上，类似于 Airbnb 这样的中心化机构很难开发这样的系统。首先，大多数人并不希望把自己房屋的使用权全部交给一个公司来进行管理，该公司不仅可能需要面临巨大的道德风险，而且如果一旦该机构或者该服务结束，那就可能面临所有用户都要进行大规模的换锁。其次，如果该机构数据库被攻击或者发生大规模的泄露，也很有可能会造成灾难性的后果，而事实上，中心化数据库出现大规模泄露的事件层出不穷。此外，如果所有的租房社区都开发自己的系统就意味着可能要安装多把智能门锁系统，那么这之间的兼容和协调问题对于用户而言也是极为麻烦的。而如果能够有低成本和高安全的方案的话，并且和自己的主营业务并无直接利益冲突的话，即使是中心化机构也不会倾向于自己开发，而是选用已有的公用系统。比如大多数打车软件都不会尝试自己开发地图软件，而是选择现有成熟的技术解决方案。

但对于该项目而言,这仅仅是一切的开始。从某种程度来看,拥有某个房屋的钥匙就意味着拥有该房屋的使用权,那么房东完全可以把钥匙抵押给类似于 Airbnb 这样的机构,让 Airbnb 代为出租和管理该房屋,从而获得一定的现金流。考虑到不同房屋的使用价格都不同,抵押不同的房屋钥匙,可能会获得不同金额大小的现金流,因此完全可以把许多不同房屋资产的钥匙进行打包,变成一个资产池(Assets Pool)。并且,由于在区块链上,几乎所有的数字资产都可以近乎无限分割,因此这些在区块链上的大资产池天生就能够分割为标准化的份额资产,然后在区块链上进行流通。也就是说,这些份额化的资产可以在区块链进行任意的交易、抵押和传输。

在区块链上的所有数字资产可以看作一种凭证,也能够看作是一种有价证券,那整个过程能够视为是一种典型的有资产支持的证券化过程(Asset-Backed Securitization,ABS)。这些房屋在 Slock.it 的帮助下,很快就能把使用权进行证券化,而且整个过程在区块链上几乎可以自动实现,整个交易过程可以通过基于区块链的去中心化资产交易系统,而无须任何传统资产交易所介入。

显然,智能门锁并不仅仅只安装在房屋上,而是可以安装在任何有门禁系统需要的地方,包括车辆、电脑甚至是洗衣机上。在欧美,很多社区都是集中洗衣的,会有专门的场地放置大量公用投币洗衣机,那么完全可以在这类洗衣机上装上 Slock.it 这样的智能门锁系统,也就能够把洗衣机进行资产证券化,从而预先获得洗衣机未来的现金流。当然,还有更多的东西可以供我们相信,如果不出意外的话,未来电动汽车将会变得越来越多,所以从现在开始,已经有很多人开始投入巨资建设充电桩,也能够通过装上智能门锁来进行资产证券化。而考虑到份额化交易可以实现近乎无限地分割,也就是说我们能够把充电桩的使用权按秒,甚至是毫秒级进行切分。

所以，从某种意义上来看，Slock.it 跨越了物理资产和虚拟资产之间的鸿沟，有潜力将极多的物理资产通过区块链技术实现资产证券化，并且快速实现交易。考虑到这个过程成本很低，而且能够和基于区块链的去中心化交易系统进行完美的解决，也就让整个过程变得简单和自动化。如果考虑到由于流动性带来的流动性溢价，那么相信一旦 Slock.it 这样的技术被大众所熟悉之后，会有非常多的物理资产尝试使用它来进行改造和升级，进而让资产证券化变得更加容易和普适。

六、资产发行方式的巨变

面对新技术的崛起，必然有许多相关行业会出现一些巨大的变化。区块链技术的出现可能会使全球金融世界发生很大的变化，特别是资产发行的方式会出现巨大的变化。

目前所有资产发行的方式都是"先审核再发行"，但是区块链技术可能会让整个过程完全逆转，变为"先发行再审核"。也许有人会认为，这是无稽之谈，市场监管者肯定不会允许这种情况的发生。但事实是，技术的脚步会摧垮所有的障碍，并且会按照自身的逻辑进行实现。

这种行业的巨大变化并不是第一次。就在 20 年前，在互联网刚刚开始的时候，整个新闻资讯行业也经历过这个巨大的转变。在很久以前，新闻发布一直是"先审核再发布"，但是互联网技术最终还是让新闻改变为"先发布再审核"，这本身就是互联网对于信息传播的巨大便利性形成的。在没有互联网技术的时候，向许多人进行新闻发布是一件费时费力的事情，所以必然需要通过管控主要的发布通道，才可以很方便地进行审核。即便是在互联网的初期，类似于新浪、网易和搜狐这样的新闻门户网站，也必须有互联网新闻牌照才可以采编和发布新闻。

然而到了今天，每个人拿起手机都能够极其便捷地发布微博和微信。在这种情况下，再进行大规模审核已经变得不太现实，最终会倒逼法律和监管方式的改变，让发布新闻资讯变成"先发布再审核"。

对于资产发布也是如此，现在对于大多数人而言，向全社会发布资产证券化的产品，并且进行交易是有着很高门槛的。但是区块链技术将会让资产发行和交易变得越来越容易，在基于区块链技术的去中心化资产交易平台上，全世界的任何人只要能够接入到网络中，就可以便捷地发布任何资产类型，与他人进行资产交易，完成实时结算和清算。

尽管在这个转变的过程中，可能会出现欺诈、隐瞒或者其他损害他人的情况。但是如果整个市场变得足够透明，某个人希望通过发布虚假资产来欺诈他人会变得非常困难。就像你很难在微博这样的公开社交媒体上欺骗很多人，因为很容易就会被揭穿。而且，也许会出现类似于"浑水公司"这样的团体，通过揭露欺诈行为来获利。

当然，监管者肯定不会喜欢出现这样的局面，他们还是希望将一切都控制在他们能够监控的范围之内。但是技术的发展是无法阻挡的，就像新闻资讯发布一样的，如果有一天发布资产变得和发朋友圈一样简单的时候，最终会倒逼监管和法规顺应技术的脚步。因为无论你喜欢或者不喜欢，技术都可以让更多人做到这一步。

事实上，包括 SEC 在内的监管机构已经看到了这一点，因此他们在对待 Overstock 开发的交易系统会做出重大让步，允许他们在去中心化的资产交易平台上进行发行自己的股票，并且进行交易。我们完全可以认为这是 SEC 已经在测试去中心化交易所的可能性，并且探索区块链技术对证券市场在未来可能产生的影响。

迄今为止，我们还不知道这样的转折点什么时候到来。根据二十多年前新闻资讯发布流程出现改变的时间，这个进程还需要 5~10 年的时间。但是无论什么时候到来，我们都可以意识到，资产发行流程改变对于现有的证券市场将会产生重大的影响，并且可能会因此完全重构我们目前的金融世界。

七、人类首次大规模协作的开始

对区块链未来前景的看好在于极高的生产力会将这个星球上所有的人和机器连接到一个全球性的网络中，人类向商品和服务近乎免费的时代加速迈进，也许到了 21 世纪下半叶，资本主义走向没落，区块链的去中心化协同共享模式将取而代之，成为主导经济生活的新模式。

区块链是这种新兴协同共享模式的最佳技术手段。区块链的基础设施以去中心化的形式配置全球资源，使区块链成为促进社会经济的理想技术框架。区块链的运营逻辑在于能够优化点对点资源、全球协作和在社会中培养并鼓励创造社会资本的敏感程度。建立区块链的各类平台能够最大限度地鼓励协作型文化，这与原始共有模式相得益彰。区块链的这些设计特点带领社会共同走出阴影，赋予它一个高科技平台，将使其有可能成为 21 世纪决定性的经济模式。

在过去也出现过基于互联网的全球大规模协作科技平台，如 SETI@home（搜寻外星文明计划，通过使用志愿者贡献自己的计算机资源来帮助分析来自太空的无线电信号，用于寻找外星文明的迹象）和 Folding@home

（一个用志愿者贡献的计算机资源来模拟蛋白质折叠的斯坦福大学项目，用于药物计算设计和其他分子动力学问题）这两个已经实施多年的科学项目，但是在过去，这些项目最大的问题是没有一个恰当的奖励回馈机制来鼓舞更多的人参与到这些公益项目中。而区块链机制恰恰是解决这个问题的完美方案。区块链不仅能够提供客观公正的强信用背书服务，而且还能够实现极大规模的高精度奖励回馈机制。

通过奖励回馈机制和智能合约等功能，区块链能够为科学研究提供一个前所未有的全球化协作社区，它将不仅能够把庞大的计算力集合在一起（目前比特币网络所集合的算力已经超过了全球前500位超级计算机算力总和的一千倍以上），而且能将各种其他所需要的资源进行合理调配和协作，并且通过事先设定好的规则，对参与到整个协作系统中的人、机构甚至是设备进行奖励，来促进资源更加合理地分配，并且吸引更多的资源参与到这个系统中。

区块链让数十亿的人通过点对点的方式接入社交网络，共同创造组成协同共享的诸多经济机会。区块链平台使每个人都成为产消者，使每项活动都变成一种合作。区块链把所有人连接到一个全球性的社区中，将产生前所未有的社会资本繁荣规模，使得全球一体的协作型经济成为可能。没有区块链技术，真正意义上的协作共享既不可行，也无法实现。

由此可以发现，基于互联网的协同合作已经对经济生活产生了深远的影响。市场正让步于网络，所有权正变得没有接入重要，追求个人利益被追求集体利益取代，传统意义上由穷变富的梦想转变成对可持续高质量生活的渴望。也许在不久的将来，现有的社会体系将会失去主导地位，因为全球大规模协作的时代即将到来。

区块链的去中心化特性和高精度奖励模型完全可以深化个人参与协作的程度，该程度和个人在社会经济中协同关系的多样性和强度成正比。这是因为基于通信、能源和物流的各类民主手段使每个个体变得更加强大，但这要求个体有机会参与到这个以区块链技术支撑的去中心化系统中，因此一个通过提高精准回报来增强自主协作精神的时代即将到来。

八、颠覆现代商业社会

我们现在的商业社会大约是在 17 世纪的欧洲开始逐渐形成的，相对于当时传统的封建社会，这其中有许多对财务制度和法律法规方面的改进。而其中最重要的财务制度和法律法规，莫过于复式记账法、公司制度和保护私有财产的法律。这些制度和规则的诞生，奠定了现代商业社会的基础，从而诞生了一个空前繁华的现代商业社会。因此，我们可以把它们称为商业社会的三大基石。从此，人类社会开始从封建农耕社会开始步入到商业社会，不仅极大地解放了生产力和促进了商业金融的大发展，而且逐步改变了整个人类社会的机构。

我相信，任何一个对于现代商业社会制度熟悉的人，必定会对这三项巨大的创新无比敬仰，因为它们对于推动商业历史的车轮，有着无比巨大的作用。即使到了互联网时代，依旧能够看到它们在推动互联网发展时发挥着良好的功效。然而，区块链有可能将让这三大基石进化到一个全新的阶段。

因为在区块链的世界里，复式记账法变成了分布式总账技术。复式记账法（Double Entry Bookkeeping），是从单式记账法发展起来的一种比较完善的记账方法，也叫复式记账凭证。与单式记账法相比较，其主要特点是：对每项经济业务都以相等的金额在两个或两个以上的相互联系的账户中进行记录（即双重记录，这也是这一记账法被称为"复式"的由来）；各账户之间客观上存在对应关系，对账户记录的结果可以进行试算平衡。复式记账法能够较好地体现资金运动的内在规律，能够全面、系统地反映资金增减变动的来龙去脉及经营成果，并有助于检查账户处理和保证账本记录结果的正确性。而分布式总账技术让系统中每个节点都有机会成为记账人，而每个时间段中都确保账本数据的平衡。其中所有的数据都是可以追溯的，所有的数据不仅具有极高的冗余性，而且有极高的安全性，完全无法篡改，可以被视为是一种实时审计的记账方式。

公司制度变成了分布式自治公司和组织（DAO 和 DAC）。不同于传统公司复杂和缓慢的机制，DAO 和 DAC 就像一个完全自动运行的公司，任何一个人都可以随时加入和退出。而公司的股权（代币）成为系统中运行的唯一货币，并让收入、利润这些概念完全消失。公司运作的结构被大大简化，只剩下投资者和生产者，这会极大地提高公司的运作效率。而每一个 DAO 和 DAC，都像上市公司一样，其股权（代币）是可以高速流通的，这意味着其价值发现在一开始就将完全由市场决定的，而不是要通过漫长和复杂的融资和审核方式来逐渐成长为一个上市公司。

而保护私有财产的法律，变成了智能合约。在传统商业世界中，必须通过法律来保障私有财产神圣不可侵犯。而在区块链世界中，这质押依赖于区块链和智能合约就可以做到。在区块链上的资产，及其设定的智能合约是无法被人任意篡改和摧毁的。事实上，区块链中的资产，只要你不想交出私钥，就没有任何人能够夺走属于你的资产，也没有人可以改变和终止已经设定好并已经在运行中的智能合约。传统保护私有财产的法律和相关制度是要靠一大堆周边司法设施来保障其运行的，而区块链和智能合约完全靠程序就能实现这样的目的，所节约的社会成本以及提高的效率将是传统方式远远不能企及的。

第九章
区块链重塑世界

所以,当复式记账法、公司制度和保护私有财产这三个传统商业社会的基石,变为分布式总账技术、分布式自治公司和智能合约,也许会彻底改变现有商业社会的结构和运作方式。尽管区块链技术一直被认为是一种颠覆性的技术,但许多人还是仅仅将其视为一种技术上的变革,但如果我们把视线投向更加深远的社会基础,也许真的能够意识到一场有史以来人类商业社会最大的变革正在拉开帷幕。